古典文獻研究輯刊

三三編

潘美月·杜潔祥 主編

第1冊

《三三編》總目

編 輯 部 編

中國法律史研究論著目錄（2011～2020）（上）

閆 強 樂 著

國家圖書館出版品預行編目資料

中國法律史研究論著目錄（2011～2020）（上）／閆強樂 著 --
初版 -- 新北市：花木蘭文化事業有限公司，2021〔民110〕
目 2+228 面；19×26 公分
（古典文獻研究輯刊 三三編；第 1 冊）
ISBN 978-986-518-617-3（精裝）
1. 中國法制史
011.08   110012071

ISBN-978-986-518-617-3

9 789865 186173

古典文獻研究輯刊
三三編 第 一 冊   ISBN：978-986-518-617-3

中國法律史研究論著目錄（2011～2020）（上）

作　　者　閆強樂
主　　編　潘美月、杜潔祥
總 編 輯　杜潔祥
副總編輯　楊嘉樂
編　　輯　許郁翎、張雅淋、潘玟靜　美術編輯　陳逸婷
出　　版　花木蘭文化事業有限公司
發 行 人　高小娟
聯絡地址　235 新北市中和區中安街七二號十三樓
　　　　　電話：02-2923-1455／傳真：02-2923-1452
網　　址　http://www.huamulan.tw 信箱 service@huamulans.com
印　　刷　普羅文化出版廣告事業
初　　版　2021 年 9 月
全書字數　330307 字
定　　價　三三編 36 冊（精裝）台幣 90,000 元　版權所有‧請勿翻印

《三三編》總目

編輯部　編

《古典文獻研究輯刊》三三編　書目

專題書目研究專輯

第 一 冊　閆強樂　中國法律史研究論著目錄（2011～2020）（上）

第 二 冊　閆強樂　中國法律史研究論著目錄（2011～2020）（下）

校勘學研究專輯

第 三 冊　蕭 旭　道家文獻校補（第一冊）

第 四 冊　蕭 旭　道家文獻校補（第二冊）

第 五 冊　蕭 旭　道家文獻校補（第三冊）

第 六 冊　蕭 旭　道家文獻校補（第四冊）

方志學研究專輯

第七冊　陳才編著　上海博物館藏上海方志敘錄（上）

第八冊　陳才編著　上海博物館藏上海方志敘錄（下）

經學文獻研究專輯

第 九 冊　趙恩強　詩經國風今詁（第一冊）

第 十 冊　趙恩強　詩經國風今詁（第二冊）

第十一冊　趙恩強　詩經國風今詁（第三冊）

第十二冊　趙恩強　詩經國風今詁（第四冊）

史學文獻研究專輯

第十三冊　周運中　山海經通解（上）

第十四冊　周運中　山海經通解（下）

語言文字學文獻研究專輯

第十五冊　王相帥　錢坫《說文解字斠詮》研究

佛教文獻研究專輯

第十六冊　馮天春編著　禪茶公案錄（上）

第十七冊　馮天春編著　禪茶公案錄（下）

第十八冊　馮天春編著　禪茶論典錄（上）

第十九冊　馮天春編著　禪茶論典錄（中）

第二十冊　馮天春編著　禪茶論典錄（下）

第二一冊　馮天春編著　禪茶藝文錄（上）

第二二冊　馮天春編著　禪茶藝文錄（中）

第二三冊　馮天春編著　禪茶藝文錄（下）

道教文獻研究專輯

第二四冊　李淑如　河陽寶卷研究（上）

第二五冊　李淑如　河陽寶卷研究（下）

古籍整理與研究專輯

第二六冊　陳開林　《純常子枝語》校證（第一冊）

第二七冊　陳開林　《純常子枝語》校證（第二冊）

第二八冊　陳開林　《純常子枝語》校證（第三冊）

第二九冊　陳開林　《純常子枝語》校證（第四冊）

第三十冊　陳開林　《純常子枝語》校證（第五冊）

第三一冊　陳開林　《純常子枝語》校證（第六冊）

出土文獻研究專輯

第三二冊　周　峰　散見宋金元墓誌地券輯錄二編

第三三冊　范雪琳　元代墓碑文研究（上）

第三四冊　范雪琳　元代墓碑文研究（下）

醫學文獻研究專輯

第三五冊　王杏林　敦煌醫方整理研究

域外漢學研究專輯

第三六冊　吳佩烔　美國漢學視野中的宋代文人趣味

《三三編》各書作者簡介‧提要

第一、二冊　中國法律史研究論著目錄（2011～2020）

作者簡介

閆強樂，男，1993 年 7 月生，陝西西安藍田人，西北大學法學院講師。2011～2018 蘭州大學中國史學士、碩士 ； 2018～2021 年中國政法大學法律史博士。出版學術專著《趙舒翹年譜》《正史法律資料類編（先秦秦漢卷）》《漢代廷尉研究》，在《中國史研究》《中國社會科學報》《學習時報》《中華法系》等刊物發表論文多篇，研究領域中國法律史。

提　要

中國法律史作為法學和史學的交叉學科，是社會科學研究的重要內容。為及時瞭解學界關於中國法律史研究的最新成果和前沿動態，本目錄系統梳理 2011～2020 年十年間中國法律史學研究的論文著作 6246 條，將其全部內容分為通論、中國古代法律史、中國近現代法律史、中國古代法律思想史、中國近現代法律思想史、中國少數民族法律史、法律文獻和著述評介與契約研究、學術著作等 8 大類。每類下又有細目劃分，如中國古代法律史部分下分法律通史、夏商周、春秋戰國、秦漢、三國兩晉南北朝、隋唐五代、宋遼金西夏元、明清。每條目錄按照序號、作者、篇名、文獻來源的順序編排。

目　次

上　冊

編纂緣起

第一章　通　論 ……………………………………………………1

　一、法律史學的研究對象與方法論 …………………………1

　二、中華法文化研究 …………………………………………7

　三、法史比較研究 ……………………………………………42

　四、法律史學與法制現代化 …………………………………46

　五、中國法律史研究綜述 ……………………………………58

第二章　中國古代法律史 …………………………………………65

　一、法律通史 …………………………………………………65

　二、斷代法律史 ………………………………………………82

　　（一）夏商周 ………………………………………………82

　　（二）春秋戰國 ……………………………………………87

　　（三）秦漢 …………………………………………………92

　　（四）三國兩晉南北朝 ……………………………………123

　　（五）隋唐五代 ……………………………………………127

　　（六）宋遼金西夏元 ………………………………………153

　　（七）明清 …………………………………………………174

下　冊

第三章　中國近現代法律史 ………………………………………227

　一、近代法律通史 ……………………………………………227

　二、近代各歷史時期法律史 …………………………………245

　　（一）晚清 …………………………………………………245

　　（二）北洋軍閥和中華民國 ………………………………263

　　（三）革命根據地與建國初期 ……………………………300

第四章　中國古代法律思想史 ……………………………………309

第五章　中國近現代法律思想史 …………………………………327

第六章　中國少數民族法律史 ……………………………………333

第七章　法律文獻、著述評介與契約研究 ………………………349

第八章　學術著作 ……………………………………………………………367

第三、四、五、六冊　道家文獻校補

作者簡介

　　蕭旭，男，漢族，1965 年 10 月 14 日（農曆）出生，江蘇靖江市人。常州大學兼職教授，南京師範大學客座研究員。中國訓詁學會會員，中國敦煌吐魯番學會會員。

　　無學歷，無職稱，無師承。竊慕高郵之學，校讀群書自娛。出版學術專著《古書虛詞旁釋》《群書校補》《群書校補（續）》《淮南子校補》《韓非子校補》《呂氏春秋校補》《荀子校補》《敦煌文獻校讀記》《史記校補》凡 9 種，都 670 萬字。在海內外學術期刊發表學術論文 130 篇，都 200 餘萬字。

提　要

　　本書稿是對四種道家文獻即帛書《老子》《列子》《文子》《老子指歸》的校補著作。另外旁及後世的四種道教文獻《抱朴子內篇》《神仙傳》《真誥》《周氏冥通記》。據作者葛洪自述，《抱朴子外篇》屬於儒家文獻。抱朴先生乍出乍入，或儒或道，不復區分可矣。余既校《內篇》，《外篇》因亦附焉。

目　次

第一冊

馬王堆帛書《老子》校補 ……………………………………………………1

《列子》校補 ………………………………………………………………119

第二冊

《文子》校補 ………………………………………………………………247

《老子指歸》校補 …………………………………………………………395

第三冊

《抱朴子內篇》校補（續）………………………………………………459

《抱朴子外篇》校補（續）………………………………………………615

第四冊

《神仙傳》校補 ……………………………………………………………711

《真誥》校補 ································· 749

《周氏冥通記》校補 ······················· 881

附錄　道經校勘雜記 ····················· 887

第七、八冊　上海博物館藏上海方志敘錄

作者簡介

　　陳才，安徽無為人，文學博士。上海博物館副研究館員，中國人民大學古代中國與絲路文明研究中心兼職研究員，復旦大學中華古籍保護研究院／文物保護創新研究院行業導師，上海圖書館兼職參考館員，曾任樂山師範學院特聘研究員。中國歷史文獻研究會、中華文學史料學會古代文學史料分會、上海市儒學研究會事。出版專著《朱子詩經學考論》等，古籍整理著作《松泉集》（合作）、《晉會要》（合作）、《喬玠生集・吳洽集》等，發表學術論文與書評數十篇。

提　要

　　上海博物館圖書館所收藏的上海舊方志，計 67 種 99 部。從內容上來看，有區域志、專志、雜志和一些方志相關資料；從時間跨度上來看，自明代至 20 世紀 60 年代；從版本形式上來看，有刻本、稿本、鈔本、石印本、鉛印本、油印本。這些上海方志中，不乏稀見版本甚至孤本，頗具文獻價值與學術價值。本書就上海博物館圖書館所藏上海方志作一全面調查和系統梳理，並為之敘錄。每則敘錄首先科學規範地著錄方志，其次簡介該方志修纂者基本情況，其次錄出該方志全部序跋文字，其次列出該方志目錄；復次，介紹該方志中需要說明的情況，尤其是某一版本的具體情況；最後著錄該方志在目錄書中的著錄情況和影印及整理情況，及在海內外公藏機構的收藏情況。每部方志配書影 1～2 幅，以資參照。書末附修纂者索引和序跋者索引，以便查檢。

目　次

上　冊

前　言 ······································ 1

編　例 ······································ 7

第一章　府志類 ……………………………………………………9

一、〔康熙〕松江府志 ……………………………………… 10

二、〔康熙〕松江府補志 …………………………………… 21

三、〔光緒〕松江府續志 …………………………………… 24

第二章　縣志類 …………………………………………… 35

第一節　華亭縣縣志 ……………………………………… 35

一、〔乾隆〕華亭縣志 ……………………………………… 36

二、〔光緒〕重修華亭縣志 ………………………………… 42

第二節　嘉定縣縣志 ……………………………………… 51

一、〔萬曆〕嘉定縣志 ……………………………………… 51

二、〔乾隆〕嘉定縣志 ……………………………………… 58

三、〔光緒〕嘉定縣志 ……………………………………… 62

四、〔民國〕嘉定縣續志 …………………………………… 70

第三節　上海縣縣志 ……………………………………… 77

一、〔弘治〕上海志（影印本） …………………………… 78

二、〔嘉靖〕上海縣志（影印本） ………………………… 83

三、〔萬曆〕上海縣志 ……………………………………… 88

四、〔康熙〕上海縣志 ……………………………………… 91

五、〔嘉慶〕上海縣志 ……………………………………… 94

六、〔同治〕上海縣志 ……………………………………… 100

七、〔民國〕上海縣續志 …………………………………… 108

第四節　崇明縣縣志 ……………………………………… 114

一、〔光緒〕崇明縣志 ……………………………………… 115

二、〔民國〕崇明縣志 ……………………………………… 123

第五節　青浦縣縣志 ……………………………………… 126

一、〔光緒〕青浦縣志 ……………………………………… 126

二、〔民國〕青浦縣續志 …………………………………… 137

第六節　婁縣縣志 ………………………………………… 143

一、〔乾隆〕婁縣志 ………………………………………… 143

二、〔光緒〕婁縣續志 ……………………………………… 152

第七節　寶山縣縣志 ……………………………………… 160

一、〔乾隆〕寶山縣志 …………………………………………161

二、〔光緒〕寶山縣志 …………………………………………170

三、〔民國〕寶山縣續志 ………………………………………177

四、〔民國〕寶山縣再續志 ……………………………………182

下　冊

第八節　奉賢縣縣志 ……………………………………………189

一、〔光緒〕重修奉賢縣志 ……………………………………189

第九節　南匯縣縣志 ……………………………………………196

一、〔光緒〕南匯縣志 …………………………………………196

二、〔民國〕南匯縣續志 ………………………………………206

第十節　金山衛志、縣志 ………………………………………213

一、〔正德〕金山衛志（影印本） ……………………………213

二、〔光緒〕金山縣志 …………………………………………218

第十一節　川沙廳志、縣志 ……………………………………228

一、〔光緒〕川沙廳志 …………………………………………228

二、〔民國〕川沙縣志 …………………………………………233

第三章　小志類 …………………………………………………243

第一節　嘉定縣小志 ……………………………………………243

一、方泰志 ………………………………………………………244

二、安亭志 ………………………………………………………246

三、馬陸志 ………………………………………………………249

四、紀王鎮志 ……………………………………………………252

五、望仙橋鄉志 …………………………………………………255

六、婁塘鎮志 ……………………………………………………261

第二節　上海縣小志 ……………………………………………263

一、紫隄小志 ……………………………………………………264

二、法華鄉志 ……………………………………………………266

第三節　青浦縣小志 ……………………………………………272

一、顏安小志 ……………………………………………………272

二、金澤小志 ……………………………………………………274

第四節　寶山縣小志 ……………………………………………276

一、廠頭鎮志 …………………………………………………………………………… 276

二、〔光緒〕月浦志 ……………………………………………………………………… 279

第五節　金山縣小志 …………………………………………………………………… 282

一、干巷志 ………………………………………………………………………………… 282

二、重輯楓涇小志 ………………………………………………………………………… 287

三、重輯張堰志 …………………………………………………………………………… 292

第四章　其他類 ………………………………………………………………………… 297

第一節　專志 …………………………………………………………………………… 297

一、〔康熙〕孔宅志 ……………………………………………………………………… 297

二、青浦人物志 …………………………………………………………………………… 301

三、錄真如里人物纂入太倉州志者彙編 …………………………………………… 302

四、華亭節孝錄 …………………………………………………………………………… 304

五、孔宅聖廟志 …………………………………………………………………………… 306

第二節　雜志 …………………………………………………………………………… 309

一、雲間雜識 ……………………………………………………………………………… 309

二、雲間據目鈔 …………………………………………………………………………… 312

三、歇浦雜記 ……………………………………………………………………………… 313

四、瀛壖雜志 ……………………………………………………………………………… 315

五、游滬筆記 ……………………………………………………………………………… 319

六、上海繁昌記 …………………………………………………………………………… 322

七、上海小志 ……………………………………………………………………………… 326

第三節　方志相關資料 ………………………………………………………………… 328

一、嘉慶上海縣志修例 ………………………………………………………………… 329

二、同治上海縣志札記 ………………………………………………………………… 331

三、王家芝先生寶山縣志重修採訪所得資料 …………………………………… 333

四、寶山縣真如鄉修志文件五種 …………………………………………………… 335

五、續修寶山縣志案牘 ………………………………………………………………… 337

六、纂修續志通例、卷目專例 ……………………………………………………… 338

人名索引 …………………………………………………………………………………… 341

參考文獻 …………………………………………………………………………………… 355

第九、十、十一、十二冊　詩經國風今詁

作者簡介

趙恩強，男，漢族，1956 年 9 月出生於山東省菏澤市牡丹區。現退休居家。作者於 1978 年 10 月考入山東大學中文系，學習漢語言文學專業，偏重於學習先秦文史、古文字。1982 年 7 月學習畢業，即到天津大學中文部任教，後因眼疾回家鄉菏澤執業。自大學畢業以來，作者本人一直未中斷對先秦文獻、古文字方面的學習和研究，對《詩經》研究、先秦史研究的學術動態，也不斷地予以關注。本人經過近十五年的研究和寫作，寫出了《詩經國風今詁》這本書。該書 2017 年 5 月曾以筆名「聿殳」出版，現經修訂再版。

提　要

本書遵循葛蘭言（法國社會學家、漢學家）、聞一多等學者研究《毛詩》的學術路子，參用社會學、民族學民俗學、文化人類學等現代研究方法，並運用傳統的訓詁學方法，從《詩》的產生和實用性上來考察《毛詩》的每一篇詩文，發現現存《毛詩》是先秦歌詞、謠詞、祝詞、禱詞、咒詞、告詞的一個集合。《毛詩·國風》承載了《毛詩》的大部分內容。《毛詩·國風》中的歌詞、謠詞，主要有婚戀情歌歌詞、說唱詞、兒童歌謠詞、禮儀樂歌歌詞（婚禮、祭禮、享禮、饗禮、軍禮、狩獵禮、祖道餞別禮、外交禮等）、怨歌歌詞（思夫、思妻、怨世）、喪歌歌詞、巫歌歌詞等。沿用傳統的說法，本書書名仍稱《毛詩》為《詩經》。

本書的代序，對涉及《詩》學的「歌」「謠」「誦」「告」「詩」「賦」「風」「雅」「頌」等詞彙作了新的說解，探討了《詩》學方面的一些重要問題，闡述了《詩》的產生和傳播過程，理清了《詩》和《詩經》的來龍去脈。

本書為十五國風作了題解。題解中簡要介紹了方國的沿革、地域、民俗、方樂的概況及方國風詩的內容和特點，並對「二南」「邶」「鄘」「衛」「王風」「魏風」「唐風」「檜風」「豳風」這些特殊的風詩名稱及「鄭聲」「鄭衛之音」等說法作了必要的考察。

本書的主體由《毛詩·國風》經文、注釋、詩旨說解三部分組成。經文部分：依據清阮元校刻《十三經注疏·毛詩正義》的經文。注釋部分：查考清楚經文文字的本義、引申義，必要時查考其通假字；查考清楚與詩文相關的事件和名物。詩旨說解部分：對《國風》詩篇承載的實際內容及意義、創

作原因、實用情況作了說解。本書重在建立新說，對舊說擇善而從，摒棄並駁詰了一些錯誤的舊說。

目　次

第一冊

《詩》學問題芻議（代序）

周　南 ……………………………………………………… 1

召　南 ……………………………………………………… 55

邶　風 ……………………………………………………… 103

第二冊

鄘　風 ……………………………………………………… 205

衞　風 ……………………………………………………… 253

王　風 ……………………………………………………… 305

鄭　風 ……………………………………………………… 339

第三冊

齊　風 ……………………………………………………… 407

魏　風 ……………………………………………………… 445

唐　風 ……………………………………………………… 473

秦　風 ……………………………………………………… 511

第四冊

陳　風 ……………………………………………………… 555

檜　風 ……………………………………………………… 591

豳　風 ……………………………………………………… 625

參考文獻 …………………………………………………… 681

關於本書音訓的說明 ……………………………………… 699

後　記 ……………………………………………………… 713

第十三、十四冊　山海經通解

作者簡介

周運中，男，江蘇省濱海縣人。博士，南京大學海洋文化研究中心特約研

究員、中國海外交通史研究會理事、中國百越民族史研究會理事。著有《鄭和下西洋新考》、《中國南洋古代交通史》、《中國文明起源新考》、《正說臺灣古史》、《濱海史考》、《九州考源》、《秦漢歷史地理考辨》、《鄭和下西洋續考》、《西域絲綢之路新考》、《唐代航海史研究》、《道士開闢海上絲綢之路》、《魏晉南北朝地理與政局研究》、《百越新史》、《中國東南的歷史進程》、《明代〈絲路山水地圖〉的新發現》、《牛津藏明末閩商航海圖研究》等，發表論文百餘篇。

提　要

本書回顧《山海經》研究史，考證《山經》的山川、生物、礦物，從戰國政治和交通地理解釋《山經》選擇和排列這些山川的原因。結合歷史學、人類學、考古學、語言學和自然科學，考證《海經》記錄的很多民族，發現南方民族分布多在南亞和東南亞，東方民族多在朝鮮半島和日本、臺灣，北方民族從東北分布到阿爾泰山以北。分析《山海經》中的山名，研究《山海經》附錄的《水經》成書經過。用西域語言復原《山海經》諸多名物的語源，提出《山海經》最早的地圖是來到中原的西域胡人繪製，由齊國人漢譯及增改，形成最早的《山海經》，燕國人刪改《大荒經》為《海外經》，加上新作的《海內經》，形成今本《山海經》。結尾分析《山海經》和其他上古典籍的聯繫，總結《山海經》的影響。

目　次

上　冊

緒論：研究史和研究法 ………………………………………………… 1
　第一節　古代研究史 ………………………………………………… 1
　第二節　近現代研究史 …………………………………………… 18
　第三節　研究方法 ………………………………………………… 37
第一章　《南山經》地理 …………………………………………… 39
　第一節　《南山經》首篇地理 …………………………………… 39
　第二節　《南次二經》地理 ……………………………………… 51
　第三節　《南次三經》地理 ……………………………………… 57
　第四節　《南山經》與戰國形勢 ………………………………… 60
第二章　《西山經》地理 …………………………………………… 67
　第一節　《西山經》首篇地理 …………………………………… 67

第二節　《西次二經》地理 ……………………………………… 74

第三節　《西次三經》地理 ……………………………………… 76

第四節　《西次四經》地理 ……………………………………… 100

第五節　《西山經》與戰國形勢 ………………………………… 104

第三章　《北山經》地理 ………………………………………… 107

第一節　《北山經》首篇地理 …………………………………… 107

第二節　《北次二經》地理 ……………………………………… 111

第三節　《北次三經》地理 ……………………………………… 115

第四節　《北山經》與戰國形勢 ………………………………… 124

第四章　《東山經》地理 ………………………………………… 127

第一節　《東山經》首篇地理 …………………………………… 127

第二節　《東次二經》地理 ……………………………………… 134

第三節　《東次三經》地理 ……………………………………… 138

第四節　《東次四經》地理 ……………………………………… 142

第五節　《東山經》與戰國形勢 ………………………………… 143

第五章　《中山經》地理 ………………………………………… 147

第一節　《中山經》首篇地理 …………………………………… 147

第二節　《中次二經》地理 ……………………………………… 149

第三節　《中次三經》地理 ……………………………………… 150

第四節　《中次四經》地理 ……………………………………… 152

第五節　《中次五經》地理 ……………………………………… 153

第六節　《中次六經》地理 ……………………………………… 156

第七節　《中次七經》地理 ……………………………………… 160

第八節　《中次八經》地理 ……………………………………… 163

第九節　《中次九經》地理 ……………………………………… 166

第十節　《中次十經》地理 ……………………………………… 170

第十一節　《中次十一經》地理 ………………………………… 171

第十二節　《中次十二經》地理 ………………………………… 172

第十三節　《中山經》與戰國形勢 ……………………………… 175

下　冊

第六章　《海外經》注釋 ………………………………………… 181

第一節　《海外南經》…………………………………………182

第二節　《海外西經》…………………………………………189

第三節　《海外北經》…………………………………………196

第四節　《海外東經》…………………………………………205

第七章　《海內經》注釋………………………………………215

第一節　《海內南經》…………………………………………215

第二節　《海內西經》…………………………………………218

第三節　《海內北經》…………………………………………223

第四節　《海內東經》…………………………………………228

第八章　《大荒經》注釋………………………………………239

第一節　《大荒東經》…………………………………………239

第二節　《大荒南經》…………………………………………247

第三節　《大荒西經》…………………………………………256

第四節　《大荒北經》…………………………………………263

第五節　《海內經》……………………………………………269

第九章　《山海經》山名分析…………………………………279

第一節　山名分類………………………………………………279

第二節　山名分析………………………………………………282

第十章　《水經》成書…………………………………………285

第一節　《水經》源出秦、楚…………………………………285

第二節　《水經》地理校正……………………………………288

第十一章　《山海經》的成書…………………………………291

第一節　《山經》出自齊國……………………………………291

第二節　齊方言證據……………………………………………294

第三節　《海經》出自齊燕……………………………………295

第四節　燕國和西域方士………………………………………299

第五節　源自西域語言的動物名………………………………305

第六節　從《海經》結構看成書………………………………308

第七節　原圖作者是西域塞人…………………………………314

第八節　亞歷山大東征與《山海經》…………………………321

第十二章　《山海經》的影響…………………………………329

第一節　《山海經》和《呂氏春秋》……………………………329
第二節　《山海經》和戰國諸子………………………………331
第三節　《山經》和《禹貢》…………………………………333
第四節　《山海經》和後世著作………………………………336
結論：從《山海經》拯救歷史…………………………………341
後　記……………………………………………………………345

第十五冊　錢坫《說文解字斠詮》研究

作者簡介

　　王相帥，1987 年生，山東臨沂人。2008 至 2015 年就讀於北京師範大學，先後獲漢語言文字學專業碩士、博士學位。主要研究領域為清代《說文》學和音韻學。

提　要

　　錢坫的《說文解字斠詮》是清代較早對《說文》進行全面校勘和詮釋的著作，但錢坫及其《斠詮》在以往的研究中關注不多。本書即以《斠詮》為研究對象，從以下四個方面對錢坫《斠詮》的成就進行探討：

　　一、結合錢坫一生學行探討其學術淵源與交遊足跡，揭示這些因素在錢坫《斠詮》著述過程中的各種影響。

　　二、在《說文》校勘方面，對錢坫的校勘底本、參校材料、校勘內容和校勘方法進行考察，揭示了錢坫在乾嘉之際進行《說文》校勘整理的理念和價值。

　　三、在《說文》詮釋方面，梳理了錢坫對《說文》形、音、義三個層面進行詮釋的材料和方法，對詮釋中涉及的語言學問題進行了概括。

　　四、基於對錢坫斠詮《說文》內容和方法的梳理，從語言學的角度考察錢坫的諸多學術理念，比如錢坫所強調的《說文》系統的形音義統一觀念，字詞的共時對應、歷時演變關係，以《說文》為正字標準約束文獻、時俗用字等，錢坫的這些《說文》學觀念和方法論在乾嘉小學中具有一定典型性，對今天文獻語言尤其是出土文獻的研究具有重要參考價值。

　　錢坫的《斠詮》反映了當時《說文》學研究的普遍特點和發展趨勢，昭示著《說文》學的發展進入全面而深入的全盛時期，因而《斠詮》在當時的

學術發展階段具有重要的標誌性意義。

目 次

第一章　緒　論 ……………………………………………………………… 1
第二章　錢坫的生平及著述 …………………………………………………… 17
　　第一節　錢坫的生平事跡與學術交遊 ……………………………………… 17
　　第二節　錢坫的小學著作 …………………………………………………… 25
　　第三節　錢坫的經史考證著作 ……………………………………………… 53
第三章　錢坫對《說文》的校勘整理 ………………………………………… 55
　　第一節　錢坫校勘《說文》的底本、材料 ………………………………… 55
　　第二節　錢坫校勘《說文》的主要內容 …………………………………… 83
　　第三節　錢坫校勘《說文》的方法 ………………………………………… 105
　　第四節　乾嘉時期《說文》校勘諸家異同 ………………………………… 123
第四章　錢坫對《說文》的詮釋 ……………………………………………… 127
　　第一節　釋義詮釋 …………………………………………………………… 127
　　第二節　字形說解詮釋 ……………………………………………………… 140
　　第三節　讀音詮釋 …………………………………………………………… 143
　　第四節　「讀若」詮釋 ……………………………………………………… 146
　　第五節　引經詮釋 …………………………………………………………… 149
　　第六節　通人說詮釋 ………………………………………………………… 151
　　第七節　錢坫《說文》詮釋與各家比較研究 ……………………………… 153
第五章　錢坫的字詞關係研究 ………………………………………………… 165
　　第一節　以《說文》為正字標準 …………………………………………… 166
　　第二節　對《說文》內部字詞關係的溝通與辨析 ………………………… 175
　　第三節　對《說文》與文獻、時俗用字的溝通 …………………………… 178
結　語 …………………………………………………………………………… 189
參考文獻 ………………………………………………………………………… 191

第十六、十七冊　禪茶公案錄

作者簡介

　　馮天春，男，雲南普洱人，哲學博士，現就職於雲南省社會科學院宗教

研究所，主要研究中華經典詮釋學、佛道教哲學、心理學、禪茶文化。擅長將禪修技術、性命之學與心理學融合，解決心智成長與身心問題。同時，致力於中華傳統文化與禪茶康養、睡眠改善、身心管理等領域的研訓、抒寫，提倡和實踐「經典深度閱讀法」「中國心學」。目前主持國家社科基金項目《雲南禪宗史》，完成著作《〈壇經〉大生命觀論綱》（合著）《入〈壇經〉注》《藏漢佛教修道次第比較研究》《禪蹤》《禪茶公案錄》《禪茶藝文錄》《禪茶論典錄》等，另已發表學術論文二十餘篇。

提　要

　　禪茶向來靈動深活，其精髓源於茶的用心品飲和禪的深度修學。從古至今，禪茶文化理念、禪茶實踐資源最為集中之處其實是禪茶公案。當代禪茶文化的建構如想取得實質性突破，則應須從禪茶公案中汲取養料，接通傳統與現代之間的道性傳承。基於此，本書對歷代禪茶公案做了一次相對全面的梳理，選擇其中較有代表性者 700 則，在點校基礎上列出題名，並按一定禪茶境界次第進行編錄、展現；同時，也對禪茶內在精神及其休閒煉養功能做了相應闡述。既可為禪茶研究提供文獻及理論參考，也可作為瞭解禪門奧藏、品味禪茶神韻的閒散讀物。

目　次

上　冊

緒論：禪茶與休閒煉養 …………………………………………………1

　一、禪茶閒學 ………………………………………………………1

　二、閒中工夫 ………………………………………………………4

　三、閒人茶事 ………………………………………………………18

第一編　禪茶閒話 …………………………………………………23

第二編　茶境參究 …………………………………………………75

下　冊

第三編　禪家絕手 …………………………………………………179

第四編　吞吐隨緣 …………………………………………………277

參考文獻 ……………………………………………………………353

後　記 ………………………………………………………………365

第十八、十九、二十冊　禪茶論典錄

作者簡介

　　馮天春，男，雲南普洱人，哲學博士，現就職於雲南省社會科學院宗教研究所，主要研究中華經典詮釋學、佛道教哲學、心理學、禪茶文化。擅長將禪修技術、性命之學與心理學融合，解決心智成長與身心問題。同時，致力於中華傳統文化與禪茶康養、睡眠改善、身心管理等領域的研訓、抒寫，提倡和實踐「經典深度閱讀法」「中國心學」。目前主持國家社科基金項目《雲南禪宗史》，完成著作《〈壇經〉大生命觀論綱》（合著）《入〈壇經〉注》《藏漢佛教修道次第比較研究》《禪蹤》《禪茶公案錄》《禪茶藝文錄》《禪茶論典錄》等，另已發表學術論文二十餘篇。

提　要

　　禪茶內涵多維多重、形態有顯有隱，常常導致茶者見其茶，禪者見其禪，僧家見其出世，文士見其紅塵。事實上，大都只抓住了與自己價值取向共鳴的一面。而且，禪茶向來是僧俗共構的產物，由於中國整體的儒釋道土壤，禪本身就是多元文化融聚的結晶，禪出世的一端多在僧人、在寺廟，而入世的一端則多在文士、在世俗，故而「禪茶」需要在儒釋道內通為一的基礎上來探討，是廣義上的「大禪茶」，其形態較為靈活而內質也相對寬廣。同時，禪茶永遠隨時代在變化、演進。以這樣的動態視野輯錄禪茶論典，除了歷代禪門茶道文獻，當然還需關注儒釋道背景下的茶學典籍、茶道實踐、他國禪茶。基於此，本書選取了茶道書論 86 種，按照辨識茶事、品煮清譚、一方茗略、水器出神、僧家事茶五編進行編錄，以稍見禪茶文化之一斑。

目　次

上　冊

緒論：禪茶及其當代建構 ……………………………………………………1
　一、論典輯錄之工 …………………………………………………………2
　二、禪茶基本範疇 …………………………………………………………6
　三、當代禪茶困頓 …………………………………………………………20
　四、禪茶文化展望 …………………………………………………………24
第一編　辨識茶事 …………………………………………………………29

中　冊

第二編　品煮清譚 ……………………………………………………267

第三編　一方茗略 ……………………………………………………385

下　冊

第四編　水器出神 ……………………………………………………499

第五編　僧家事茶 ……………………………………………………589

參考文獻 ………………………………………………………………699

後　記 …………………………………………………………………703

第二一、二二、二三冊　禪茶藝文錄

作者簡介

　　馮天春，男，雲南普洱人，哲學博士，現就職於雲南省社會科學院宗教研究所，主要研究中華經典詮釋學、佛道教哲學、心理學、禪茶文化。擅長將禪修技術、性命之學與心理學融合，解決心智成長與身心問題。同時，致力於中華傳統文化與禪茶康養、睡眠改善、身心管理等領域的研訓、抒寫，提倡和實踐「經典深度閱讀法」「中國心學」。目前主持國家社科基金項目《雲南禪宗史》，完成著作《〈壇經〉大生命觀論綱》（合著）《入〈壇經〉注》《藏漢佛教修道次第比較研究》《禪蹤》《禪茶公案錄》《禪茶藝文錄》《禪茶論典錄》等，另已發表學術論文二十餘篇。

提　要

　　禪茶，除了最直觀的禪修、吃茶，更蘊涵著一種深入探究並體證內在本性的生命價值理念。禪者茶者，往往以之為生活，以之為棲居，以之為自我生命在世間的完美綻放；同時，還有一個龐大的文人群體，始終熱衷於吟詠茶事禪心。如此而形成的直接結晶，便是禪茶詩詞歌賦曲聯等種種藝文。故而，禪茶藝文，乃合為時、合為事、合為心、合為道而作，往往指向生命安放之大事。古今各體禪茶藝文，數量實在難以計數，而且分布極為零散。本書最終選定 1600 目，以禪，或更準確地說是以禪的生命價值理念為貫穿主線，按照僧人茶詩、文士茶詩、禪茶詞曲、性靈茶語、茶聯禪句之五編進行輯錄，由此形成了相對具有代表性的禪茶藝文專題。編著本書，除為當做禪茶研究

的文獻參考，更是一種力圖以筆端學術通生命學問的修學嘗試。

目　次

上　冊

緒論：禪茶的生命價值 ……………………………………… 1

　一、初說禪茶藝文 ………………………………………… 1

　二、禪茶審美境趣 ………………………………………… 4

　三、活用禪茶養生 ………………………………………… 9

　四、茶與禪意安居 ………………………………………… 13

　五、禪茶回溯反思 ………………………………………… 16

第一編　僧人茶詩 …………………………………………… 21

中　冊

第二編　文士茶詩 …………………………………………… 139

下　冊

第三編　禪茶詞曲 …………………………………………… 349

第四編　性靈茶語 …………………………………………… 457

第五編　茶聯禪句 …………………………………………… 509

參考文獻 ……………………………………………………… 571

後　記 ………………………………………………………… 589

第二四、二五冊　河陽寶卷研究

作者簡介

　　李淑如，國立成功大學中國文學系博士。現任國立成功大學中文系專案副教授。著有《河陽寶卷研究》、《臺灣文財神開基祖廟——嘉義文財殿志》、《閩南文化研究視野下的水神與財神信仰》，編有《雲林縣青少年台灣文學讀本・民間文學卷》。

提　要

　　河陽寶卷，是流傳於張家港市地區的寶卷。河陽寶卷藏量豐富，也有部分寶卷是珍本、孤本，如《三漢寶卷》、《劉神卷》、《高神卷》、《王儀寶卷》、

《蝴蝶仙卷》、《螳螂卷》等,《河陽寶卷集》則是語言文字具有鮮明地方特色的寶卷集結出版品,也是保存珍貴非物質文化遺產的民間文學作品。《河陽寶卷研究》一書即是針對流傳在河陽地區的寶卷,進行一系列研究,包含內容、形式與儀式的專書。

目 次

上 冊

誌 謝

第一章 緒 論 ……………………………………………………………… 1

第二章 河陽寶卷的發展 ………………………………………………… 7

　第一節 寶卷的源流與發展 ………………………………………… 7

　第二節 寶卷研究概況回顧 ………………………………………… 14

　第三節 江蘇地區寶卷宣講的田野調查 ………………………… 21

第三章 《河陽寶卷》之內容分類與架構 ……………………………… 39

　第一節 《河陽寶卷》的內容 ……………………………………… 39

　第二節 《河陽寶卷》的分類 ……………………………………… 40

　第三節 《河陽寶卷》的架構 ……………………………………… 41

第四章 河陽寶卷中的道佛敘事本 ……………………………………… 61

　第一節 河陽寶卷中的玉皇信仰 ………………………………… 62

　第二節 河陽寶卷中的女神信仰 ………………………………… 69

　第三節 河陽寶卷中的雷神信仰 ………………………………… 87

　第四節 寶卷與冥府信仰 ………………………………………… 91

　第五節 寶卷與十王信仰 ………………………………………… 95

第五章 河陽寶卷中的民間傳說故事本 ……………………………… 103

　第一節 河陽寶卷與四大傳說 …………………………………… 104

　第二節 河陽寶卷與《西遊記》 ………………………………… 130

　第三節 河陽寶卷中的延壽信仰 ………………………………… 140

第六章 河陽寶卷與民間秘密宗教 …………………………………… 149

　第一節 寶卷與善書的融合 ……………………………………… 150

　第二節 河陽寶卷中的民間秘密宗教寶卷 …………………… 156

　第三節 《河陽寶卷》中的無生老母 ………………………… 163

下　冊

第七章　河陽寶卷的特色 ……………………………………………………169

　第一節　說唱口吻 …………………………………………………………170

　第二節　文體結合 …………………………………………………………173

　第三節　敘事藝術 …………………………………………………………179

　第四節　人物個性化 ………………………………………………………190

　第五節　地方特色 …………………………………………………………196

第八章　結　論 ………………………………………………………………205

　第一節　地方民俗的記錄 …………………………………………………206

　第二節　宗教信仰的展現 …………………………………………………207

　第三節　稀見本與時事故事的運用 ………………………………………209

　第四節　永續的生命力 ……………………………………………………223

參考書目 ………………………………………………………………………227

附　錄 …………………………………………………………………………235

　一、《白蛇卷》 ……………………………………………………………235

　二、長篇宣卷《叔嫂風波》 ………………………………………………253

第二六至三一冊　《純常子枝語》校證

作者簡介

　　陳開林（1985～），湖北麻城人。2009 年畢業於重慶工商大學商務策劃學院，獲管理學學士學位（市場營銷專業商務策劃管理方向）。2012 年畢業於湖北大學文學院，獲文學碩士學位（中國古代文學先秦方向）。2015 年畢業於華中師範大學文學院，獲文學博士學位（中國古代文學元明清方向）。現為鹽城師範學院文學院講師。主要研究宋元明清文學、近代文學、中國古典文獻學、經學。出版專著《〈全元文〉補正》《劉毓崧文集校證》《〈周易玩辭困學記〉校證》，並在《圖書館雜誌》《文獻》《中國典籍與文化》《古典文獻研究》《圖書館理論與實踐》《中國詩學》等刊物發表論文 90 餘篇，另有「史源學考易」系列、清人別集系列數種待刊。

提　要

　　被沈曾植譽為「有清元儒，東洲先覺」的文廷式（1856～1904），係晚清

著名政治家、學者、詞人。雖享壽不永，然擅天縱之才，治學堂廡廣大，著述宏富，「所論內外學術，儒佛玄理，東西教本，人才升降，政治強弱之故，演奇而歸平，積微以稽著，於古學無所阿，今學無所阿」（沈曾植《墓表》），成就極大。其一生精萃，尤在《純常子枝語》一書，「闡說經傳，論證九流，校訂文字，評品詩詞，記述朝章國故、士林交往、域外見聞，旁涉釋藏道笈、耶回之書、天步曆算之學，下及《疑龍》、《撼龍》之流，可謂沉沉夥頤」（錢仲聯序），極富學術價值，有待展開深入研究。

　　該書於作者生前未曾刊行，有數種稿本、抄本流傳於世。1943 年汪兆銘出資刊行稿本（四十冊，不分卷），釐為四十卷。但刻印過程中，存在不少問題。稿本、刻本雖屢經翻印，然整理本迄今尚未得見，實為憾事。本書以《續修四庫全書》第 1165 冊影印刻本為底本，以文海出版社影印 40 冊稿本為校本，一方面校勘文字異同，另一方面補充刻本脫漏的條目和天頭上豐富的眉批，使其內容趨於準確、完備。此外，尚做了如下一些工作：（一）運用史源學的方法，查考全書引文。僅言某人之說，盡力查考其出處。言明某書而不及篇目者，則補充篇目。言明篇目而不及卷次者，則補充卷次。並藉以明確引文之起止。（二）補充文氏未及完成之遺漏。（三）對文氏失察之處加以補正。（四）援引證據，補證文氏之說。（五）有與文氏之說意見相左者，則加以補充以存異。

目　次

第一冊

前　言 ………………………………………………………………1

凡　例 ………………………………………………………………13

卷　一 ………………………………………………………………15

卷　二 ………………………………………………………………53

卷　三 ………………………………………………………………95

卷　四 ………………………………………………………………135

卷　五 ………………………………………………………………165

卷　六 ………………………………………………………………193

第二冊

卷　七 ………………………………………………………………215

卷　　八 ……………………………………………………… 235

卷　　九 ……………………………………………………… 255

卷　　十 ……………………………………………………… 291

卷十一 ………………………………………………………… 319

卷十二 ………………………………………………………… 349

卷十三 ………………………………………………………… 373

卷十四 ………………………………………………………… 395

第三冊

卷十五 ………………………………………………………… 427

卷十六 ………………………………………………………… 477

卷十七 ………………………………………………………… 507

卷十八 ………………………………………………………… 519

卷十九 ………………………………………………………… 541

卷二十 ………………………………………………………… 601

卷二十一 ……………………………………………………… 623

第四冊

卷二十二 ……………………………………………………… 655

卷二十三 ……………………………………………………… 673

卷二十四 ……………………………………………………… 695

卷二十五 ……………………………………………………… 715

卷二十六 ……………………………………………………… 749

卷二十七 ……………………………………………………… 771

卷二十八 ……………………………………………………… 799

卷二十九 ……………………………………………………… 827

卷三十 ………………………………………………………… 841

第五冊

卷三十一 ……………………………………………………… 859

卷三十二 ……………………………………………………… 877

卷三十三 ……………………………………………………… 893

卷三十四 ……………………………………………………… 923

卷三十五 ……………………………………………………………………947

卷三十六 ……………………………………………………………………977

卷三十七 ……………………………………………………………………1001

卷三十八 ……………………………………………………………………1023

卷三十九 ……………………………………………………………………1045

第六冊

卷四十 ………………………………………………………………………1067

附錄一：《純常子枝語》序跋 …………………………………………1089

附錄二：文廷式傳記資料 ………………………………………………1099

附錄三：相關評論資料 …………………………………………………1107

附錄四：《純常子枝語》簡目 …………………………………………1131

附錄五：文廷式著述 ……………………………………………………1173

附錄六：文廷式詩校勘舉例 ……………………………………………1177

徵引文獻 …………………………………………………………………1181

後記：我與我周旋久 ……………………………………………………1217

第三二冊　散見宋金元墓誌地券輯錄二編

作者簡介

　　周峰，男，漢族，1972 年生，河北省安新縣人。中國社會科學院民族學與人類學研究所研究員，歷史學博士，博士生導師。主要從事遼金史、西夏學的研究。出版《完顏亮評傳》《21 世紀遼金史論著目錄（2001～2010 年）》《西夏文〈亥年新法・第三〉譯釋與研究》《奚族史略》《遼金史論稿》《五代遼宋西夏金邊政史》《貞珉千秋──散佚遼宋金元墓誌輯錄》等著作 14 部（含合著），發表論文 90 餘篇。

提　要

　　本書為《散見宋金元墓誌地券輯錄》的續編，共收錄宋金元三代的墓誌、地券 118 種，其中宋代 87 種，金代 4 種，元代 27 種。每種墓誌地券內容包括兩部分：拓本或照片、錄文。拓本及照片絕大部分來源於網路，大部分沒有公開發表過。墓主大部分為不見經傳的普通百姓，為我們瞭解宋金元時期民眾的生活提供了第一手的寶貴資料。

目 次

凡 例

一、宋王思地券 雍熙四年（987）十一月一日 …………………………………1

二、宋黄二郎地券天禧元年（1017）十二月九日 ………………………………3

三、宋何大郎地券天聖六年（1028）十二月十二日 ……………………………4

四、宋陳十七娘地券景祐四年（1037）九月二十二日 …………………………5

五、宋王汲墓誌康定二年（1041）十一月二十六日 ……………………………6

六、宋楊日宣墓誌慶曆四年（1044）十一月十五日 ……………………………8

七、宋楊日休墓誌慶曆四年（1044）十一月十五日 ……………………………10

八、宋王忠之父地券慶曆四年（1044）十二月三日 ……………………………12

九、宋李氏墓誌 慶曆七年（1047）十二月二日 ………………………………13

十、宋汪八娘地券慶曆八年（1048）閏正月二十一日 …………………………15

十一、宋鄒氏墓銘皇祐二年（1050）十一月二十六日 …………………………16

十二、宋陶氏墓銘 皇祐三年（1051）十月六日 ………………………………18

十三、宋范鈞墓誌皇祐四年（1052）十二月一日 ………………………………19

十四、宋任十一娘壙銘至和元年（1054）七月二十四日 ………………………21

十五、宋任賽娘壙銘至和元年（1054）七月二十四日 …………………………22

十六、宋葛氏墓誌嘉祐五年（1060）九月二十日 ………………………………23

十七、宋宗室宗望夫人張氏墓誌嘉祐五年（1060）十月三十日 ………………25

十八、宋王大娘地券 治平元年（1064）…………………………………………27

十九、宋鄭氏墓誌熙寧四年（1071）十二月十六日 ……………………………28

二十、宋李孝基墓誌熙寧十年（1077）二月十五日 ……………………………30

二十一、宋李孝基夫人馬氏墓誌熙寧十年（1077）二月十五日 ………………33

二十二、宋汪二娘地券元豐三年（1080）三月二十一日 ………………………35

二十三、宋蘇淑墓誌元豐三年（1080）十月二十六日 …………………………36

二十四、宋孫杲墓誌元豐六年（1083）八月二十四日 …………………………38

二十五、宋彭希夫人張氏墓誌元豐八年（1085）十二月一日 …………………40

二十六、宋孫昱及夫人韓氏墓誌元祐元年（1086）三月十五日 ………………43

二十七、宋康居甚地券元祐元年（1086）三月十五日 …………………………46

二十八、宋葉氏墓誌元祐元年（1086）六月二日 ………………………………47

二十九、宋周氏墓誌元祐元年（1086）十月三十日 ……………………………49

三十、宋晁渙之墓誌元祐五年（1090）十一月三十日 ……………………… 50

三十一、宋朱常墓誌元祐六年（1091）十二月二日 ………………………… 52

三十二、宋楊昶墓誌元祐七年（1092）三月七日 …………………………… 54

三十三、宋徐佖墓誌元祐七年（1092）十一月五日 ………………………… 56

三十四、宋趙氏胡氏墓誌元祐八年（1093）十月十七日 …………………… 58

三十五、宋趙叔琇墓誌紹聖二年（1095）七月一日 ………………………… 60

三十六、宋鄧氏夫人地券紹聖三年（1096）十二月四日 …………………… 62

三十七、宋陳婉墓誌紹聖四年（1097）五月七日 …………………………… 64

三十八、宋高顯買地券紹聖四年（1097）九月四日 ………………………… 66

三十九、宋丁誠墓誌紹聖五年（1098）五月二十五日 ……………………… 67

四十、宋衛杲墓誌元符二年（1099）七月二十日 …………………………… 69

四十一、宋劉伯莊墓誌元符三年（1100）十月十六日 ……………………… 71

四十二、宋元大娘地券建中靖國元年（1101）九月二日 …………………… 74

四十三、宋甯龔墓誌崇寧元年（1102）九月十四日 ………………………… 75

四十四、宋陳絳墓誌崇寧二年（1103）十一月二十日 ……………………… 77

四十五、宋胡二十七娘地契崇寧三年（1104）十一月六日 ………………… 79

四十六、宋強利夫人墓誌崇寧四年（1105）二月七日 ……………………… 80

四十七、宋志通塔銘崇寧四年（1105）十月二十一日 ……………………… 82

四十八、宋時知默墓誌崇寧四年（1105）十一月二十六日 ………………… 84

四十九、宋尹楫墓誌大觀元年（1107）九月七日 …………………………… 85

五十、宋符世有妻李氏墓銘大觀元年（1107）十二月二十八日 …………… 87

五十一、宋王實墓誌大觀二年（1108）四月五日 …………………………… 89

五十二、宋秦宰墓誌大觀二年（1108）七月十三日 ………………………… 91

五十三、宋江大娘地券大觀二年（1108）十月十二日 ……………………… 93

五十四、宋宗室裕之夫人盧氏墓誌大觀二年（1108）十二月二十七日 …… 94

五十五、宋晁公簡改葬記大觀三年（1109）十月十三日 …………………… 95

五十六、宋劉二十四娘地券大觀四年（1110）二月四日 …………………… 97

五十七、宋何五郎地券大觀四年（1110）閏八月二十四日 ………………… 99

五十八、宋毛一郎地券大觀四年（1110）閏八月二十五日 …………………100

五十九、宋向氏墓誌政和元年（1111）四月四日 ……………………………101

六十、宋符世有墓誌政和六年（1116）十一月二十日 ………………………103

六十一、宋趙琢墓誌政和八年（1118）閏九月五日 …………………105

六十二、宋果圜塔銘宣和元年（1119）三月十八日 …………………106

六十三、宋曹氏墓誌宣和三年（1121）正月二十五日 ………………108

六十四、宋文茂宗墓誌建炎元年（1127）八月四日 …………………110

六十五、宋范公地券紹興三年（1133）十一月八日 …………………111

六十六、宋李十一郎地券紹興十二年（1142）十二月二日 …………112

六十七、宋任氏墓誌紹興二十二年（1152）十月十二日 ……………113

六十八、宋李應宣地券紹興二十三年（1153）十月十五日 …………114

六十九、宋黃六娘地券乾道二年（1166）十月十四日 ………………115

七十、宋方杲塚記淳熙七年（1180）七月二十三日 …………………116

七十一、宋章念八評事地券淳熙七年（1180）十一月六日 …………118

七十二、宋甘邦榮墓契券紹熙元年（1190）十一月 …………………119

七十三、宋彭氏地券紹熙三年（1192）十月二十日 …………………120

七十四、宋上官三郎地券嘉定六年（1213）九月十五日 ……………122

七十五、宋陶氏埋銘嘉定八年（1215）四月二十日 …………………123

七十六、宋陳十八地券嘉定八年（1215）十月七日 …………………125

七十七、宋符氏地券嘉定十六年（1223）九月十七日 ………………126

七十八、宋蔡氏地券淳祐元年（1241）九月十一日 …………………127

七十九、宋翁妙眞壙記淳祐九年（1249）八月二十日 ………………128

八十、宋揭升龍祖父母地券寶祐元年（1253）八月十三日 …………130

八十一、宋吳氏墓誌寶祐四年（1256）三月二十九日 ………………131

八十二、宋袁六一娘地券咸淳二年（1266）八月二十五日 …………133

八十三、宋楊有才壙記咸淳五年（1269）十二月二十五日 …………135

八十四、宋劉必登壙記咸淳九年（1273）正月六日 …………………137

八十五、宋徐思義岳父地券咸淳十年（1274）十月十七日 …………139

八十六、宋傅氏太君地券咸淳十年（1274）十一月十二日 …………140

八十七、宋蘇符墓磚 ……………………………………………………142

八十八、金崇遠塔銘貞元三年（1155）六月十日 ……………………143

八十九、金張守仁墓誌大定四年（1164）九月二日 …………………145

九十、金王吉地券大定十五年（1175）四月二十二日 ………………147

九十一、金濟公和尚塔銘明昌二年（1191）二月十五日 ……………148

九十二、元楊小一壙記至元十七年（1280）十一月八日 …………………149

九十三、元饒襲壙記至元十七年（1280）十二月二十四日 ………………151

九十四、元楊伯清墓誌至元二十二年（1285）八月十九日 ………………153

九十五、元徐榮一宣教地券元貞元年（1295）十二月二十一日 …………155

九十六、元雷恭地券大德六年（1302）十二月一日 ………………………157

九十七、元阮泰来壙記至大元年（1308）十一月十七日 …………………158

九十八、元周淑善壙記至大元年（1308）閏十一月五日 …………………160

九十九、元王氏墓誌至大三年（1310）十一月十一日 ……………………162

一〇〇、元王明父母地券至大四年（1311）四月二十六日 ………………164

一〇一、元熊氏地券皇慶元年（1312）十二月二十一日 …………………165

一〇二、元董妙順墓誌皇慶二年（1313）九月十九日 ……………………167

一〇三、元陳思恭壙記延祐二年（1315）閏三月一日 ……………………169

一〇四、元成思中墓誌延祐三年（1316）十月四日 ………………………171

一〇五、元薛文玉地券延祐六年（1319）十月六日 ………………………172

一〇六、元馮子明墓誌至治三年（1323）正月二十日 ……………………173

一〇七、元吳德英壙誌至治三年（1323）十二月十六日 …………………175

一〇八、元許衎墓誌致和元年（1328）九月二十三日 ……………………177

一〇九、元毛妙慧壙記天曆三年（1330）正月八日 ………………………180

一一〇、元傅明道壙記至順二年（1331）三月 ……………………………182

一一一、元李妙玉墓誌後至元四年（1338）十二月二十六日 ……………184

一一二、元劉文政壙記至正二年（1342）十二月二十三日 ………………186

一一三、元傅氏壙記至正三年（1343）二月十三日 ………………………188

一一四、元梁士通壙誌至正四年（1344）十一月四日 ……………………190

一一五、元危柔正壙記至正六年（1346）十月十五日 ……………………192

一一六、元莫簡墓誌至正八年（1348）七月 ………………………………194

一一七、元陳懿恭壙記至正十七年（1357）八月十八日 …………………195

一一八、元李文材姚可壙誌至正二十六年（1366）十二月二十三日 ……197

參考文獻 …………………………………………………………………………199

第三三、三四冊　元代墓碑文研究

作者簡介

　　范雪琳（1990.10～），女，漢族，2009 年考入北京大學中國語言文學系古典文獻專業，2013 年畢業後進入北京師範大學就讀，2019 年自北京師範大學文學院古典文獻專業畢業。博士畢業後工作於中國國家圖書館，從事古籍保護相關工作，現為館員。曾發表《論先塋碑在元代的興盛與衰落》《論新塋碑在元代的興起與衰落》等文章。

提　要

　　墓碑文作為中國古代重要的文體之一，自先秦產生以來，在漢代、唐宋出現了兩個發展巔峰，元代碑文上承唐宋，下啟明清，又因其獨特的社會文化背景而有其特色所在，本文分為上下兩編，上編是元代墓碑文綜合研究，下編則是個案研究。緒論部份筆者簡要梳理了元代墓碑文獻的創作、收錄、現存概況，並對近年以來學界關於元代碑文的研究進行了分析。

　　第一章中，筆者先整理了墓碑文自起源至元前的發展特點，也對元代碑文的文體等進行了介紹，探討了《金石例》與元代碑文之間的關係。

　　在第二章，筆者通過梳理碑文之中關於元代社會生活相關記載，具體分析碑文所反映的獨具特色的元代社會文化，並以此說明其文獻價值。

　　第三章筆者主要關注了元代墓碑文的文學價值，元代碑文受到了當時復古文風等因素的影響，又成為了史料的載體之一；而在刻畫人物、敘事等角度，元代則繼承了唐宋以來的寫作方式。

　　第四章筆者探討了元代碑文中所蘊含的思想觀念，理學的廣泛傳播使得「忠孝節義」觀念再次得到了強化，碑文教化功用也為元人所重視。

　　第五章是個案研究，筆者選取了姚燧、虞集、歐陽玄、蘇天爵與危素五人，以他們的作品為例，來分析其碑文在寫作手法、藝術風格等方面的特點。

　　結語部份主要是對於元代碑文創作成就的整體總結。

目　次

上　冊

緒　論 ……………………………………………………………………………… 1

上編：元代墓碑文綜合研究

第一章　元代墓碑文的文體與文體論 ……………………………… 21
　　第一節　元前及元代的墓碑文體 ………………………………… 21
　　第二節　新文體的出現 …………………………………………… 35
　　第三節　《金石例》 ……………………………………………… 60
第二章　墓碑文中的元代社會與生活 ……………………………… 73
　　第一節　社會矛盾的激化——元初江南民變 ………………… 73
　　第二節　行己與惠人——元代的處士生活 …………………… 84
四、元人對於處士的評價 …………………………………………… 98
　　第三節　對宗教信仰的崇奉——以佛、道兩教為例 ……… 103
　　第四節　文化的融合——元代的少數民族墓碑文 ………… 116
第三章　元代墓碑文的文學價值 …………………………………… 133
　　第一節　載道與存史——元代墓碑文的雙重功用 ………… 135
　　第二節　「千人千面」的形象刻畫 …………………………… 146
　　第三節　多視角的敘述觀念 …………………………………… 155
第四章　元代墓碑文的思想觀念 …………………………………… 165
　　第一節　「忠孝節義」的道德觀念 …………………………… 165
　　第二節　元代墓碑文中的生死觀 ……………………………… 180

下　冊

下編：元代墓碑文個案研究
第五章　元代墓碑文代表性作家研究 …………………………… 195
　　第一節　元代的墓碑文作家 …………………………………… 195
　　第二節　姚燧 …………………………………………………… 197
　　第三節　虞集 …………………………………………………… 220
　　第四節　歐陽玄 ………………………………………………… 244
　　第五節　蘇天爵 ………………………………………………… 263
　　第六節　危素 …………………………………………………… 287
結　語 ………………………………………………………………… 305
參考文獻 ……………………………………………………………… 311
附錄一　墓碑文繫年 ………………………………………………… 331
附錄二　元代處士表 ………………………………………………… 367

附錄三　元代蒙古、色目等墓主表 ……………………………………………373

附錄四　元代少數民族作家墓碑文創作情況表 ……………………………383

第三五冊　敦煌醫方整理研究

作者簡介

　　王杏林，浙江紹興人，浙江大學古籍研究所博士，現為浙江師範大學講師。曾出版《敦煌針灸文獻研究》一書，發表《S.202〈傷寒論〉寫本校證》、《關於俄藏敦煌文獻 Дх.02683、Дх.11074 殘片的定名》、《跋敦煌本〈黃帝明堂經〉》、《敦煌本〈灸經圖〉的整理及其學術價值研究》、《敦煌本備急單驗藥方〔並序〕考釋》等論文。

提　要

　　本書以敦煌醫學文獻中的醫方寫卷為研究對象，從寫卷文本入手，展開詳細的整理和考證工作，挖掘其中的文獻學價值和醫學價值。

　　本書分為兩個部分。緒論部分為研究綜述，梳理了敦煌醫方文獻的概況及近百年來的研究現狀，歸納了敦煌醫方文獻的時代和地域特徵，挖掘其獨特的價值；論述了敦煌寫卷在輯佚、校勘、文字學、版本學等方面的文獻學價值以及對於醫學研究的重要性；同時從祝由方出發，探討敦煌醫方文獻背後的民俗學價值。

　　因寫卷大多破損零碎，許多字跡模糊難辨，所以本書的校注部分則按卷整理，盡最大可能還原寫卷原貌，同時展開嚴謹的考證工作。在正確錄文的基礎上，完善每一號寫卷的定名；介紹寫卷的基本情況，包括內容的起迄、完缺情況和所存行數；考察寫卷的抄寫時代，為敦煌寫本學的研究提供材料；對部分醫方殘片進行綴合；將敦煌醫方文獻與傳世本進行比勘，糾正傳世本的訛誤脫漏，在吸收前人研究成果的基礎上，提出新的見解，指出敦煌醫方文獻在校勘上的價值。

目　次

凡　例

緒　論 ………………………………………………………………………………1

一、醫方 ……………………………………………………………………………19

　（一）醫方（治頭風等雜症方） …………………………………………………19

（二）醫方（虎骨酒、伏連等方）……………………………………33

（三）醫方（薰香、美容等方）………………………………………41

（四）醫方（服藥凡例及房中養生方）………………………………46

（五）醫方（外治雜症方）……………………………………………52

（六）醫方（目錄）……………………………………………………65

（七）醫方（雜抄）……………………………………………………67

（八）救急單驗藥方卷并序……………………………………………67

（九）王宗無忌單方……………………………………………………90

（十）醫方（產後、灸法、黃病、時氣病等雜症方）………………91

（十一）醫方（雜症單驗藥方）………………………………………98

（十二）醫方（療心痛、牙疼、霍亂諸方）…………………………104

（十三）醫方（治人眼赤等雜症方）…………………………………114

（十四）醫方（治腳氣、瘧病等方）…………………………………117

（十五）療雜病藥方……………………………………………………122

（十六）醫方（雜症方）………………………………………………127

（十七）醫方（唐人選方）……………………………………………158

（十八）醫方（五臟六腑虛實病及天行等雜症方）…………………171

（十九）醫方（頭面、竅病、婦人等方）……………………………179

（二十）醫方（黑帝要略方）…………………………………………191

（二一）醫方（螢火丸、段兵散）……………………………………193

（二二）醫方（鐘乳散方）……………………………………………194

（二三）醫方（除咳逆短氣專中丸方）………………………………195

（二四）醫方（婦科秘方）……………………………………………196

（二五）醫方（婦人去子方等）………………………………………199

（二六）醫方（治婦人赤白等方）……………………………………200

（二七）醫方（婦人方）………………………………………………200

（二八）醫方（下血方等）……………………………………………202

（二九）醫方（殘片）…………………………………………………203

（三十）醫方（咳嗽方）………………………………………………203

（三一）醫方（房中方）………………………………………………207

（三二）醫方（備急丸等方）…………………………………………207

（三三）醫方（藥方殘片）……………………………………208

（三四）醫方（肺藏篇）…………………………………………209

（三五）醫方（偏方）……………………………………………216

（三六）醫方（牛熱風入心等方）……………………………218

二、道家方書………………………………………………………221

（一）醫方（十二支日得病及治病方）………………………221

（二）醫方（絕穀仙方、去三尸方等道家方術）……………222

（三）醫方（辟穀方、車前方、健行方）……………………226

（四）醫方（三種神藥證治方）………………………………227

（五）醫方（養生方）……………………………………………228

（六）醫方（調息方、休糧方、妙香丸子方）………………230

（七）醫方（煉丹法及雜方術）………………………………231

三、佛家醫方………………………………………………………237

（一）醫方（湧泉方等）…………………………………………237

（二）醫方（湧泉方等）…………………………………………240

（三）醫方（諸病鬼名）…………………………………………242

（四）醫方（佛家語喻方）………………………………………243

（五）醫方（佛家語喻方）………………………………………244

（六）佛頂心觀世音菩薩療病催產方…………………………245

（七）醫方（毗沙門天王奉宣和尚神妙補心丸方）…………246

（八）醫方（香藥洗浴方）………………………………………247

（九）醫方（香藥洗浴方）………………………………………248

（十）醫方（索邊丸、萬金丸、金剛王方等）………………249

參考文獻……………………………………………………………251

第三六冊　美國漢學視野中的宋代文人趣味

作者簡介

　　吳佩烔，1987 年生，江蘇南通人，文學博士，上海師範大學人文學院副教授，美國夏威夷大學馬諾阿分校中國學研究中心訪問學者（2015～2016）。主要研究方向為：美國漢學、比較詩學、文學與藝術的跨學科研究。迄今已

在《文藝研究》、《中國比較文學》等期刊上發表論文多篇，並主持上海市哲學社會科學規劃課題一項。

提 要

本書以現當代美國漢學家對宋代文人趣味的研究作為突破口，考察美國漢學界研究這一中國傳統審美文化和美學現象時的內容和方法，展現、探究、分析其中包含的中西美學與文化對話圖景。

全書主體部分共五章，首先結合趣味概念的歷史與特徵，闡述美國美學在這一問題上提供了何種思想資源，美國漢學家在此基礎上如何把握趣味概念並進入不同文化的審美領域；接著剖析美國漢學家如何通過「美學的秩序」等概念認知中國傳統文化思維方式，如何以此為基礎界定和解釋宋代文人的特點、身份內涵和文化思維；然後分別探尋美國漢學家如何研究宋代詩文、繪畫、書法中的文人趣味，包括注重從個體表達、日常經驗、自我養成和社會學美學視角把握宋代詩文寫作問題中的審美取向和價值判斷，以「詩畫結合」理念及其內涵詮釋為核心、研究宋代文人畫學畫論和繪畫實踐中體現的文人趣味，以及將作為書法美學核心之一的「法度」理解為基於秩序感的文化觀念、由此進一步闡釋從「唐法」到「宋意」的書法審美轉變。

通過上述研究，本書不僅僅意在挖掘美國漢學界的宋代文人趣味研究對於海外漢學自身、對於我們考察觀照海外漢學能夠具有何種啟示，更試圖探尋其對於中西跨文化交流的現實借鑒價值。

目 次

自 序

緒 論 ……………………………………………………………………… 1

第一章 美國美學和漢學中的趣味觀 ………………………………… 9

　第一節 非概念性的趣味 ……………………………………………… 9

　第二節 美國漢學中趣味研究的基礎：來自美國美學的思想資源 …… 16

　第三節 美國漢學家的趣味觀 ………………………………………… 27

第二章 文化中的文人 ………………………………………………… 35

　第一節 美學的秩序：文人趣味的思維基礎 ………………………… 35

　第二節 「文人」概念的中西考辨 …………………………………… 51

　第三節 求整體兼盡個性：宋代文人的美學秩序 …………………… 59

第三章　寫作趣味與價值追求 ……………………………………………… 65

　　第一節　回應的背景：時文與西崑體詩歌 ……………………………… 66

　　第二節　不平淡的「平淡」………………………………………………… 74

　　第三節　以「機智」解「理趣」………………………………………… 91

　　第四節　文化生產的視角：江西詩派的構建與宋詞的地位變化 ………101

第四章　詩畫結合中的文人畫語 ………………………………………………115

　　第一節　繪畫中的文人身份與場域 ………………………………………116

　　第二節　從詩到畫：審美經驗的跨領域連續 ……………………………128

　　第三節　詩畫結合的圖像運動模式與觀看策略 …………………………141

　　第四節　幻境：當文人趣味成為一種符號 ………………………………153

第五章　書法之法 ………………………………………………………………165

　　第一節　「法度」概念背後的文化生態 …………………………………166

　　第二節　書法中的法度之思 ………………………………………………172

　　第三節　從「法」到「意」的通變 ………………………………………179

結　語 ……………………………………………………………………………191

參考文獻 …………………………………………………………………………197

附錄　本書涉及的部分宋代書畫作品 …………………………………………209

中國法律史研究論著目錄（2011～2020）（上）

閆強樂 著

作者簡介

閆強樂，男，1993 年 7 月生，陝西西安藍田人，西北大學法學院講師。2011 ～ 2018 蘭州大學中國史學士、碩士；2018 ～ 2021 年中國政法大學法律史博士。出版學術專著《趙舒翹年譜》《正史法律資料類編（先秦秦漢卷）》《漢代廷尉研究》，在《中國史研究》《中國社會科學報》《學習時報》《中華法系》等刊物發表論文多篇，研究領域中國法律史。

提　　要

　　中國法律史作為法學和史學的交叉學科，是社會科學研究的重要內容。為及時瞭解學界關於中國法律史研究的最新成果和前沿動態，本目錄系統梳理 2011 ～ 2020 年十年間中國法律史學研究的論文著作 6246 條，將其全部內容分為通論、中國古代法律史、中國近現代法律史、中國古代法律思想史、中國近現代法律思想史、中國少數民族法律史、法律文獻和著述評介與契約研究、學術著作等 8 大類。每類下又有細目劃分，如中國古代法律史部分下分法律通史、夏商周、春秋戰國、秦漢、三國兩晉南北朝、隋唐五代、宋遼金西夏元、明清。每條目錄按照序號、作者、篇名、文獻來源的順序編排。

編纂緣起

本科二年級之後，決定以中國法律史學研究作為自己的學術志業，前期的學術規範訓練讓自己獲益匪淺。每年年底，自己都會系統梳理期刊目錄中關於中國法律史的研究成果，同時借助網絡、微信、學術會議等等媒介，系統關注中國法律史學的研究進展，創辦了「法律史學研究通訊」微信公眾號，介以傳播中國法律史學研究的最新學術信息。雖然期間有過困惑、遇到挫折，但自己一直默默地堅持下來，使得自己對於中國法律史學近十年來的學術進展狀況有了詳細的瞭解，也讓自己考取了中國政法大學法律史專業的博士研究生，從歷史學轉行去了法律史學，這無疑對於自己的成長起到重要的影響。

本書參考、續編趙九燕、楊一凡編《百年中國法律史學論文著作目錄》〔註 1〕，系統梳理 2011～2020 年十年間中國法律史學研究的論文著作 6246條，將其全部內容分為（一）通論、（二）中國古代法律史、（三）中國近現代法律史、（四）中國古代法律思想史、（五）中國近現代法律思想史、（六）中國少數民族法律史、（七）法律文獻、著述評介與契約研究、（八）學術著作等 8 大類。每類下又有細目劃分，如中國古代法律史部分下分法律通史、夏商周、春秋戰國、秦漢、三國兩晉南北朝、隋唐五代、宋遼金西夏元、明清。每條目錄按照序號、作者、篇名、文獻來源的順序編排。希望此書的出版，可以為中國法律史學研究提供一些基本的學術資料。

在《中國法律史學研究論著目錄》的編纂過程中，感謝導師中國政法

〔註 1〕趙九燕、楊一凡編：《百年中國法律史學論文著作目錄》，社科文獻出版社，2014 年版。此書所收目錄截止於 2010 年。

大學朱勇教授的幫助，朱老師謙謙君子，每一次學問請教，都讓自己如沐春風。感謝蘭州大學屈直敏教授本科階段的學術啟蒙，讓自己在之後的學術道路上獲益匪淺。

　　由於個人學術水平與學術能力的限制，目錄的編撰搜集整理，必然有所遺漏，目錄的分類體例也存在一些問題，讀者諸君若是有意見建議與拾遺補缺，可以發至我的郵箱：yanqiangle1993@163.com，非常感謝。

2021 年 8 月 31 日

長安清涼山

上　冊

編纂緣起

第一章　通　論 ……………………………………………… 1

　一、法律史學的研究對象與方法論 ……………………… 1

　二、中華法文化研究……………………………………… 7

　三、法史比較研究 ……………………………………… 42

　四、法律史學與法制現代化 …………………………… 46

　五、中國法律史研究綜述 ……………………………… 58

第二章　中國古代法律史 ……………………………… 65

　一、法律通史 …………………………………………… 65

　二、斷代法律史 ………………………………………… 82

　　（一）夏商周 ………………………………………… 82

　　（二）春秋戰國………………………………………… 87

　　（三）秦漢 …………………………………………… 92

　　（四）三國兩晉南北朝 ……………………………… 123

　　（五）隋唐五代 ……………………………………… 127

　　（六）宋遼金西夏元 ………………………………… 153

　　（七）明清 …………………………………………… 174

下　冊

第三章　中國近現代法律史 …………………………… 227

　一、近代法律通史 …………………………………… 227

　二、近代各歷史時期法律史 ………………………… 245

　　（一）晚清 …………………………………………… 245

　　（二）北洋軍閥和中華民國 ………………………… 263

　　（三）革命根據地與建國初期 ……………………… 300

第四章　中國古代法律思想史 ………………………… 309

第五章　中國近現代法律思想史……………………… 327

第六章　中國少數民族法律史 ………………………… 333

第七章　法律文獻、著述評介與契約研究……………… 349

　一、法律文獻 ………………………………………… 349

　二、著述評介 ………………………………………… 352

　三、契約研究 ………………………………………… 359

第八章　學術著作 ……………………………………… 367

目

次

第一章 通 論

一、法律史學的研究對象與方法論

1. （日）荊木美行：《近代日本法史學的一個側面》，載徐世虹主編：《中國古代法律文獻研究》（第四輯），法律出版社，2011 年版。

2. 蔡曉榮：《中國近代民法史研究的可能進路：兼及方法與資料》，《比較法研究》2011 年第 5 期。

3. 韓大元：《中國法學需要關注學說史研究》，《法學研究》2011 年第 6 期。

4. 何勤華：《比較法學史芻議》，《東南大學學報》2011 年第 6 期。

5. 錢劬峰：《當前憲法史研究三大範式的反思》，《法學》2011 年第 6 期。

6. 桑兵：《比較與比附——法制史研究的取徑》，《中山大學學報》2011 年第 2 期。

7. 王立民、蔡薇：《關於古代東方法幾個問題的研究——華東政法大學博士生導師王立民教授訪談》，《社會科學家》2011 年第 12 期。

8. 肖潔：《「中國古代有無法學」再辨》，《學術探索》2011 年第 2 期。

9. 楊一凡：《利用新材料，發展新思維，重述中國法律史》，《法學研究》2011 年第 6 期。

10. 張雷：《陳顧遠與中國法律史學科體系的創建》，《中國政法大學學報》2011 年第 2 期。

11. 陳新宇：《人生何處不相逢——瞿同祖與何炳棣的命運對照》，《比較法研究》2012 年第 3 期。

12. 姜金順：《在人類學與歷史學之間——以瞿同祖為中心的閱讀史個案：

1934～1965》，《清華大學學報》2012 年第 4 期。

13. 饒傳平：《由命題出發的概念座標系——也談法律史研究方法》，《華中科技大學學報》2012 年第 5 期。

14. 王有糧：《司法檔案、史料與中國法律史研究：以傅斯年「史料學」思想為基本視角的略述》，《社會科學研究》2012 年第 3 期。

15. 張晉藩：《繼往開來的百年中國法制史學》，《甘肅政法學院學報》2012 年第 5 期。

16. 張雷：《法律信仰理論爭鳴與中國法律史學教研旨趣轉捩》，《湖北大學學報》2012 年第 3 期。

17. 趙晶：《近代以來日本中國法制史研究的源流——以東京大學與京都大學為視點》，《比較法研究》2012 年第 2 期。

18. 朱瀟：《中國法律史研究之材料思考》，載徐世虹主編：《中國古代法律文獻研究》（第六輯），社科文獻出版社，2012 年版。

19. 車浩：《中國刑法學的現狀、傳統與未來》，《法學研究》2013 年第 1 期。

20. 陳新宇：《外在機緣與內在理路——當代日本的中國法制史研究》，《政法論叢》2013 年第 3 期。

21. 胡永恆：《法律史研究的方向：法學化還是史學化》，《歷史研究》2013 年第 1 期。

22. 王立民：《中國地方法制史研究的前世與今生》，《中外法學》2013 年第 5 期。

23. 許章潤：《法學歷史主義論綱：命題、理論與抱負》，《中外法學》2013 年第 5 期。

24. 張雷：《法治救國論與中國近代法律史學嬗變》，《湖南社會科學》2013 年第 2 期。

25. 張世明：《中國大國空間特性的新歷史法學透視》，《中州學刊》2013 年第 5 期。

26. 張中秋：《如何使法史學有思想和影響》，《法學》2013 年第 5 期。

27. （日）荊木美行：《瀧川政次郎與中國法制史》，載徐世虹主編：《中國古代法律文獻研究》（第八輯），社科文獻出版社，2014 年版。

28. 何勤華、陳靈海：《法律文明：互動與變遷——何勤華教授訪談》，《學術月刊》2014 年第 11 期。

29. 王志強：《法國的中國法律史研究》，載徐世虹主編：《中國古代法律文獻研究》（第八輯），社科文獻出版社，2014 年版。

30. 徐碧君：《論甲午中日戰爭國際法研究的緊迫性和重要性》，《清華大學學報》2014 年第 6 期。

31. 許章潤：《漢語法學論綱——關於中國文明法律智慧的知識學、價值論和風格美學》，《清華大學學報》2014 年第 6 期。

32. 鄧建鵬：《尋法青山綠水間——追憶田濤教授》，載霍存福主編：《法律文化論叢（第 3 輯）》，法律出版社，2015 年版。

33. 馬小紅：《中國法史及法史學研究反思——兼論學術研究的規律》，《中國法學》2015 年第 2 期。

34. 魏建國：《法律史研究進路的法學化：重申與再構——兼與胡永恆先生商榷》，《法學評論》2015 年第 6 期。

35. 徐忠明：《偏好與追求：中國法律史的跨學科研究》，《華南師範大學學報》2015 年第 1 期。

36. 陳璽、李晨青：《互動教學在〈法律史學〉課程改革中的植入與踐行》，載王瀚主編：《法學教育研究（第十五卷）》，法律出版社，2016 年版。

37. 陳煜：《劉逢祿的公羊學研究及其法律史意義——以其〈春秋公羊經何氏釋例〉為中心》，載陳景良、鄭祝君主編：《中西法律傳統（第 12 卷）》，中國政法大學出版社，2016 年版。

38. 鄧建鵬、劉雄濤：《假設、立場與功能進路的困境——對瞿同祖研究方式的再思考》，載李在全執行主編：《近代中國的法律與政治》，社會科學文獻出版社，2016 年版。

39. 方瀟：《當下中國法律史研究方法芻議》，《江蘇社會科學》2016 年第 2 期。

40. 馮學偉：《法制史歌訣》，《瀋陽師範大學學報》2016 年第 5 期。

41. 郭威：《試論法律社會史學研究的意義及侷限》，載朱勇主編：《中華法系》（第八卷），法律出版社，2016 年版。

42. 胡華軍：《我的外公程樹德》，載朱勇主編：《中華法系》（第七卷），法律出版社，2016 年版。

43. 霍存福：《歌訣記誦之於教學的意義——小議馮學偉博士的〈法制史歌訣〉》，《瀋陽師範大學學報》2016 年第 5 期。

44. 劉廣安：《寫法史學論文的反思》，載朱勇主編：《中華法系》（第七卷），法律出版社，2016 年版。

45. 劉猛：《論中國現代法學學術之開端》，《華東政法大學學報》2016 年第 1 期。

46. 劉全娥：《楊永華教授的學術人生》，張生主編：《中國法律近代化論集（第三卷）》，中國政法大學出版社，2016 年版。

47. 馬騰：《現代法學科班中的傳統法研習——以廈門大學法律史輪讀會為例》，《廈門大學學報》2016 年「教學改革專輯」。

48. 馬子政、李飛韓：《延龍先生與中國法律史學會「一大」往事》，載吳玉章、高旭晨主編：《中國法律史研究》（2016 年卷），社會科學文獻出版社，2016 年版。

49. 舒硯：《法史經驗談：學術歷程與研究旨趣——陳登武先生訪問錄》，載陳景良、鄭祝君主編：《中西法律傳統》第 11 卷，中國政法大學出版社，2016 年版。

50. 舒硯：《法史經驗談：研究方法與當代價值——黃源盛先生訪問錄》，載陳景良、鄭祝君主編：《中西法律傳統》第 11 卷，中國政法大學出版社，2016 年版。

51. 舒硯：《法史經驗談：研究方法與當代價值——張偉仁先生訪問錄》，載陳景良、鄭祝君主編：《中西法律傳統》第 11 卷，中國政法大學出版社，2016 年版。

52. 舒硯：《法史經驗談：研究方法與法律移植——陳惠馨先生訪問錄》，載陳景良、鄭祝君主編：《中西法律傳統》第 11 卷，中國政法大學出版社，2016 年版。

53. 舒硯：《法史經驗談：研究方法與法學教育——高明士先生訪問錄》，載陳景良、鄭祝君主編：《中西法律傳統》第 11 卷，中國政法大學出版社，2016 年版。

54. 張哲：《從《九朝律考》看程樹德對法律史學的貢獻》，載朱勇主編：《中華法系》（第七卷），法律出版社，2016 年版。

55. 孫家紅：《構建具有中國風格的法律史學》，《人民日報》2017 年 7 月 17 日。

56. 張立經譯，張仁善審校：《仁井田陞著作目錄》，載周東平、朱騰主編：

《法律史譯評》（第六卷），中西書局，2018 年版。

57. 熊建明：《新識與舊知的碰撞：較真「封建」實義——兼議對法史研究與教學的啟示》，載華東政法大學法律史研究中心編：《法律史研究》第 6 輯，法律出版社，2019 年版。

58. 楊一凡：《質疑成說，重述法史——四種法史成說修正及法史理論創新之我見》，《西北大學學報》2019 年第 6 期。

59. 趙晶：《論內藤乾吉的東洋法制史研究》，載中研院史語所主編：2019 年《古今論衡》第 32 期。

60. 趙晶：《論中村茂夫的東洋法制史研究》，載中國法制史學會、中研院史語所主編：《法制史研究》2019 年第 36 期。

61. 趙立行：《法律史的反思：法律的歷史維度》，《復旦學報》2019 年第 1 期。

62. （日）吉永匡史、（韓）金珍、（加）郭躍斌、（法）梅凌寒、（德）施可婷：《2019 年度國外中國法律史研究論著目錄》，載中國政法大學法律古籍整理研究所編：《中國古代法律文獻研究》第 14 輯，社科文獻出版社，2020 年版。

63. 陳惠馨：《華人法學對於世界法學的意義——法史學觀點》，載朱勇主編：《中華法系》（第十三卷），法律出版社，2020 年版。

64. 鄧建鵬：《法律史學科的悲情與所謂貢獻》，載鄧建鵬主編：《法制的歷史維度》，法律出版社，2020 年版。

65. 何勤華：《治學六心》，王靜主編：《上外法律評論》（2019 年卷·總第 5 卷），法律出版社，2020 年版。

66. 侯欣一：《法學研究中政法主題的缺失及彰顯——一種學術史的梳理》，《法律科學（西北政法大學學報）》2020 年第 6 期。

67. 胡永恆：《法律史研究的方向：法學化還是史學化》，載陳景良、鄭祝君主編、李棟執行主編：《中西法律傳統》第 15 卷，中國政法大學出版社，2020 年版。

68. 黃源盛：《法學與史學之間——法史學的存在價值與研究方法》，載陳俊強主編：《中國歷史文化新論：高明士教授八秩嵩壽文集》，元華文創股份有限公司，2020 年版。

69. 李棟：《邁向一種法學的法律史研究——薩維尼法學方法論對於中國法

律史研究的啟示》，《江蘇社會科學》2020 年第 3 期。

70. 里贊：《中國法律史研究中的方法、材料和細節——以清代州縣審斷問題研究為例》，載劉昕杰主編：《法律史研究方法與實例》，四川大學出版社，2020 年版。

71. 劉海年：《無法忘卻的情誼——兼記韓延龍先生對中國法律史學研究的貢獻》，載張生主編：《法史學刊》（第 15 卷），社科文獻出版社，2020 年版。

72. 劉昕杰：《「中國法的歷史」還是「西方法在中國的歷史」——中國法律史研究的再思考》，載陳景良、鄭祝君主編、李棟執行主編：《中西法律傳統》第 15 卷，中國政法大學出版社，2020 年版。

73. 劉昕杰：《在歷史與法律之間：歷史法學及其中國意義》，《西南民族大學學報（人文社科版）》2020 年第 7 期。

74. 劉欣寧：《2019 年度臺灣地區中國法律史研究論著目錄》，載中國政法大學法律古籍整理研究所編：《中國古代法律文獻研究》第 14 輯，社科文獻出版社，2020 年版。

75. 呂麗：《中國法律史學會四十年的回顧與展望》，《法制與社會發展》2020 年第 6 期。

76. 馬小紅、張岩濤：《當代中國法律史學研究方法的分析》，《政法論叢》2020 年第 1 期。

77. 蘇亦工：《跟祝總斌先生學習做「研究」》，載張生主編：《法史學刊》（第 15 卷），社科文獻出版社，2020 年版。

78. 王有糧：《司法檔案、史料與中國法律史研究——以傅斯年「史料學」思想為基本視角的略述》，載陳景良、鄭祝君主編、李棟執行主編：《中西法律傳統》第 15 卷，中國政法大學出版社，2020 年版。

79. 吳佩林：《深化中國法律史研究的三個結合》，吳佩林主編：《地方檔案與文獻研究》第四輯，國家圖書館出版社，2020 年版。

80. 夏新華：《顯學抑或絕學——法律史學科百年發展週期律研究》，《江蘇社會科學》2020 年第 5 期。

81. 熊建明：《新識與舊知的碰撞：較真「封建」實義——兼議對法史研究與教學的啟示》，載陳靈海主編：《法律史研究》（第 6 輯），法律出版社，2020 年版。

82. 楊一凡：《重述法史與出土法律文獻研究》，載王捷主編：《出土文獻與法律史研究》（第九輯），法律出版社，2020 年版。

83. 尤陳俊：《「新法律史」如何可能——美國的中國法律史研究新動向及其啟示》，載陳景良、鄭祝君主編、李棟執行主編：《中西法律傳統》第 15 卷，中國政法大學出版社，2020 年版。

84. 尤陳俊：《「法律文化」概念在中國（1930～1985）：一個知識考古學分析》，《江蘇社會科學》2020 年第 3 期。

85. 尤陳俊：《批評與正名：司法檔案之於中國法律史研究的學術價值》，《四川大學學報（哲學社會科學版）》2020 年第 1 期。

86. 張保生：《法學與歷史學事實認定方法的比較》，《廈門大學學報（哲學社會科學版）》2020 年第 1 期。

87. 張群：《懷念高恒先生》，載張生主編：《法史學刊》（第 15 卷），社科文獻出版社，2020 年版。

88. 張岩濤：《中國法律史學的恢復與繁榮（1978～2019）》，《法學教育研究》2020 年第 2 期。

89. 趙晶：《敦煌、吐魯番文獻與仁井田陞的中國法制史研究》（上），載《文津學誌》第 15 輯，國家圖書館出版社，2020 年版。

90. 趙世瑜：《文獻的變身與「法史」是什麼》，載鄧慶平主編：《多元視域下的近世法律與中國社會》，中國政法大學出版社，2020 年版。

二、中華法文化研究

1. （加）卜正民、鞏濤、卜魯：《凌遲處死》，張小也譯，劉東主編：《中國學術（第 30 輯），商務印書館，2011 年版。

2. 陳飛：《試論中國法律傳統與觀念對公民權利意識的影響》，《學術論壇》2011 年第 10 期。

3. 陳景良：《中國法學知識體系的建構必須重視從中華法制文明中尋求資源》，《法學研究》2011 年第 6 期。

4. 褚宸舸：《論法律起源研究的中國化——一個知識譜系的反思》，《法制與社會發展》2011 年第 2 期。

5. 杜金：《明清民間商業運作下的「官箴書」傳播——以坊刻與書肆為視角》，《法制與社會發展》2011 年第 3 期。

6. 范忠信：《法制（治）中國化：歷史法學的中國使命（論綱）》，《理論月刊》2011 年第 1 期。

7. 方瀟、段世雄：《訟卦之「訟」辯正》，《法制與社會發展》2011 年第 5 期。

8. 方瀟：《法律如何則天？星占學視域下的法律模擬分析》，《中外法學》2011 年第 4 期。

9. 郭成偉：《中國古代官箴文化論綱》，《政法論壇》2011 年第 2 期。

10. 韓偉：《習慣法視野下中國古代「親鄰之法」的源起》，《法制與社會發展》2011 年第 3 期。

11. 姜棟：《從「禮」字管窺中國傳統法文化中的「禮」的起源》，《河北法學》2011 年第 2 期。

12. 劉廣安：《中華法系生命力的重新認識》，《政法論壇》2011 年第 2 期。

13. 蔣家棣：《近代以來學界對傳統法文化中「刑」字的闡釋》，《河北法學》2011 年第 2 期，第 19～24 頁。

14. 李洪衛：《良知與正義：中國自然法的構建》，《華東師範大學學報》2011 年第 3 期。

15. 李秋高：《袁兵喜傳統思維方式下的民權意蘊》，《法學評論》2011 年第 3 期。

16. 梁健：《魏晉法律文化述略》，《理論月刊》2011 年第 3 期。

17. 林明：《傳統法制中的孝道文化因素釋義》，《法學論壇》2011 年第 6 期。

18. 劉亮：《韋伯的法律可預計性思想》，《中國社會科學院研究生院學報》2011 年第 3 期。

19. 劉明昭：《中國傳統法律文化的人倫信任視角解讀》，《學術論壇》2011 年第 12 期。

20. 劉藝工：《中日法制文化淵源與發展路徑比較》，《社會科學輯刊》2011 年第 3 期。

21. 柳正權：《中國傳統社會中謀反罪的文化整合》，《法學評論》2011 年第 3 期。

22. 龍江、陳鵬飛：《論孝文化的法律價值》，《求索》2011 年第 10 期。

23. 馬鳳春：《傳統中國法「例」說》，《河北法學》2011 年第 2 期。

24. 馬慧玥、李永強：《中國傳統法律文化在中亞的傳播方式》，《蘭州大學學報》2011 年第 3 期。

25. 馬騰：《儒家「中庸」之傳統法文化觀照》，《北方法學》2011 年第 2 期。

26. 馬小紅：《中國傳統法律文化研究中的「關鍵字」》，《河北法學》2011 年第 2 期。

27. 南炳文：《海瑞之廉潔反貪與傳統文化的優秀成分》，《史學集刊》2011 年第 4 期。

28. 泮偉江：《政治憲法學的可貴嘗試與中國史學「論史」傳統的蘇醒》，《環球法律評論》2011 年第 5 期。

29. 蘇亦工：《試論中國詩教傳統的社會批評功能：從言者無罪到表達自由》，《政法論壇》2011 年第 5 期。

30. 孫英偉：《商標起源考——以中國古代標記符號為對象》，《知識產權》2011 年第 3 期。

31. 田宏偉：《法律文化與法律信仰之辨》，《求索》2011 年第 6 期。

32. 王立民：《論古代東方的財產刑》，《社會科學家》2011 年第 12 期。

33. 王濤：《中華法系研究的後現代話語檢視》，《政法論壇》2011 年第 4 期。

34. 王文華：《「法外復仇」傳統與「仇恨犯罪」的抗制——以中國傳統復仇文化為視角》，《法學論壇》2011 年第 6 期。

35. 魏敦友：《新道統論法哲學與現代中國法學的興起》，《湖北大學學報》2011 年第 5 期。

36. 武建敏：《孔子思想的法哲學意蘊——關於中華法系理論基礎的幾點思考》，《法學論壇》2011 年第 6 期。

37. 武樹臣：《齊魯法文化與中華法系的精神原點》，《法學論壇》2011 年第 6 期。

38. 熊賴虎：《時間觀與法律》，《中外法學》2011 年第 4 期。

39. 徐忠明：《清代中國法律知識的傳播與影響——以汪輝祖〈佐治藥言〉和〈學治臆說〉為例》，《法制與社會發展》2011 年第 6 期。

40. 續曉梅：《探究古文字「獄」》，《河北法學》2011 年第 2 期。

41. 閆博慧：《中國古代法律文化傳統的變革》，《山東社會科學》2011 年第 7 期。

42. 閆召華：《口供何以中心——「罪從供定」傳統及其文化解讀》，《法制與

社會發展》2011 年第 5 期。

43. 易軍：《諺語中的法文化——民間法的視野》，《廣西社會科學》2011 年第 11 期。

44. 岳純之：《中國古代「律」的產生及其早期演變》，《蘭州學刊》2011 年第 1 期。

45. 張洪濤：《邊緣抑或中心：大歷史視野中習慣法命運研究》，《法學家》2011 年第 4 期。

46. 張陸慶：《中國法律文化的歷史發展與近代變革》，《河北學刊》2011 年第 6 期。

47. 張能全：《刑事訴訟制度變遷的法律文化解釋》，《蘭州學刊》2011 年第 11 期。

48. 張姍姍：《中國古代契約的互惠性與互助性及其文化解讀》，《法制與社會發展》2011 年第 3 期。

49. 張姍姍：《中國古代契約主體資格的限制及其文化分析》，《河北法學》2011 年第 10 期。

50. 張偉仁：《中國法文化的起源、發展和特點（下）》，《中外法學》2011 年第 1 期。

51. 張中秋：《中華法系道德文化精神及對未來大中國法的意義》，《法學》2011 年第 5 期。

52. 趙進華：《古文字與古代法文化研究綜述——律》，《河北法學》2011 年第 2 期。

53. 周雪峰：《揭開「名分」的面紗——中國傳統法文化的法哲學反思》，《法學評論》2011 年第 3 期。

54. 陳麗玲：《從「包青天」模式向「馬錫五」模式的嬗變》，《社會科學家》2012 年第 2 期。

55. 丁玉翠、李憣：《「禮不下庶人刑不上大夫」辨正》，《學術交流》2012 年第 2 期。

56. 顧盈穎：《歷史視野下的法院文化建設》，《法學》2012 年第 11 期。

57. 管偉：《試論中國傳統司法裁判中的修辭意蘊及其演進》，《政法論叢》2012 年第 3 期。

58. 胡興東：《判例法傳統與中華法系》，《法學雜誌》2012 年第 5 期。

59. 黃春燕：《傳統中國法比附援引的源與流》，《法學雜誌》2012 年第 5 期。

60. 黃震：《中華法系與世界主要法律體系——從法系到法律樣式的學術史考察》，《法學雜誌》2012 年第 9 期。

61. 金國正：《道德·法律·文學：〈鄭伯克段於鄢〉的三維解讀》，載范玉吉主編：《法律與文學研究》（第 1 輯），上海三聯書店，2012 年版。

62. 李力：《從另一角度審視中華法系：法家法律文化的傳承及其評判》，《法學雜誌》2012 年第 6 期。

63. 李天：《中國法文化初探——以古代判詞為視角》，《中華文化論壇》2012 年第 3 期。

64. 李雪梅：《古代中國「刻石紀法」傳統及其特徵》，載徐世虹主編：《中國古代法律文獻研究》（第五輯），社科文獻出版社，2012 年。

65. 李瑜青：《中國法制傳統中隱型系統價值再思考——以法制文化為視角》，《學術界》2012 年第 8 期。

66. 劉明武、任慧娟：《天文·人文·法律——從自然法到人文法》，《中國政法大學學報》2012 年第 4 期。

67. 柳正權：《中國古代定罪原則的法文化分析》，《武漢大學學報》2012 年第 6 期。

68. 羅海瀾：《從法律視角看高羅佩〈大唐狄公案〉中西文化交流策略》，《社會科學研究》2012 年第 1 期。

69. 馬建紅：《傳統法律文化調適的必要與可能》，《法學雜誌》2012 年第 12 期，第 105～110 頁。

70. 毛永俊：《古代契約「中人」現象的法文化背景——以清代土地買賣契約為例》，《社會科學家》2012 年第 9 期。

71. 錢錦宇：《儒家文化與法學「中國化」——基於新儒家文化視野的初步思考》，《西北大學學報》2012 年第 6 期。

72. 蘇曉宏：《法律與文學研究的中國視域》，載范玉吉主編：《法律與文學研究》（第 1 輯），上海三聯書店，2012 年版。

73. 孫季萍：《儒、法、道兼融——中國傳統法律文化中的吏治經驗》，《法學雜誌》2012 年第 11 期。

74. 索站超：《「無訟」之理想與「健訟」之現實——對我國傳統法律文化悖論的反思》，《理論月刊》2012 年第 11 期。

75. 汪清陽：《懷柔遠人：中葡法文化初交匯》，《法律科學》（西北政法大學學報）2012 年第 1 期。

76. 王建宏：《淺析〈水滸傳〉的若干法律現象》，載范玉吉主編：《法律與文學研究》（第 1 輯），上海三聯書店，2012 年版。

77. 王沛：《刑鼎源於何時——由棗陽出土曾伯陭鉞銘文說起》，《法學》2012 年第 10 期。

78. 吳敏、錢星元：《「孝子復仇」的文學化書寫與晚明小說中的法律文化》，載范玉吉主編：《法律與文學研究》（第 1 輯），上海三聯書店，2012 年版。

79. 武建敏：《儒學與古希臘思想相通性的法哲學闡釋——兼及中華法系復興的理論前提》，《法學雜誌》2012 年第 3 期。

80. 武樹臣：《論中華法系的社會成因和發展軌跡》，《華東政法大學學報》2012 年第 1 期。

81. 武樹臣：《儒家法律傳統與中華法系》，《政法論叢》2012 年第 3 期。

82. 武樹臣：《中華法系的原生形態、發展軌跡和基本特徵》，《法學雜誌》2012 年第 1 期。

83. 武占江：《「引經決獄」與儒法法律文化的融通》，《法學雜誌》2012 年第 7 期，第 44～50 頁。

84. 許春清、張詠濤：《中國傳統鬼節及其法文化意蘊》，《蘭州大學學報》2012 年第 4 期。

85. 楊民：《〈聊齋誌異〉中的冥公案小說》，載范玉吉主編：《法律與文學研究》（第 1 輯），上海三聯書店，2012 年版。

86. 易花萍：《古代漢字法生成因素探索》，載范玉吉主編：《法律與文學研究》（第 1 輯），上海三聯書店，2012 年版。

87. 尹萍：《從「畏官」到「畏民」看「民憤」風險的化解——法文化視角的透視》，《學習與探索》2012 年第 5 期。

88. 張伯元：《「法」古文拾零》，《政法論叢》2012 年第 1 期。

89. 鄭素一：《中國傳統司法思維模式的文化分析》，《政法論叢》2012 年第 3 期。

90. 曹文娟、張振明：《馬嘎爾尼使團訪華與中國法律的西傳》，《中國社會科學院研究生院學報》2013 年第 6 期。

91. 段曉彥：《檢察文化的儒家思想淵源——以儒家典籍中「察」字為中心的考析》，《北方法學》2013 年第 2 期。

92. 范依疇：《民間司法公正觀念的神話表述及其特徵——明清文學中「城隍信仰」的法文化解讀》，《法學》2013 年第 1 期。

93. 馮學偉：《契約文書的偽造、防偽與辨偽》，《法制與社會發展》2013 年第 2 期。

94. 胡平仁：《中國古代判詞藝術的形態學分析》，《湘潭大學學報》2013 年第 1 期。

95. 江山：《中國法文化的四維同構》，《杭州師範大學學報》2013 年第 2 期。

96. 李麒：《中國傳統刑事訴訟文化的雙重性格》，《比較法研究》2013 年第 2 期。

97. 李清桓、鄒嵐：《〈說文解字〉元語言與古代法律文化》，《廣西社會科學》2013 年第 2 期。

98. 任惠華、劉琦：《中國司法鑒定歷史文化的發展》，《中國司法鑒定》2013 年第 4 期。

99. 蘇亦工：《仁、愛與權利：兼說費孝通先生暮年的「文化自覺」》，《中外法學》2013 年第 1 期。

100. 陶芸：《中日法律同形詞詞源考——以「裁判」為例》，《華南師範大學學報》2013 年第 2 期。

101. 王宏治：《致霍存福——關於「官作鞭刑」》，載霍存福主編：《法律文化論叢（第 1 輯）》，法律出版社，2013 年版。

102. 王沛：《「刑」字古義辨正》，《上海師範大學學報》2013 年第 4 期。

103. 王沛：《刑名學與中國古代法典的形成——以清華簡、《黃帝書》資料為線索》，《歷史研究》2013 年第 4 期。

104. 武樹臣：《尋找最初的「夷」東夷風俗與遠古的法》，《中外法學》2013 年第 1 期。

105. 袁達松：《經濟法研究中的思想史視角》，《政法論壇》2013 年第 3 期。

106. 張洪濤：《中國法治為何需要「大歷史」？》，《政法論叢》2013 年第 1 期。

107. 張晉藩：《讀史治史的點滴體會——在第二十九期「法史深處的探尋」上的講話》，《中國政法大學學報》2013 年第 1 期。

108. 張晉藩：《論中國古代司法文化中的人文精神》，《法商研究》2013 年第 2 期。

109. 張晉藩：《中國古代司法文化中的人文與理性》，《政法論壇》2013 年第 6 期。

110. 張宇琛：《中國刑法重刑化之文化解讀》，《湖南社會科學》2013 年第 1 期。

111. 鄭向東：《中國法治發展與法律文化轉型》，《湖北社會科學》2013 年第 10 期。

112. 陳景良、吳歡：《清明時節說包公：包公「司法之神」形象的形成動因與觀念基礎》，《法學評論》2014 年第 3 期。

113. 陳小潔：《情理：中國傳統司法的文化基礎》，《學海》2014 年第 3 期。

114. 杜一平：《傳統法文化對行政主體內部調節制度的影響》，《社會科學輯刊》2014 年第 6 期。

115. 費小兵、陳進：《「中國自然法」基準下的「古代目的價值等級」——〈老子〉「上德不德」章的啟發》，《華中科技大學學報》2014 年第 1 期。

116. 郭星華：《無訟、厭訟與抑訟——對中國傳統訴訟文化的法社會學分析》，《學術月刊》2014 年第 9 期。

117. 劉振宇：《繼受和創新：法律文化交流視角下的西夏法制與中華法系》，《理論月刊》2014 年第 12 期。

118. 倪正茂：《從法律激勵看對中國法律文化傳統的繼承》，《法學》2014 年第 1 期。

119. 蘇潔：《法文化在民間的秩序與格局——以道真縣仡佬族習慣法為視角的考察》，《甘肅政法學院學報》2014 年第 1 期。

120. 汪雄濤：《邁向生活的法律史》，《中外法學》2014 年第 2 期。

121. 王宏治：《從死刑覆核看中華傳統法律智慧》，載霍存福主編：《法律文化論叢（第 2 輯）》，法律出版社，2014 年版。

122. 武樹臣：《「仁」的起源、本質特徵及其對中華法系的影響》，《山東大學學報》2014 年第 3 期。

123. 徐愛國：《法理念的文化衝突與中國法律的多元屬性》，《社會科學研究》2014 年第 6 期。

124. 張先昌、魏辰：《中國傳統社會對執法公信力的追求》，《法學》2014 年

第 3 期。

125. 周興生、馬治國：《〈周易·履〉卦禮法系統考源──「虎」的星象數術說新論》，《西安交通大學學報》2014 年第 6 期。

126. （美）蒂姆·魯斯科拉：《無法之法：「中國法」只是一個悖論？》，陳煜譯，載朱勇主編：《中華法系》（第六卷），法律出版社，2015 年版。

127. （美）絡德睦：《無法之法，或「中國法」是一個悖論嗎？》，鄭金鵬譯，載周東平、朱騰主編：《法律史譯評（2014 年卷）》，中國政法大學出版社，2015 年版。

128. （日）北居功：《穗積陳重〈法典論〉解題──從現行民法編纂事業眺望法典論之意義》，李求軼譯，載里贊主編：《法律史評論（第 8 卷）》，法律出版社，2015 年版。

129. 蔡曉榮：《現代民法語境下中國固有法中侵權損害賠償制度探源》，載王利民主編：《倫傳統民法文化與中國民法典》，法律出版社，2015 年版。

130. 陳曉楓：《中國基本法文化的特徵及其當代變遷》，《中國法學》2015 年第 1 期。

131. 范忠信、黃東海：《傳統民事習慣及觀念與移植民法的本土化改良》，載王利民主編：《倫傳統民法文化與中國民法典》，法律出版社，2015 年版。

132. 顧文斌：《中國傳統民法存在與否爭論的檢討》，載王利民主編：《倫傳統民法文化與中國民法典》，法律出版社，2015 年版。

133. 郭建：《中國古代民事法律文化基本特徵概述》，載王利民主編：《倫傳統民法文化與中國民法典》，法律出版社，2015 年版。

134. 黃宗智：《道德與法律：中國的過去和現在》，《開放時代》2015 年第 1 期。

135. 蔣海松、羅婧：《天國治理規則的人間映像：〈西遊記〉玉帝形象的法律》，載謝暉、陳金釗、蔣傳光主編：《民間法》第 15 卷，廈門大學出版社，2015 年版。

136. 李紅海：《當下編纂民法典必要性之反思：一個法律史的視角》，載王利民主編：《倫傳統民法文化與中國民法典》，法律出版社，2015 年版。

137. 李霓：《鄉村中國禮治文化與法治文化的現狀考查》，《中華文化論壇》2015 年第 12 期。

138. 李勤通：《中國古代法律中生命價值的雙重性解析》，《北京社會科學》2015 年第 11 期。

139. 李偉：《「家」、「戶」之辨與傳統法律表徵》，《政法論叢》2015 年第 6 期。

140. 李曉婧：《禮與法的衝突與融合——以傳統社會俠義復仇案件為考察視角》，載里贊主編：《法律史評論（第 8 卷）》，法律出版社，2015 年版。

141. 梁治平：《「禮法」探原》，《清華法學》2015 年第 1 期。

142. 劉立明：《法治中國進程中傳統法律文化的理性傳承》，《理論月刊》2015 年第 9 期。

143. 龍大軒：《孝道：中國傳統法律的核心價值》，《法學研究》2015 年第 3 期。

144. 馬小紅：《中華法系研究的若干問題》，載《中國人民大學法學院教授沙龍》編寫組編著：《中國人民大學法學院教授沙龍》，中國人民大學出版社，2015 年版。

145. 孫皓暉、段秋關：《中國法治的歷史根基》，《西北大學學報》2015 年第 4 期。

146. 王沛：《江漢訪古記》，載王沛主編：《出土文獻與法律史研究（第四輯）》，上海人民出版社，2015 年版。

147. 王偉茗：《傳統中國聘財制度的法文化解讀——以〈唐律疏議〉為中心》，《南昌大學學報》2015 年第 6 期。

148. 王躍生：《從尊長主婚到婚姻自主——基於中國禮、法和慣習的考察》，《江淮論壇》2015 年第 2 期。

149. 吳傑：《五倫與三綱觀念的再檢討》，載《人大法律評論》編輯委員會組編：《人大法律評論》2015 年卷第 2 輯，法律出版社，2015 年版。

150. 武樹臣：《仁·太極圖·全（法）——中國古代法哲學探源》，《法學雜誌》2015 年第 9 期。

151. 夏邦：《晚清法律文化觀念的演進與啟示》，《學術界》2015 年第 10 期。

152. 謝惠敏、解源源：《古代社會治安治理中的禮治秩序研究》，《中國人民公安大學學報》2015 年第 6 期。

153. 徐忠明：《理解傳統中國的司法文化：以調解為例》，《法制與社會發展》2015 年第 5 期。

154. 姚中秋：《中國治道探源：敬天與人文之治》，載《人大法律評論》編輯

委員會組編：《人大法律評論》2015 年卷第 2 輯，法律出版社，2015 年版。

155. 俞江：《既有權益與民法典編纂》，載王利民主編：《倫傳統民法文化與中國民法典》，法律出版社，2015 年版。

156. 張晉藩：《論中國古代德法互補的法文化》，《中共中央黨校學報》2015 年第 5 期。

157. 張夢蝶：《從精神贍養入法看孝道在中國法律上的變遷》，載陳煜主編：《新路集——第五屆張晉藩法律史學基金會徵文大賽獲獎作品集》（第五集），中國政法大學出版社，2015 年版。

158. 張生：《從社會秩序的角度解讀中國「古代民法」》，載王利民主編：《倫傳統民法文化與中國民法典》，法律出版社，2015 年版。

159. 張田田：《古代法律中的「並」字用例初探》，載霍存福主編：《法律文化論叢（第 3 輯）》，法律出版社，2015 年版。

160. 張薇薇：《儒家憲政辨：傳統「普適化」思維與當今憲政設計的可能性和限度》，載《人大法律評論》編輯委員會組編：《人大法律評論》2015 年卷第 2 輯，法律出版社，2015 年版。

161. 張中秋：《傳統中國法特徵新論》，《政法論壇》2015 年第 5 期，第 38～54 頁。

162. 鄭金鵬：《中國傳統法律解釋的實踐之維——以從「盜」至「白晝搶奪」的罪名演變為例》，載里贊主編：《法律史評論（第 7 卷）》，法律出版社，2015 年。

163. 鍾桂榮：《對中國傳統法律文化合理性的反思》，《東南學術》2015 年第 2 期。

164. 鄒亞莎：《中國古代典制的比較研究——兼論典制的當代法律傳承》，載王利民主編：《倫傳統民法文化與中國民法典》，法律出版社，2015 年版。

165. （美）傑西羅・K・利伯曼著、顧元譯：《探尋立憲主義》，載朱勇主編：《中華法系》（第七卷），法律出版社，2016 年版。

166. （美）龐德：《比較法與歷史——作為中國法的基礎》，陳煜譯，載朱勇主編：《中華法系》（第八卷），法律出版社，2016 年版。

167. 蔡美鴻：《試論行政訴訟和解與中國傳統社會文化的兼容性》，載中華司

法研究會編：《中華司法的歷史、現狀與未來：首屆中華司法研究高峰論壇文集》，人民法院出版社，2016 年版。

168. 柴榮：《均田限田與均稅減賦的公法價值解讀——以中國古代土地法制變革為線索》，載《人大法律評論》編輯委員會組編：《人大法律評論》第 20 輯，法律出版社，2016 年版。

169. 陳煜：《從傳統內亂涵義的變化看法律秩序觀的演進》，《中國史學研究》2016 年第 102 輯。

170. 陳煜：《皋陶的歷史形象及其法制意義》，載朱勇主編：《中華法系》（第七卷），法律出版社，2016 年版。

171. 程澤時、徐曉光：《託古改制與歷史實證：鄉約新論》，《政法論叢》2016 年第 4 期。

172. 杜文忠：《軒轅譜系與中國「四方」治法之雛形》，《中國人民大學學報》2016 年第 2 期。

173. 高鴻鈞：《法律文化的語義、語境及其中國問題》，載高鴻鈞主編：《中國比較法學·比較法治文化：2015 年卷》，中國政法大學出版社，2016 年版。

174. 郭忠：《論中國傳統性善論和法治的兼容性——兼駁「人性惡是法治基礎」的觀點》，《比較法研究》2016 年第 2 期。

175. 何勤華：《中國傳統法文化中良善公正之規定及其實踐》，《中國法律評論》2016 年第 1 期。

176. 黃金蘭：《家族觀念在中國傳統社會中的秩序功能》，《現代法學》2016 年第 3 期。

177. 霍存福：《霍存福就〈權力場〉致編輯劉楊同志》，載霍存福主編：《法律文化論叢》第 6 輯，知識產權出版社，2016 年版。

178. 霍存福：《學術通信霍存福就〈權力場〉致編輯劉楊同志》，載霍存福主編：《法律文化論叢》第 5 輯，知識產權出版社，2016 年版。

179. 康兆慶、蘇守波：《中國傳統文化中的契約精神——基於關係契約論的視角》，《管子學刊》2016 年第 3 期。

180. 李念祖：《審判獨立與權利保障——從兩篇千古名文談起》，載中華司法研究會編：《中華司法的歷史、現狀與未來：首屆中華司法研究高峰論壇文集》，人民法院出版社，2016 年版。

181. 李曉輝：《東北亞法律文化格局的流變》，《東疆學刊》2016 年第 2 期。

182. 李秀清：《中國法的西方繹述》，載陳金釗主編：《華政社科研究》（第一輯），法律出版社，2016 年版。

183. 劉靜：《從「禮」維度看法治的道德基礎》，《湖南科技大學學報》2016 年第 5 期。

184. 劉濤：《中國法律信仰的傳統根基與建構路徑》，《法商研究》2016 年第 1 期。

185. 劉治：《酷刑與文明──凌遲的譜系學考察》，《讀書》2016 年第 4 期。

186. 錢大群：《戲作打油詩謝贈同仁師友》，載霍存福主編：《法律文化論叢》第 5 輯，知識產權出版社，2016 年版。

187. 瞿春蘭：《儒家文化對抑制犯罪的作用》，《吉首大學學報》2016 年第 S1 期。

188. 沈瑋瑋：《傳統觀念與民法結構：再論中國古代民法的價值》，《廣東社會科學》2016 年第 1 期。

189. 盛洪：《天道之法：儒家的道－禮－法秩序觀》，《中國法律評論》2016 年第 3 期。

190. 蘇力：《齊家：父慈子孝與長幼有序》，《法制與社會發展》2016 年第 2 期。

191. 蘇力：《齊家：男女有別》，《政法論壇》2016 年第 4 期。

192. 孫夢陽、閆弘宇：《論法律文化的通俗演繹》，《東北師大學報》2016 年第 6 期。

193. 王錫琴：《香港社會變化與婦女權益進步》，《政法論叢》2016 年第 6 期。

194. 武樹臣：《中國法的原始基因──以古文字為視野》，《法律科學》2016 年第 4 期。

195. 夏婷婷：《未婚通姦罪與罰的中西比較研究──以〈量罪記〉中對通姦行為的法網調控為切入點》，載霍存福主編：《法律文化論叢》第 6 輯，知識產權出版社，2016 年版。

196. 夏揚：《中國法律傳統的經濟理性》，《法學研究》2016 年第 5 期。

197. 閆強樂：《從人頭形銎青銅戟說起：兼論中國古代的梟首刑》，《隴右文博》2016 年第 3 期。

198. 嚴存生：《對我國古代「法治」觀念文化的幾點思考》，載高鴻鈞主編：

《中國比較法學・比較法治文化：2015 年卷》，中國政法大學出版社，2016 年版。

199. 于興中：《規範二元論與古代中國的司法》，載中華司法研究會編：《中華司法的歷史、現狀與未來：首屆中華司法研究高峰論壇文集》，人民法院出版社，2016 年版。

200. 于語和、呂姝潔：《中國傳統法律文化與當今的法治認同》，《北京理工大學學報》2016 年第 4 期。

201. 余盛峰：《法治文化視野下的中國法律傳統——重溫 2006 年法律傳統的論戰》，載高鴻鈞主編：《中國比較法學・比較法治文化：2015 年卷》，中國政法大學出版社，2016 年版。

202. 俞榮根：《法治中國與中國司法傳統》，載中華司法研究會編：《中華司法的歷史、現狀與未來：首屆中華司法研究高峰論壇文集》，人民法院出版社，2016 年版。

203. 俞榮根：《禮法傳統與良法善治》，《暨南學報》2016 年第 4 期。

204. 喻中：《依法治國的文化解釋》，《法律科學》2016 年第 3 期。

205. 原美林、姚子驍：《家族司法審判與國家司法審判的關聯性分析》，《湘潭大學學報》2016 年第 3 期。

206. 翟宇：《中國歷史敘事模式的再認識——以「封建」概念為中心的考察》，載陳景良、鄭祝君主編：《中西法律傳統（第 12 卷）》，中國政法大學出版社，2016 年版。

207. 張斌峰、侯郭壘：《當代中國法治話語的修辭演變——法治話語的歷史理性之探究》，《理論與現代化》2016 年第 1 期。

208. 張晉藩：《從三種國家治理方案看先哲的智慧與理性的法律思維》，載《人民法治》2016 年第 5 期。

209. 張中秋：《為什麼要探討中國傳統法哲學》，載朱勇主編：《中華法系》（第八卷），法律出版社，2016 年版。

210. 鄭勝明：《變奏與高潮：探究中國法史發展中的基因突變》，載姜錫東主編：《宋史研究論叢》第 18 輯，河北大學出版社，2016 年版。

211. 周磊：《司法監察：中華司法文明的重要表徵》，載朱勇主編：《中華法系》（第八卷），法律出版社，2016 年版。

212. 周立民：《中國法治文化的基本進程與建設策略》，《理論月刊》2016 年

第 2 期。

213. 朱勇：《「祖制」的法律解讀》，《法學研究》2016 年第 4 期。

214. 程關松：《嵌入理論視域中的法治和德治結合形態》，《江西師範大學學報》2017 年第 4 期。

215. 程令政：《「秘密法」並不秘密——對梅因秘密法觀點的一種中國考察》，載吳玉章主編：《中國法律史研究》（2017 年卷），社會科學文獻出版社，2017 年版。

216. 鄧春梅：《調解現代化運動：一種範式轉換——以古代調解、法院審判為參照》，《湘潭大學學報》2017 年第 2 期。

217. 鄧建鵬：《健訟與賤訟——宋元以來訴訟文化的子盾解析》，載高鴻鈞、趙彩鳳編：《法律文化讀本》，清華大學出版社，2016 年版。

218. 鄧長春：《中古法制文明論——以「法理」為中心的考察》，載張中秋：《法與理：中國傳統法理及其當代價值研究》，中國政法大學出版社，2018 年版。

219. 丁海斌、陳慧豔：《關於法律文書名詞「令」之歷史語言學研究》，《檔案學通訊》2017 年第 4 期。

220. 丁凌華：《五服制度與傳統軟法》，載沈巋、彭林、丁鼎主編：《傳統禮治與當代軟法》，北京大學出版社，2017 年版。

221. 董茂雲：《論判例法在香港法中的主導地位》，載何志輝主編：《法律文化研究》（第九輯），社會科學文獻出版社，2017 年版。

222. 杜鋼建：《論古代憲法的天憲觀——兼論廖凱原教授的天命大憲章理論》，載廖凱原主編：《黃帝思想與中華引擎》，社科文獻出版社，2017 年版。

223. 杜文忠：《軒轅譜系與上古「四方」治法》，載廖凱原主編：《黃帝思想與中華引擎》，社科文獻出版社，2017 年版。

224. 段秋關：《中國傳統法律文化的形成與演變》，載何柏生主編：《中國傳統法律文化與法律價值》，法律出版社，2017 年版。

225. 范忠信、黃東海：《傳統民事習慣及觀念與移植民法的本土化改良》，《法治現代化研究》2017 年第 2 期。

226. 范忠信：《律令關係、禮刑關係與律令制法律體系演進——中華法系特徵的法律淵源角度考察》，載何柏生主編：《中國傳統法律文化與法律價

值》，法律出版社，2017 年版。

227. 范忠信：《中華法律文化的基本旨趣與主要智慧》，載高鴻鈞、趙彩鳳編：《法律文化讀本》，清華大學出版社，2016 年版。

228. 方強、戴福士（Roger Des Forges）著、楊焯譯、陳靈海、方強校：《權大於法？——中國法治理論古今談》，載華東政法大學法律史研究中心編：《法律史研究》第 5 輯（歐美學者研究中國法律史論文選譯專號），法律出版社，2017 年版。

229. 馮瓊：《中國傳統社會的德法關係及其倫理實踐》，《學習與實踐》2017 年第 10 期。

230. 馮曙霞：《中華法制文明史上禮的發展演變動因探析》，《中共鄭州市委黨校學報》2017 年第 5 期。

231. 馮卓慧：《法律移植問題探討》，載何柏生主編：《中國傳統法律文化與法律價值》，法律出版社，2017 年版。

232. 高積順：《獄的法文化考察》，載何柏生主編：《中國傳統法律文化與法律價值》，法律出版社，2017 年版。

233. 高旭晨：《試論香港民主化的法治基礎——歷史考察與現實分析》，載何志輝主編：《法律文化研究》（第九輯），社會科學文獻出版社，2017 年版。

234. 葛濤：《傳統法律文本的女性主義審視》，《黑龍江省政法管理幹部學院學報》2017 年第 5 期。

235. 顧敏康、徐永康、林來梵：《香港司法文化的過去、現在與未來——兼與內地司法文化比較》，載何志輝主編：《法律文化研究》（第九輯），社會科學文獻出版社，2017 年版。

236. 關傳友：《皖西地區水利規約的探析》，《農業考古》2017 年第 4 期。

237. 郭篤凌：《易君左〈定泰山為國山芻議〉的法學觀察》，《東嶽論叢》2017 年第 3 期。

238. 海靜：《民法史上「身份」功能之流變》，載陳景良、鄭祝君主編：《中西法律傳統（第 13 卷）》，中國政法大學出版社，2017 年版。

239. 韓偉：《古代廣布法令與法家法治》，《人民法院報》2017 年 3 月 17 日。

240. 韓偉：《追尋紅色法律印跡》，載霍存福主編：《法律文化論叢》（第 7 輯），知識產權出版社，2017 年版。

241. 何勤華、王靜：《發掘民法總則有效實施的本土資源——對中國古代律疏、判例和習慣的一個梳理》，《人民法院報》2017 年 4 月 29 日。

242. 何勤華：《發掘傳承中國傳統文化資源》，《人民法院報》2017 年 1 月 6 日。

243. 何勤華：《泛訟與厭訟的歷史考察——關於中西方法律傳統的一點思考》，載何柏生主編：《中國傳統法律文化與法律價值》，法律出版社，2017 年版。

244. 何勤華：《以古代中國與日本為中心的中華法系之律家考》，《中國法學》2017 年第 4 期。

245. 何瑛：《巫術對中國傳統法律文化的影響》，載何柏生主編：《中國傳統法律文化與法律價值》，法律出版社，2017 年版。

246. 何志輝：《香港法律文化：概念解析與研究維度》，載何志輝主編：《法律文化研究》（第九輯），社會科學文獻出版社，2017 年版。

247. 侯欣一：《從倫理規則到生活法則——中國傳統法律制度史的另類解讀》，載何柏生主編：《中國傳統法律文化與法律價值》，法律出版社，2017 年版。

248. 胡利明：《論逼婚生育中的自然法和孝文化內涵》，《紹興文理學院學報》2017 年第 5 期。

249. 胡平仁：《中國傳統訴訟藝術的特殊魅力》，《求索》2017 年第 11 期。

250. 胡仁智：《改革與法制：中國傳統「變法」觀念與實踐的歷史考慮》，《法制與社會發展》2017 年第 3 期。

251. 黃文江：《新界理民府官：沿革與職權》，載何志輝主編：《法律文化研究》（第九輯），社會科學文獻出版社，2017 年版。

252. 黃玉順：《「直」與「法」：情感與正義——與王慶節教授商榷「父子相隱」問題》，《社會科學研究》2017 年第 6 期。

253. 霍存福：《唐張說〈獄官箴〉的論旨及其影響——法官箴言研究之一》，載霍存福主編：《法律文化論叢》（第 7 輯），知識產權出版社，2017 年版。

254. 蔣傳光：《中國傳統法文化中的正義理念及其實現方式》，載孫笑俠主編：《復旦大學法律評論》（第五輯），法律出版社，2017 年版。

255. 蔣海松：《孟德斯鳩中國法律觀的洞見與誤讀——基於法律東方主義的

反思》，《蘭州大學學報》2017 年第 3 期。

256. 蔣海松：《熵與反熵：黃帝思想的辯證內核及後世影響》，載廖凱原主編：《黃帝思想與中華引擎》，社科文獻出版社，2017 年版。

257. 金眉：《我國「親屬」法律概念的變遷探析》，《江蘇社會科學》2017 年第 1 期。

258. 靳浩輝：《儒家的禮治傳統與基督教的法治傳統之比較》，《理論與現代化》2017 年第 1 期。

259. 雷芳：《法律文化視野下的報應觀念——以中國傳統社會為背景》，載杜睿哲、王勇主編：《西北法律文化資源》第一輯，中國政法大學 2017 年版。

260. 李春明：《傳統法律文化中的「糾偏性」法治資源及其作用機制構建》，《山東大學學報》2017 年第 4 期。

261. 李大朋：《論屬人法的演變——以屬人法連接點的變化為出發點》，載陳景良、鄭祝君主編：《中西法律傳統（第 13 卷）》，中國政法大學出版社，2017 年版。

262. 李棟：《16 世紀西方對中國法的最初發現與表達》，《社會科學家》2017 年第 12 期。

263. 李鳳梅：《刑法之文化面相：以制刑文化為進路》，載霍存福主編：《法律文化論叢》（第 7 輯），知識產權出版社，2017 年版。

264. 李平：《傳統中國審判機制的法理與道理——從劉錫彤斷楊乃武小白菜案說起》，《法制與社會發展》2017 年第 4 期。

265. 李偉、姬傑輝：《戲曲作品中的傳統證據文化探析：以崑曲〈十五貫〉為例》，《牡丹江大學學報》2017 年第 8 期。

266. 李瑜青：《從何種意義上理解法治文明——法治與德治關係的一種思考》，載侯欣一主編：《法律與倫理》2017 年第一期，社會科學文獻出版社，2017 年版。

267. 梁治平：《論法治與德治——對中國當代法治的一個內在觀察》，《中國文化》第四十一期。

268. 廖凱原：《XuanYuan Rule of Law and Principle Powered by KQID Engine（Dao）》，載廖凱原主編：《黃帝思想與中華引擎》，社科文獻出版社，2017 年版。

269. 廖凱原:《由 KQID 引擎（道）提供動力的軒轅法治與義理》,載廖凱原主編:《黃帝思想與中華引擎》,社科文獻出版社,2017 年版。

270. 劉佳:《民國貴州法律文化研究》,《赤峰學院學報》2017 年第 4 期。

271. 劉蜀永:《19 世紀香港政法制度》,載何志輝主編:《法律文化研究》（第九輯）,社會科學文獻出版社,2017 年版。

272. 劉兆佳:《懷柔殖民管治模式──香港的獨特民主路》,載何志輝主編:《法律文化研究》（第九輯）,社會科學文獻出版社,2017 年版。

273. 劉作翔:《轉型時期的中國社會秩序結構及其模式選擇──兼對當代中國社會秩序結構論點的學術介評》,載沈巋、彭林、丁鼎主編:《傳統禮治與當代軟法》,北京大學出版社,2017 年版。

274. 柳正權、黃雄義:《「形」與「實」的結合:論案例指導制度對傳統判例文化的傳襲》,《湖北大學》2017 年第 6 期。

275. 羅豪才:《傳統禮治與軟法治理》,載沈巋、彭林、丁鼎主編:《傳統禮治與當代軟法》,北京大學出版社,2017 年版。

276. 呂大樂、呂青湖:《矮化的公民概念:生活秩序與民間公共文化》,載何志輝主編:《法律文化研究》（第九輯）,社會科學文獻出版社,2017 年版。

277. 呂虹:《保辜制度的立法智慧》,載吳玉章主編:《中國法律史研究》（2017 年卷）,社會科學文獻出版社,2017 年版。

278. 馬力路遙:《制度是如何形成的──從「陰間審判」在我國古代社會治理中的角色談起》,《天府新論》2017 年第 2 期。

279. 馬小紅:《「軟法」定義:從傳統的「禮法合治」中尋求法的共識》,《政法論壇》2017 年第 1 期。

280. 馬小紅:《從「禮儀之邦」到「依法治國」》,《光明日報》2017 年 5 月 1 日。

281. 孟紅:《英國刑法對中國香港地區刑法的影響》,載何志輝主編:《法律文化研究》（第九輯）,社會科學文獻出版社,2017 年版。

282. 倪業群、崔陳一:《中國凌遲極刑的法律文化解析》,《鄭州航空工業管理學院學報》2017 年第 5 期。

283. 倪正茂:《法律激勵和取予得當的反熵治理》,載廖凱原主編:《黃帝思想與中華引擎》,社科文獻出版社,2017 年版。

284. 聶鑫:《從三法司到司法院:中國中央司法傳統的斷裂與延續》,載高鴻

鈞、趙彩鳳編：《法律文化讀本》，清華大學出版社，2016 年版。

285. 彭林：《「禮治」背景下的中華「軟法」》，載沈巋、彭林、丁鼎主編：《傳統禮治與當代軟法》，北京大學出版社，2017 年版。

286. 彭衛民：《「家」的法哲學建構何以可能？》，《天府新論》2017 年第 2 期。

287. 彭衛民：《中國傳統「家」的法哲學表達與演變》，《人文雜誌》2017 年第 5 期。

288. 彭新林、王天保：《「洞穴奇案」的法理思考》，《知與行》2017 年第 8 期。

289. 錢鴻猷：《道家與中國傳統法律文化》，載何柏生主編：《中國傳統法律文化與法律價值》，法律出版社，2017 年版。

290. 強世功：《比較法・文化・文明》，載何柏生主編：《中國傳統法律文化與法律價值》，法律出版社，2017 年版。

291. 強世功：《國家認同與文化政治——香港人的身份變遷與價值認同變遷》，載何志輝主編：《法律文化研究》（第九輯），社會科學文獻出版社，2017 年版。

292. 邱唐：《從中琉關係變遷看東亞國際法秩序的嬗變》，《華中師範大學學報》2017 年第 6 期。

293. 邱興隆：《從復仇到該當——報應刑的生命路程》，載何柏生主編：《中國傳統法律文化與法律價值》，法律出版社，2017 年版。

294. 瞿同祖：《中國法律之儒家化》，載高鴻鈞、趙彩鳳編：《法律文化讀本》，清華大學出版社，2016 年版。

295. 尚九賓：《唯物史觀視域下中國傳統法治觀的成因》，《北京教育學院學報》2017 年第 1 期。

296. 邵方：《禮的本質及其法律意義分析》，載張中秋：《法與理：中國傳統法理及其當代價值研究》，中國政法大學出版社，2018 年版。

297. 佘傑新：《被害人樣態刑法地位之證成——以中國傳統四要件犯罪構成體系為切入點》，《北京理工大學學報》2017 年第 5 期。

298. 沈巋：《「軟法」概念正當性之新辯——以法律溝通論為視角》，載沈巋、彭林、丁鼎主編：《傳統禮治與當代軟法》，北京大學出版社，2017 年版。

299. 沈瑋瑋：《律尚簡與例尚繁：繁簡之法如何取捨》，《人民法院報》2017 年 9 月 22 日。

300. 施誠、施西：《香料貿易與現代國際法的起源》，《貴州社會科學》2017 年 第 3 期。

301. 石文龍：《二十世紀中國法制成長模式論》，載何柏生主編：《中國傳統法 律文化與法律價值》，法律出版社，2017 年版。

302. 蘇力：《「一直試圖說服自己，今日依然」——中國法律與文學研究 20 年》，《探索與爭鳴》2017 年第 3 期。

303. 蘇亦工：《試論中國詩教傳統的社會批評功能：從言者無罪到表達自 由》，載高鴻鈞、趙彩鳳編：《法律文化讀本》，清華大學出版社，2016 年 版。

304. 蘇亦工：《殖民統治時期香港二元化法制之確立》，載何志輝主編：《法律 文化研究》（第九輯），社會科學文獻出版社，2017 年版。

305. 粟丹：《「孝道」視角下我國養老立法的要求及完善路徑——以「精神贍 養」條款為中心》，《浙江學刊》2017 年第 2 期。

306. 孫慧娟：《排華法案時期華人非法越境美國現象探析——以中國傳統法 文化為視角》，《華僑華人歷史研究》2017 年第 2 期。

307. 陶佳：《從「基層自治」看「楓橋經驗」中的傳統法文化因素》，載里贊 主編：《法律史評論》（第 9 卷），法律出版社，2017 年版。

308. 田成有：《中國農村宗族問題與現代法在農村的命運》，載何柏生主編： 《中國傳統法律文化與法律價值》，法律出版社，2017 年版。

309. 屠凱：《與中國相遇的現代早期西方法哲學——規範性、權威和國際秩 序》，《中外法學》2017 年第 5 期。

310. 汪世榮：《中國的判例文化傳統》，《法律適用》2017 年第 2 期。

311. 王慧麟：《香港廢妾：殖民體制及現代性的曖昧》，載何志輝主編：《法律 文化研究》（第九輯），社會科學文獻出版社，2017 年版。

312. 王劍：《「親親相隱」制度在法治中國構建中的回歸與適用》，《重慶社會 科學》2017 年第 8 期。

313. 王立民：《中國當今家暴的傳統法律原因》，《政治與法律》2017 年第 12 期。

314. 王立仁：《傳統「德治」的意蘊——兼論德治與法治的關係》，《北京交通

大學學報》2017 年第 4 期。

315. 王平：《監獄歷史發展的一般規律及其啟示》，載何柏生主編：《中國傳統法律文化與法律價值》，法律出版社，2017 年版。

316. 王少帥：《「七出」之「盜竊」正解》，《江海學刊》2017 年第 6 期。

317. 王勝國：《中國封建社會時期宗族組織的法治功能初探：兼論中國封建社會時期的「法治」》，《吉林師範大學學報》2017 年第 4 期。

318. 王世柱：《〈東西洋考每月統紀傳〉中的法政知識研究》，載陳煜主編：《新路集（第六集）——第六屆張晉藩法律史學基金會徵文大賽獲獎作品集》，中國政法大學出版社，2017 年版。

319. 王帥一：《中國傳統私法文化的現代價值》，《中國社會科學報》2017 年 10 月 18 日。

320. 王錫琴：《中國古代婚姻之禮與法》，《山東工會論壇》2017 年第 1 期。

321. 王霞：《孝與傳統法律觀》，載何柏生主編：《中國傳統法律文化與法律價值》，法律出版社，2017 年版。

322. 王曉驪：《從古代文學敘事中庶民的司法想像看中國法律文化》，《理論與改革》2017 年第 2 期。

323. 王鑫：《傳統之間：身份、勸諭與共存：「一帶一路」格局下的澳門法律傳統與實踐》，《法治社會》2017 年第 1 期。

324. 王志華：《論民法典的革命性——制定中國民法典的時代意義》，載何勤華主編：《外國法制史研究》（第 19 卷）》，法律出版社，2017 年版。

325. 王中江：《早期道家「統治術」的轉變：黃老學的「法治」與老子的「道政」》，載廖凱原主編：《黃帝思想與中華引擎》，社科文獻出版社，2017 年版。

326. 魏春豔、李天道：《宗教敬畏心態與「禮」之效能提升》，《西南政法大學學報》2017 年第 3 期。

327. 魏建國：《中國傳統社會：利來源於國家授予性的成因及影響》，載何柏生主編：《中國傳統法律文化與法律價值》，法律出版社，2017 年版。

328. 魏淑君：《從法律文化到法治文化：回歸前後澳門法文化的變遷》，《中國浦東幹部學院學報》2017 年第 5 期。

329. 魏淑民：《河南傳統衙署法律文化引論》，《中州學刊》2017 年第 11 期。

330. 武樹臣：《勁士精神與成文法傳統》，載何柏生主編：《中國傳統法律文化

與法律價值》，法律出版社，2017 年版。

331. 武樹臣：《尋找遠古的禮——以古文字為中心》，載沈歸、彭林、丁鼎主編：《傳統禮治與當代軟法》，北京大學出版社，2017 年版。

332. 武樹臣：《尋找最初的禮——對禮字形成過程的法文化考察》，載何柏生主編：《中國傳統法律文化與法律價值》，法律出版社，2017 年版。

333. 武樹臣：《中國傳統法律文化的價值基礎》，載何柏生主編：《中國傳統法律文化與法律價值》，法律出版社，2017 年版。

334. 武樹臣：《中國法的原始基因——以古文字為視野》，載何柏生主編：《中國傳統法律文化與法律價值》，法律出版社，2017 年版。

335. 夏錦文、唐宏強：《儒家法律文化與中日法制現代化》，載何柏生主編：《中國傳統法律文化與法律價值》，法律出版社，2017 年版。

336. 蕭國健：《香港新界鄉事組織及鄉約》，載何志輝主編：《法律文化研究》（第九輯），社會科學文獻出版社，2017 年版。

337. 謝暉：《古典中國法律解釋的哲學智慧》，載何柏生主編：《中國傳統法律文化與法律價值》，法律出版社，2017 年版。

338. 熊建明：《小制度大視野：自留地起源、功用、性質之法律探究》，載陳景良、鄭祝君主編：《中西法律傳統（第 13 卷）》，中國政法大學出版社，2017 年版。

339. 徐愛國：《孟德斯鳩論中華帝國之白描》，《中國法律評論》2017 年第 5 期。

340. 徐新意：《中國人傳統的孝信仰及其重構》，載侯欣一主編：《法律與倫理》2017 年第一期，社會科學文獻出版社，2017 年版。

341. 徐忠明：《傳統中國鄉民的法律意識與訴訟心態——以諺語為範圍的文化史分析》，載高鴻鈞、趙彩鳳編：《法律文化讀本》，清華大學出版社，2016 年版。

342. 薛張敏敏：《衡平法「良心」司法傳統的過去、現在與未來——一種基於近、現代衡平司法風格的觀察》，《河北法學》2017 年第 8 期。

343. 閆曉君：《人事有代謝，古今理不殊》，《人民法院報》2017 年 1 月 6 日。

344. 楊帆：《傳統中國的儒家理性、公共領域與政法協商——與哈貝馬斯法律商談理論的比較研究》，載華東政法大學法律史研究中心編：《法律史研究》第 5 輯（歐美學者研究中國法律史論文選譯專號），法律出版社，

2017 年版。

345. 楊孟哲：《法律的文學敘事與歷史敘事——從歐陽修的〈縱囚論〉說起》，《天府新論》2017 年第 3 期。

346. 楊舒然：《試析清末至民國法律文化之演變——以刑事司法的比較為視角》，載里贊主編：《法律史評論》（第 9 卷），法律出版社，2017 年版。

347. 楊馨馨、孫強：《中國特色人權觀建構二題——基於中國歷史傳承與現實培育的視角》，載孫笑俠主編：《復旦大學法律評論》（第五輯），法律出版社，2017 年版。

348. 姚宇：《理學家的禮法創制及其意義：以朱子〈家禮〉和〈南贛鄉約〉為例》，《中國社會科學報》2017 年 8 月 23 日。

349. 殷思佳、李鼎楚：《湖湘學派與息訟化爭的司法風貌——兼論地方法治文化的建構》，《求索》2017 年第 4 期。

350. 殷思佳：《近代中國訴訟制度形成的日本法影響》，《湘潭大學學報》2017 年第 2 期。

351. 殷志文、李政軍：《遊走於「軟法」和「硬法」之間的中國司法——中國傳統法律文化中「軟法」對古代司法的影響》，載沈歸、彭林、丁鼎主編：《傳統禮治與當代軟法》，北京大學出版社，2017 年版。

352. 尤韶華：《香港司法機構的起源》，載何志輝主編：《法律文化研究》（第九輯），社會科學文獻出版社，2017 年版。

353. 于興中：《香港法律中的「最終承認規則」：歷史與前景》，載何志輝主編：《法律文化研究》（第九輯），社會科學文獻出版社，2017 年版。

354. 俞榮根：《重新認識中華法系》，載朱勇主編：《中華法系》（第十卷），法律出版社，2017 年版。

355. 喻中：《「後禮法」階段：中國現代法學的時間方位》，載沈歸、彭林、丁鼎主編：《傳統禮治與當代軟法》，北京大學出版社，2017 年版。

356. 張本順、陳景良：《試論中國古代司法傳統中的善治藝術》，《蘭州學刊》2017 年第 3 期。

357. 張芳霞：《法律文化之軟實力——〈拿破崙法典〉的域外傳播及其影響》，《社會科學論壇》2017 年第 9 期。

358. 張飛舟：《中國古代的樂與法》，載何柏生主編：《中國傳統法律文化與法律價值》，法律出版社，2017 年版。

359. 張輝：《論中國傳統法律的理性——從韋伯的「中國法」問題說起》，《學術交流》2017 年第 12 期。

360. 張晉藩：《為往聖繼絕學》，載朱勇主編：《中華法系》第九卷，中國政法大學 2017 年版。

361. 張晉藩：《為往聖繼絕學——在第六屆張晉藩法律史學基金會徵文大賽頒獎活動上的講話》，載陳煜主編：《新路集（第六集）——第六屆張晉藩法律史學基金會徵文大賽獲獎作品集》，中國政法大學出版社，2017 年版。

362. 張晉藩：《中國古代「治理」的一項重要經驗》，《北京日報》2017 年 9 月 25 日。

363. 張晉藩：《中國古代國家治理的重心——「民惟邦本，本固邦寧」》，《國家行政學院學報》2017 年第 4 期。

364. 張莽：《天人合一：古代環境保護法的核心》，《人民法院報》2017 年 4 月 14 日。

365. 張茂澤：《論「德」的意義——兼談黃帝的「德」》，載廖凱原主編：《黃帝思想與中華引擎》，社科文獻出版社，2017 年版。

366. 張群：《從「資料供應」到「信息公開」》，載陳景良、鄭祝君主編：《中西法律傳統（第 13 卷）》，中國政法大學出版社，2017 年版。

367. 張少瑜：《道治思想述評》，載廖凱原主編：《黃帝思想與中華引擎》，社科文獻出版社，2017 年版。

368. 張生：《西方主要國家治理體系現代化的歷程與經驗論綱》，載張生主編：《中國法律近代化論集》（第 4 卷），中國政法大學出版社，2017 年版。

369. 張生：《中國傳統倫理對核心價值觀的補充與社會化》，載王繼軍主編：《三晉法學（第十二輯）》，中國法制出版社，2018 年版。

370. 張田田：《案牘背後與判決之外：以監獄為線索的秋審女犯及州縣詞訟考察》，載霍存福主編：《法律文化論叢》（第 7 輯），知識產權出版社，2017 年版。

371. 張偉：《從自組織理論看〈黃帝四經〉中的序與法》，載廖凱原主編：《黃帝思想與中華引擎》，社科文獻出版社，2017 年版。

372. 張文波：《法律史視野下的儒家倫理與法家文化》，《人民法院報》2017

年 6 月 23 日。

373. 張曉鋒：《英國殖民統治時期香港地區新聞法制的歷史考察》，載何志輝主編：《法律文化研究》（第九輯），社會科學文獻出版社，2017 年版。

374. 張冀：《家的「律法」——祖國與主權國家之辯》，載沈巋、彭林、丁鼎主編：《傳統禮治與當代軟法》，北京大學出版社，2017 年版。

375. 張中秋：《傳統中國法的道德原理及其價值——以〈唐律疏議〉為分析中心》，載高鴻鈞、趙彩鳳編：《法律文化讀本》，清華大學出版社，2017 年版。

376. 張中秋：《傳統中國法的精神及其哲學》，載高鴻鈞、趙彩鳳編：《法律文化讀本》，清華大學出版社，2017 年版。

377. 張中秋：《傳統中國法特徵新論——及其與當代中國法的內在聯繫》，載張中秋：《法與理：中國傳統法理及其當代價值研究》，中國政法大學出版社，2017 年版。

378. 張中秋：《概括的傳統中國的法理觀——兼論對當代中國法理學的意義》，載張中秋：《法與理：中國傳統法理及其當代價值研究》，中國政法大學出版社，2017 年版。

379. 張中秋：《論傳統中國的法律關係——以及它的歷史變遷與法理資源》，載張中秋：《法與理：中國傳統法理及其當代價值研究》，中國政法大學出版社，2017 年版。

380. 張中秋：《為什麼要探索中國傳統法理》，載朱勇主編：《中華法系》（第十卷），法律出版社，2017 年版。

381. 趙貴龍：《儒家文化與中國式司法治理》，《人民司法》2017 年第 13 期。

382. 趙劉洋：《西方學術視野中的帝制中國法律文化圖景》，《史學月刊》2017 年第 5 期。

383. 趙明：《立法者的精神氣象——法眼觀〈史記〉一則》，載張誌銘主編：《師大法學》（2017 年第 1 輯），法律出版社，2017 年版。

384. 趙娓妮、趙星磊、王蓉：《傳統賑濟中的矜恤觀念》，載里贊主編：《法律史評論》（第 9 卷），法律出版社，2017 年版。

385. 趙曉力：《竇娥冤在何處：古名家本〈竇娥冤〉解釋》，《探索與爭鳴》2017 年第 3 期。

386. 趙旭東：《神衍生的法觀念》，載何柏生主編：《中國傳統法律文化與法律

價值》，法律出版社，2017 年版。

387. 鄭宏泰、黃紹倫：《糾紛與官司：利希慎的個案研究》，載何志輝主編：《法律文化研究》（第九輯），社會科學文獻出版社，2017 年版。

388. 鄭顯文：《中日古代神明裁判制度比較研究》，《比較法研究》2017 年第 3 期。

389. 鄭智：《傳統法律思想與士大夫的博弈運思》，載何柏生主編：《中國傳統法律文化與法律價值》，法律出版社，2017 年版。

390. 鄭智：《刑訊與五聽：「情實」背後的身體思維模式》，載何柏生主編：《中國傳統法律文化與法律價值》，法律出版社，2017 年版。

391. 鄭智航、王嘉祿：《「天下為公」與「共和主義」的暗合與分殊》，《河北法學》2017 年第 9 期。

392. 周東平、李勤通：《論佛教之「罪」在中國古代的法律化及其限度》，《廈門大學學報》2017 年第 6 期。

393. 周家建：《日治時期香港消閒娛樂的法規》，載何志輝主編：《法律文化研究》（第九輯），社會科學文獻出版社，2017 年版。

394. 周永坤：《中國憲法中「人民」概念的變遷與憲法實施》，《甘肅社會科學》2017 年第 3 期。

395. 朱國斌：《香港法律：在碰撞與挑戰中延續創新》，載何志輝主編：《法律文化研究》（第九輯），社會科學文獻出版社，2017 年版。

396. 朱蘇力：《度量衡的制度塑造力——以歷史中國的經驗為例》，《法律科學》2017 年第 1 期。

397. 朱蘇力：《度量衡的制度塑造力——以歷史中國的經驗為例》，載何柏生主編：《中國傳統法律文化與法律價值》，法律出版社，2017 年版。

398. 朱勇：《中國古代社會基於人文精神的道德法律共同治理》，《中國社會科學》2017 年第 12 期。

399. 祝東：《禮與法：兩種規約形式的符號學考察》，《上海大學學報》2017 年第 5 期。

400. 包運成：《論民族法文化的趨同化》，《貴州社會科學》2018 年第 11 期。

401. 柴榮、李竹：《傳統中國民事訴訟的價值取向與實現路徑：「息訟」與「教化」》，《政法論叢》2018 年第 2 期。

402. 陳銳：《中國傳統律學新論》，《政法論壇》2018 年第 6 期。

403. 范輝：《宋明理學思想下傳統性別立法技術的完善》，《政法論壇》2018 年第 6 期。

404. 馮雷、劉曉然：《論中國傳統時間觀念對古代司法的影響》，《山東社會科學》2018 年第 8 期。

405. 何勤華：《法律文明的內涵及其歷史解讀》，《法商研究》2018 年第 6 期。

406. 黃愛教：《論儒家倫理法的形上本性：理性抑或精神》，《寧夏社會科學》2018 年第 1 期。

407. 黃春燕：《寬嚴相濟刑事政策古今考辨》，《南京社會科學》2018 年第 2 期。

408. 黃宗智：《中國的正義體系的過去、現在與未來》，《開放時代》2018 年第 2 期。

409. 李德嘉：《「德主刑輔」說的學說史考察》，《政法論叢》2018 年第 2 期。

410. 李育民：《領土變更的「歸還」形式與臺灣的法律地位》，《史學月刊》2018 年第 3 期。

411. 呂麗：《善刑與善用刑：傳統中國的祥刑追求》，《吉林大學社會科學學報》2018 年第 3 期。

412. 茆巍：《醫療、法律與文化——關於傳統中國瘋癲問題的學術史研究》，《史學理論研究》2018 年第 2 期。

413. 蘇力：《邊緣地帶：法治，不僅是「制定法」的「治理」》，《探索與爭鳴》2018 年第 11 期。

414. 王立民：《復興中華法系的再思考》，《法制與社會發展》2018 年第 3 期。

415. 王志強：《「非規則型法」：貢獻、反思與追問》，《華東政法大學學報》2018 年第 2 期。

416. 魏磊傑：《東方法律主義的中國意涵》，《開放時代》2018 年第 6 期。

417. 夏揚：《永佃權何以通約不同法系？》，《法學》2018 年第 2 期。

418. 肖崇俊：《法治轉型中的中國與世界》，《華東政法大學學報》2018 年第 2 期。

419. 肖瑞峰：《略議中國古代的廉政詩歌》，《浙江社會科學》2018 年第 5 期。

420. 謝紅星：《「親屬容隱」的制度張力與適用困境——基於文本和實證的考察》，《華中科技大學學報》2018 年第 2 期。

421. 尤陳俊：《儒家道德觀對傳統中國訴訟文化的影響》，《法學》2018 年第 3 期。

422. 于語和、秦啟迪：《家法族規中的「無訟」法律傳統》，《江蘇社會科學》2018 年第 3 期。

423. 俞榮根、秦濤：《律令體制抑或禮法體制？——重新認識中國古代法》，《法律科學》2018 年第 2 期。

424. 張洪林、薛銳：《從習慣調整到國家規制：潮汕僑批中的法律文化透析》，《華南師範大學學報》2018 年第 1 期。

425. 張晉藩：《中華民族精神與傳統法律》，《比較法研究》2018 年第 1 期。

426. 張紹欣：《法律地理學視野中的康乾輿地測繪》，《讀書》2018 年第 5 期。

427. 張生：《中華文明的歷史生命力：文化理念與制度體系的融貫統一》，《現代法學》2018 年第 1 期。

428. 張中秋：《從禮法到政法——傳統與現代中國法的結構與哲學及改造提升》，《法制與社會發展》2018 年第 4 期。

429. 張中秋：《論傳統中國的法律關係》，《政法論壇》2018 年第 2 期。

430. 張中秋：《中國傳統法律正義觀研究》，《清華法學》2018 年第 3 期。

431. 鄭智航：《現代司法精神文明的科學理性之維》，《學術與探索》2018 年第 3 期。

432. 仲偉民、王正華：《契約文書對中國歷史研究的重要意義——從契約文書看中國文化的統一性與多樣性》，《史學月刊》2018 年第 5 期。

433. 周東平、姚周霞：《論佛教對中國傳統法律中罪觀念的影響》，《學術月刊》2018 年第 2 期。

434. 安龐靖：《原心定罪的前提——以古代的「疑獄」為中心》，載朱勇主編：《中華法系》（第十二卷），法律出版社，2019 年版。

435. 曹勉之：《多元現代性視野下的中國法：重訪「法律東方主義」對話中的復規範性問題》，《清華大學學報》2019 年第 6 期。

436. 陳曉楓、夏令藍：《新中國成立 70 週年特赦的傳統法文化解析》，《江蘇行政學院學報》2019 年第 6 期。

437. 陳子盼：《「鄉土文化」與「法治文化」何以共促？——以培養「鄉土法治文化」為徑》，載朱勇主編：《中華法系》（第十二卷），法律出版社，

2019 年版。

438. 鄧長春：《獄神皋陶崇拜考論》，載朱勇主編：《中華法系》（第十二卷），法律出版社，2019 年版。

439. 杜文忠：《「道」之法意》，《中國人民大學學報》2019 年第 4 期。

440. 高明士：《傳統法文化核心價值芻議——情理平恕的實踐》，載周東平、朱騰主編：《法律史譯評》（第七卷），中西書局，2019 年版。

441. 高明士：《再論禮律——以「失禮入刑」為例》，載中國政法大學法律古籍整理研究所編：《中國古代法律文獻研究》（第十二輯），社會科學文獻出版社，2019 年版。

442. 高壽仙：《社會變遷與身份重組——以高橋芳郎對「雇工人」法律身份的理解為線索》，《清華大學學報》2019 年第 6 期。

443. 鞏哲：《「灋」與「獬豸」新考》，載華東政法大學法律史研究中心編：《法律史研究》第 6 輯，法律出版社，2019 年版。

444. 何勤華：《「文明」考》，《政法論壇》2019 年第 1 期。

445. 何勤華：《法律文明的起源——一個歷史學、考古學、人類學和法學的跨學科研究》，《現代法學》2019 年第 1 期。

446. 姜新：《傳統文化視野下的刑事審判與錯案防範》，《法學雜誌》2019 年第 12 期。

447. 蔣鐵初：《古代中國的法外施仁及其法文化解讀》，載里贊主編：《法律史評論》（2019 年第 2 卷），社會科學文獻出版社，2019 年版。

448. 李富鵬：《全球法律史的中國寫作——「復規範性」與法律史學的空間感》，《清華大學學報》2019 年第 6 期。

449. 馬莉：《美術世界中的法律史》，載朱勇主編：《中華法系》（第十二卷），法律出版社，2019 年版。

450. 孟祥：《禮法糾葛與復仇免罰的規範化進程》，載朱勇主編：《中華法系》（第十二卷），法律出版社，2019 年版。

451. 邵方：《儒家天命及其法律意義》，《法學評論》2019 年第 4 期。

452. 蘇鴻靖：《中國古代錯案防範制度的歷史管窺》，載朱勇主編：《中華法系》（第十二卷），法律出版社，2019 年版。

453. 蘇亦工：《「八議」源流與腹邊文化互動》，《法學研究》2019 年第 1 期。

454. 蘇亦工：《法宜容情——古人為何以孝治天下？》，《清華法學》2019 年

第 1 期。

455. 王晨光：《治權視域下禮法的結構性危機》，《華中科技大學學報》2019
　　 年第 4 期。

456. 王宏英：《中國憲法概念史與憲法學體系化》，《甘肅政法學院學報》2019
　　 年第 4 期。

457. 王靜：《一部技術史：兩性不平等之根源探究》，載華東政法大學法律史
　　 研究中心編：《法律史研究》第 6 輯，法律出版社，2019 年版。

458. 王石磊：《中華禮樂文明與傳統司法理念之融通》，載朱勇主編：《中華法
　　 系》（第十二卷），法律出版社，2019 年版。

459. 魏建國：《中國古代「文字文化形態」政法秩序建構的歷程與意義——媒
　　 介變遷視角》，《法學評論》2019 年第 5 期。

460. 武建敏：《中國傳統法的哲學架構及其創造性轉化》，《山東大學學報》
　　 2019 年第 2 期。

461. 楊惠嘉：《自貢鹽業契約文化核心理念及其文本表達》，《鹽業史研究》
　　 2019 年第 1 期。

462. 尤陳俊：《中題西影：反思中國傳統訴訟文化研究的思維框架及其概念
　　 使用》，《現代法學》2019 年第 1 期。

463. 于語和、秦啟迪：《族規與村治——以〈白鹿原〉為例》，《江蘇社會科學》
　　 2019 年第 2 期。

464. 喻中：《關於陸地的法理學考察》，《政法論叢》2019 年第 6 期。

465. 張晉藩：《重構新的中華法系》，《中國法律評論》2019 年第 5 期。

466. 趙合俊：《「幽閉」考辨》，《中國社會科學院研究生院學報》2019 年第 4
　　 期。

467. 鄭好：《試論宗教信仰與德主刑輔的關係》，載朱勇主編：《中華法系》（第
　　 十二卷），法律出版社，2019 年版。

468. 鄭智：《禮法文化中的「情實」問題及其巫術淵源》，載里贊主編：《法律
　　 史評論》（2019 年第 2 卷），社會科學文獻出版社，2019 年版。

469. 陳紅、岳小國：《中外文化中的血親復仇現象研究》，《湖北民族大學學報
　　 （哲學社會科學版）》2020 年 02 期。

470. 陳曉楓、金瀟：《傳統法律中的服制話語探究》，《甘肅社會科學》2020 年
　　 第 1 期。

471. 陳岳：《魯國之法與魯文化》，載楊朝明主編：《孔子學刊》第十一輯，青島出版社，2020 年版。

472. 單純：《論儒家的權利倫理》，載朱勇主編：《中華法系》（第十三卷），法律出版社，2020 年版。

473. 鄧駿捷、劉曦冉：《美國漢學界中國公案小說研究的價值與意義——以「文學中的法律」問題為中心》，《明清小說研究》2020 年第 3 期。

474. 杜文忠：《「理」之法意》，《蘭州大學學報（社會科學版）》2020 年第 4 期。

475. 范忠信：《傳統中國民商事習慣的載體、種類及權威來源》，《甘肅政法學院學報》2020 年第 2 期。

476. 范忠信：《家法人制的公私法基石意義與民法典的中國文化昇華》，《中國法律評論》2020 年第 4 期。

477. 鞏哲：《「灋」與「獬豸」新考》，載陳靈海主編：《法律史研究》（第 6 輯），法律出版社，2020 年版。

478. 谷禎：《論古代疑案裁判的傳統方法》，《法律方法》2019 年第 1 期。

479. 何勤華、周小凡：《我國民法典編纂與德國法律文明的借鑒——中國繼受 1900 年〈德國民法典〉120 年考略》，《法學》2020 年第 5 期。

480. 胡波、董曉波：《古代法律專業術語之不可譯及其補償研究》，《中國文化研究》2020 年第 4 期。

481. 黃春燕：《古代錯案救濟機制的考證與現代意蘊——以降低「偶然性」和提高「實效性」為導向的制度構建》，《法學雜誌》2020 年第 8 期。

482. 黃鈺洲：《理性的規範性與歷史的延續性——哲學法學與歷史法學之爭》，《北大法律評論》2018 年第 1 期。

483. 蔣海松：《傳統中國的政治自由與德性自由之辯——牟宗三對「黑格爾問題」的回應》，《政法論壇》2020 年第 5 期。

484. 蔣海松：《中國傳統法律「臉譜化」敘事反思——基於「法律東方主義」的考察》，《蘭州大學學報（社會科學版）》2020 年第 4 期。

485. 蔣鐵初：《哀敬折獄與古代中國案件審理的傳統》，《法律適用》2020 年第 2 期。

486. 蔣鐵初：《中國古代的敏速司法研究》，《北方法學》2020 年第 4 期。

487. 焦利：《傳統文化的現代光輝：中國民法典的法文化基因》，《新視野》

2020 年第 6 期。

488. 李勤通、周東平：《論佛教刑罰觀對中國傳統刑罰理念的影響》，《江蘇社會科學》2020 年第 4 期。

489. 李勤通：《法律儒家化及其解釋力》，《學術月刊》2020 年第 8 期。

490. 李偉：《家戶制傳統在民法典中的呈現與轉型》，《政法論叢》2020 年第 6 期。

491. 李文軍：《推進遼代法律文化研究的思考》，《中國民族報》2020 年 2 月 11 日。

492. 林來梵：《權利概念的移植交流史》，《中外法學》2020 年第 2 期。

493. 劉惠萍：《神判、法冠、吉祥物——獬豸神話在東亞的傳播與容受》，載陳益源主編：《漢學與東亞文化研究：王三慶教授七秩華誕祝壽論文集》，萬卷樓圖書公司，2020 年版。

494. 劉玄龍、李龍：《「禮治」的法學解讀：基本內涵、歷史定位及當今價值》，《社會科學家》2020 年第 6 期。

495. 劉穎：《執行文的歷史源流、制度模式與中國圖景》，《中外法學》2020 年第 1 期。

496. 劉作翔：《關於「滿族法文化」的研究內容及其方法》，《現代法治研究》2020 年第 2 期。

497. 樓天宇：《論「禮法合流」》，《浙江社會科學》2020 年第 8 期。

498. 呂建偉：《從「法政」到「政法」——對中國現代法律傳統的一種分析》，載朱勇主編：《中華法系》（第十三卷），法律出版社，2020 年版。

499. 呂怡維：《中國法文化中的「權利」意識與基本人權保障》，《西北民族大學學報（哲學社會科學版）》2020 年第 6 期。

500. 馬嶺：《中庸之道與憲制文化》，載焦洪昌主編：《國家與法治研究》（第 2 卷），法律出版社，2020 年版。

501. 馬志英：《基於傳統文化的法商管理哲學》，載李曉、巫雲仙主編：《企業史評論》第 1 期，社會科學文獻出版社，2020 年版。

502. 滿運龍、魯夢璩：《歷史與法律之間：兩類既往事實及其認定模式》，《廈門大學學報（哲學社會科學版）》2020 年第 1 期。

503. 錢繼磊：《中國傳統社會「孝」之法哲學反思》，載侯欣一主編：《法律與倫理》（第六輯），社科文獻出版社，2020 年版。

504. 邱玉強：《我國傳統司法「案結事了」服判智識》，《河北法學》2020 年第 11 期。

505. 蘇力：《制度競爭與思想的譜系》，《中外法學》2020 年第 6 期。

506. 蘇豔英：《中華傳統文化與現代民法文化的整合——民法典的法文化解讀》，《政法論叢》2020 年第 6 期。

507. 屠凱：《發現儒家法理：方法與範疇》，《法制與社會發展》2020 年第 3 期。

508. 萬彩紅、董青梅：《傳統法哲學基本範疇——法氣關係論研究》，《民間法》2020 年第 1 期。

509. 王立民：《中國百年民法典編纂歷程與啟示》，《法學》2020 年第 10 期。

510. 武樹臣：《「仁」的起源、本質特徵及其對中華法系的影響》，載徐顯明主編：《山大法學集萃：山東大學法學學科復辦 40 週年紀念文集》，法律出版社，2020 年版。

511. 武樹臣：《禮法融合與古代刑法文化的演進——兼論「中國法律儒家化」命題的不足》，載楊一凡、陳靈海主編：重述中國法律史（第一輯），中國政法大學出版社，2020 年版。

512. 肖武：《天理與國法：災異譴告話語中的慎刑之道》，《原道》2020 年第 2 期。

513. 徐進：《當「假戲」意外「真做」——從一起意外致死案看傳統法律「戲殺傷人」罪的司法適用》，《法律適用》2020 年第 22 期。

514. 楊曉偉：《法律制度的實證化與儒家的政治道德主義傳統——儒法之爭中的政治學和法理學問題》，《東嶽論叢》2020 年第 10 期。

515. 楊怡悅：《日本中世家族法律地位的變遷——從中國傳統家族制度的繼受到武家家內組織的產生》，載朱勇主編：《中華法系》（第十三卷），法律出版社，2020 年版。

516. 楊勇、鄭顯文：《中國古代禮制與中華法系關係新論》，《清華法治論衡》2020 年第 1 期。

517. 俞榮根、秦濤：《律令體制抑或禮法體制——兼駁中國法律體系「律令說」》，載楊一凡、陳靈海主編：重述中國法律史（第一輯），中國政法大學出版社，2020 年版。

518. 俞榮根：《走出「律令體制」——重新認識中華法系》，《蘭州大學學報（社會科學版）》2020 年第 4 期。

519. 張斌峰、喬聰：《當代法哲學視域下的墨家法律觀》,《政法論叢》2020
　　　年第 1 期。

520. 張傑：《花開兩面：人情在司法難題中的雙重面向——基於「天理－國法
　　　－人情」的法文化解讀》,《民間法》2019 年第 1 期。

521. 張晉藩：《弘揚中華法文化,構建新時代的中華法系》,《當代法學》2020
　　　年第 3 期。

522. 張晉藩：《體現馬克思主義唯物史觀的中華法文化》,《法學雜誌》2020
　　　年第 3 期。

523. 張生、周玉林：《傳統法：民法典的社會文化根基——中國社會科學院
　　　法學研究所張生研究員訪談》,《社會科學家》2020 年第 8 期。

524. 張生：《中國律例統編的傳統與現代民法體系中的指導性案例》,《中國
　　　法學》2020 年第 3 期。

525. 張維迎、鄧峰：《國家的刑法與社會的民法——禮法分野的法律經濟學
　　　解釋》,《中外法學》2020 年第 6 期。

526. 張永祥：《德主刑輔的辯證原理》,載朱勇主編：《中華法系》（第十三
　　　卷）,法律出版社,2020 年版。

527. 張中秋：《中國傳統法本體研究》,《法制與社會發展》2020 年第 1 期。

528. 趙立新：《朝鮮傳統法的演變與中國法》,載陳景良、鄭祝君主編、李棟
　　　執行主編：《中西法律傳統》第 15 卷,中國政法大學出版社,2020 年
　　　版。

529. 鄭智：《禮法文化中的「情實」問題及其巫術淵源》,載陳景良、鄭祝君
　　　主編、李棟執行主編：《中西法律傳統》第 15 卷,中國政法大學出版社,
　　　2020 年版。

530. 鍾一葦：《中國傳統契約中的「契約自由」與「主體平等」——以清水江
　　　文書為視角》,《政法論叢》2020 年第 1 期。

531. 鍾子龍：《「海瑞定理 I」的歷史性反思》,《法律史評論》2020 年第 1 期。

532. 周東平：《佛教影響中國傳統法律論綱》,載陳俊強主編：《中國歷史文
　　　化新論：高明士教授八秩嵩壽文集》,元華文創股份有限公司,2020 年
　　　版。

533. 周東平：《論中國傳統法律中的佛教影響》,《廈門大學學報（哲學社會
　　　科學版）》2020 年第 6 期。

534. 周永坤：《復仇的法理問題研究——以中華法系為對象》，《甘肅政法學院學報》2020 年第 4 期。

三、法史比較研究

1. 丁志：《中西法律文化差異探析》，《理論月刊》2011 年第 3 期。

2. 金榮洲：《〈摩奴法論〉、〈唐律疏議〉所見古代印度與唐代婦女的社會地位》，《江漢論壇》2011 年第 2 期。

3. 賴駿楠：《「萬國公法」譯詞研究——兼論 19 世紀中日兩國繼受西方國際法理念上的差異》，《法律科學》（西北政法大學學報）2011 年第 2 期。

4. 李秀清：《清朝帝制與美國總統制的思想碰撞——以裨治文和〈中國叢報〉為研究視角》，《法商研究》2011 年第 5 期。

5. 秦文：《比較法視野下的中非調解制度研究——以傳統法律文化為視角》，《理論月刊》2011 年第 4 期。

6. 余博汝、劉楊：《論中西法治思想的差異及其當代啟示——以荀子和西塞羅為例》，《甘肅社會科學》2011 年第 4 期。

7. 張學繼：《〈中華民國臨時約法〉與法蘭西〈第三共和國憲法〉的比較研究》，《浙江社會科學》2011 年第 11 期。

8. 杜鋼建：《古代羅馬與古代儒家的抵抗權思想比較》，《北方法學》2012 年第 1 期。

9. 方勇：《「春秋決獄」與英國衡平法的比較及啟示》，《廣西社會科學》2012 年第 12 期。

10. 郭忠：《自然與天道：中西法律的形而上之別——兼論中西人治和法治思想的緣起》，《學術交流》2012 年第 3 期。

11. 李琳：《中俄傳統婚姻法文化比較研究》，《社會科學輯刊》2012 年第 4 期。

12. 阮氏秋水：《越南阮朝〈皇越律例〉與〈大清律例〉的異同》，《江漢論壇》2012 年第 4 期。

13. 徐愛國：《論中國法主導性理念之西方思想淵源》，《華東政法大學學報》2012 年第 1 期。

14. 于興中：《非終局性、「青天大人」與超級法官赫爾克里斯——簡論傳統中國的公正觀》，《杭州師範大學學報》2012 年第 5 期。

15. 張偉仁：《天眼與天平：中西司法者的圖像和標誌解讀》，《法學家》2012 年第 1 期。

16. 左玉迪：《正義女神與皋陶的神獸：中西法形象考論》，《求索》2012 年第 6 期。

17. 杜蘇：《中法傳統司法體制比較研究》，《求索》2013 年第 5 期。

18. 侯巧紅：《奈良時代中日兩國律令制度比較》，《河南師範大學學報》2013 年第 5 期。

19. 蘇力：《何為憲制問題？——西方歷史與古代中國》，《華東政法大學學報》2013 年第 5 期。

20. 萬穎：《論近代以前中西方法律的本質差異》，《齊魯學刊》2013 年第 3 期。

21. 武航宇：《古中國與古羅馬動產買賣制度與理念的比較研究》，載霍存福主編：《法律文化論叢（第 1 輯）》，法律出版社，2013 年版。

22. 徐惠婷：《唐律與日耳曼法中女性家庭法律地位之比較》，《浙江社會科學》2013 年第 12 期。

23. 楊建、龐正：《法律文化的觀念之維及其中西方差異除魅》，《江海學刊》2013 年第 2 期。

24. 柴榮：《中國「固有民法」之研究——以羅馬私法為參照》，《學術研究》2014 年第 9 期。

25. 崔永東：《從中西比較視角看儒家的法律傳統——以法律社會學和司法能動主義為基點》，《北方法學》2014 年第 2 期。

26. 高成軍：《從人性預設看中西法律文化差異》，《甘肅政法學院學報》2014 年第 1 期。

27. 韓偉、趙曉耕：《中國傳統契約「原因條款」研究——兼與歐陸民法原因理論之比較》，《北方法學》2014 年第 6 期。

28. 霍存福、武航宇：《古中國與古羅馬民商事契約話語體系比較研究——由一份古羅馬「賣地文契」引發的思考》，《甘肅政法學院學報》2014 年第 1 期。

29. 焦寶乾：《邏輯與修辭：一對法學研究範式的中西考察》，《中國法學》2014 年第 6 期。

30. 孫倩、趙曉耕：《從中西傳統法律思維的差異看當代中國的法治困境——

以盜竊問題為切入點》，《思想戰線》2014 年第 2 期。

31. 張德淼、李朝：《傳統社會與現代社會未成年人犯罪治理模式比較研究》，《政法論叢》2014 年第 3 期。

32. 賴駿楠：《「家產官僚制」與中國法律：馬克斯‧韋伯的遺產及其侷限》，《開放時代》2015 年第 1 期。

33. 李飛：《論債務人的能力限度利益制度——從羅馬法到中國法》，《政治與法律》2015 年第 3 期。

34. 羅冠男：《從羅馬法的姘居制度看歐洲「事實家庭」的規制——從與中國比較的視角》，《政法論壇》2015 年第 5 期。

35. 謝晶：《中西文化與古今刑法之間——清代盜律中的時空因素》，《法學雜誌》2015 年第 2 期。

36. 張中秋：《中西法治文明歷史演進比較》，《南京社會科學》2015 年第 5 期。

37. 段秋關：《現代法治與古典法治——兼論中國法治的歷史根基》，《西北大學學報》2016 年第 4 期。

38. 霍存福：《中西法諺的跨文化比較》，載霍存福主編：《法律文化論叢》第 5 輯，知識產權出版社，2016 年版。

39. 李飛：《日本中世的法律變革——簡論日本該時期法律對於中華法系的繼承與改變》，載吳玉章、高旭晨主編：《中國法律史研究》（2016 年卷），社會科學文獻出版社，2016 年版。

40. 李秀清：《中國法的西方繹述》，載陳金釗主編：《華政社科研究》（第一輯），法律出版社，2016 年版。

41. 龍靜雲、黃光學：《中西法律傳統的比較與反思》，《湖北大學學報》2016 年第 4 期。

42. 馮卓慧：《商代婚姻觀念、制度與古代東西方各國婚姻觀念、制度異同考析》，載何柏生主編：《中國傳統法律文化與法律價值》，法律出版社，2017 年版。

43. 馮卓慧：《中國古代的慎刑思想研究——兼與 20 世紀西方慎行思想比較》，載何柏生主編：《中國傳統法律文化與法律價值》，法律出版社，2017 年版。

44. 顧元：《省思與重構：比較視野下中國司法文明史研究的範式與進路》，

載朱勇主編：《中華法系》第九卷，中國政法大學出版社，2017 年版。

45. 黃曉光：《中外「親親相隱」制度文化支點比較研究》，《牡丹江大學學報》2017 年第 11 期。

46. 李平：《論少數服從多數的合理性基礎——中西之別及其成因》，《中外法學》2017 年第 5 期。

47. 聶鑫：《混合制下的共和：近代中、美建國憲制比較》，《清華大學學報》2017 年第 3 期。

48. 潘玉玄：《越南〈國朝刑律〉與〈大明律〉中反貪內容比較研究》，《歷史教學問題》2017 年第 4 期。

49. 鍾一葦：《我國傳統法治思想與西方傳統法治思想的比較研究》，《法制與經濟》2017 年第 10 期。

50. 何勤華：《中華法系之法律學術考：以古代中國的律學與日本的明法道為中心》，《中外法學》2018 年第 1 期。

51. 何勤華、袁也：《中華法系之法律教育考——以古代中國的律學教育與日本的明法科為中心》，《法律科學》2018 年第 1 期。

52. 張泰蘇著，高仰光譯：《超越方法論的歐洲中心主義：比較中國和歐洲的法律傳統》，載周東平、朱騰主編：《法律史譯評》（第六卷），中西書局，2018 年版。

53. 馮玉軍：《中西法律文化傳統的形成與比較》，《政法論叢》2019 年第 6 期。

54. 何顯兵：《我國赦免制度的規範與完善——基於中國傳統和域外經驗的比較考察》，《社會科學》2019 年第 12 期。

55. 徐圻、金鑫：《「法治」與「德治」的文化淵源探析——以古希臘和華夏文明為樣本》，《貴州社會科學》2019 年第 9 期。

56. 張清：《中國古代判詞與當代刑事判決書對比研究》，《比較法研究》2019 年第 3 期。

57. 張淑雯：《唐宋繼承制度與古羅馬繼承制度的比較研究》，《暨南學報》2019 年第 2 期。

58. 楊曉宜：《唐令與日本養老令的比較分析：以「犯罪」條、「郡決」條、「國斷」條為例》，載張劍光、鍾翀、孔妮妮主編：《文化典籍》（第二輯），中西書局，2020 年版。

四、法律史學與法制現代化

1. 蔡琳、馬治國：《儒家法律文化的現代意義研究》，《中國社會科學院研究生院學報》2011 年第 6 期。

2. 陳秋雲：《宋代自由地權法制的歷史意義與當代啟示》，《法商研究》2011 年第 2 期。

3. 劉愛龍：《憲政中國及其當下法學任務——基於歷史考察的視角》，《江蘇社會科學》2011 年第 3 期。

4. 陸多祥、孫曙生：《以歷史的視角透視中國法治》，《重慶大學學報》2011 年第 4 期。

5. 沈瑋瑋、趙曉耕：《家國視野下的唐律親親原則與當代刑法——從虐待罪切入》，《當代法學》2011 年第 3 期。

6. 陶鍾靈：《〈詩經〉所載西周春秋法制及其對後世的影響》，《法學研究》2011 年第 6 期。

7. 吳江：《中國傳統調解制度的古今之思》，《法學雜誌》2011 年第 S1 期。

8. 周幗：《中國傳統司法的倫理特質及其現代價值》，《河北學刊》2011 年第 1 期。

9. 朱振輝：《論中國古代廉政法制建設及其借鑒意義》，《求索》2011 年第 1 期。

10. 顧文斌：《中國傳統民事法律的情理觀及其當代價值》，《政法論叢》2012 年第 6 期。

11. 李春明、王金祥：《傳統法律文化的君主義務觀及其對責任政府建設的啟示》，《山東大學學報》2012 年第 4 期。

12. 李江發：《蘇區時期檢察制度及其現代啟示》，《求索》2012 年第 4 期。

13. 李擁軍：《「親屬相姦」何以為罪？——對亂倫罪回歸中國刑法的深層思考》，《蘭州大學學報》2012 年第 6 期。

14. 苗延波：《先秦時期民本思想及其當代啟示》，《甘肅政法學院學報》2012 年第 3 期。

15. 苗延波：《中國傳統文化與中國現代法律文化體系的構建》，《河南社會科學》2012 年第 1 期。

16. 潘麗霞、高長思、陳亮：《傳統文化對中國法治現代化的內在限定》，《重慶大學學報》2012 年第 4 期。

17. 齊延平、孟雯：《中國法文化傳統與現代法治》，《法學雜誌》2012 年第 8 期。

18. 艾永明：《對中國古代監察制度利弊的理性分析》，《河北學刊》2013 年第 4 期。

19. 范高社、高陽：《先秦儒家文化與現代法治精神的契合與衝突》，《西安交通大學學報》2013 年第 4 期。

20. 范依疇：《城隍神「法司」角色及其對世俗法制缺憾的彌補》，《暨南學報》2013 年第 9 期。

21. 李軍林、劉英：《中國傳統法制的特點及其現代轉型的困境》，《河北學刊》2013 年第 1 期。

22. 彭劍鳴：《中國法制史上的「不應為」罪名及其現代啟示——以法社會學為視角》，《湖南社會科學》2013 年第 4 期。

23. 秦鐵錚：《當代中國法律信仰實踐進路——從秦代法治的視角》，《北京社會科學》2013 年第 5 期。

24. 王鋼：《中國傳統調解模式探微——兼與現代調解相比較》，《武漢大學學報》2013 年第 1 期。

25. 周永坤：《中國古代「請託」立法及其現代意義》，《河北學刊》2013 年第 1 期。

26. 李春明、王重國：《我國優秀傳統法律文化對法治價值實現的支持作用及路徑》，《山東大學學報》2014 年第 4 期。

27. 彭鳳蓮：《中國古代性腐敗的刑法對策及其當代啟示》，《法學雜誌》2014 年第 9 期。

28. 孫曉春：《先秦法家富強觀念的現代反思》，《政治學研究》2014 年第 5 期，第 3～10 頁。

29. 王立民：《中國古代的道德建設立法及其啟示》，《浙江社會科學》2014 年第 11 期。

30. 張中秋：《傳統中國國家觀新探——兼及對當代中國政治法律的意義》，《法學》2014 年第 5 期。

31. 曹平：《中國古代吏治經驗及其借鑒價值——以現代行政監察制度創新為中心》，《法學評論》2015 年第 6 期。

32. 柴榮、林群豐：《論中國傳統司法責任制度及其當代價值》，《河北學刊》

2015 年第 6 期。

33. 姜朋：《法律儒家化前觀：中國禮法文化的當代論述》，載張文顯、杜宴林主編：《法理學論叢（第 8 卷）》，法律出版社，2015 年版。

34. 李娟：《「大義滅親」條款的歷史考察與當代詮釋——以司法解釋為切入點》，《江西社會科學》2015 年第 3 期。

35. 聶長建：《法治進行時中孔子法律思想的「現代性闡釋」》，《西北師大學報》2015 年第 1 期。

36. 彭新武：《論循吏與時代精神》，《政治學研究》2015 年第 5 期。

37. 孫春晨：《儒家禮制與當代中國法治》，《江西社會科學》2015 年第 12 期。

38. 王立民：《中國傳統法典條標的設置與現今立法的借鑒》，《法學》2015 年第 1 期。

39. 王利民、張國強：《中國民法現代化的傳統性》，《社會科學輯刊》2015 年第 5 期。

40. 肖傑：《中國古代以法促廉及其啟示》，《湖南社會科學》2015 年第 1 期。

41. 于增尊：《論我國古代刑事審限制度及其啟示》，《中國政法大學學報》2015 年第 3 期。

42. 張明新：《中華民族優秀法律傳統與當代中國法制建設新探》，載朱勇主編：《中華法系》（第六卷），法律出版社，2015 年版。

43. 張世闖：《清代「科道合一」的歷史鏡鑒》，《法學雜誌》2015 年第 9 期。

44. 張雁：《簡析中國古代法治精神及其當代啟示》，《東北師大學報》2015 年第 3 期。

45. 趙興洪、何平：《清末司法區域劃分實踐及其啟示》，《湖北社會科學》2015 年第 9 期。

46. 柴榮、林群豐：《論中國傳統司法責任制度及其當代價值》，載高鴻鈞主編：《中國比較法學·比較法治文化：2015 年卷》，中國政法大學出版社，2016 年版。

47. 柴榮、林群豐：《論中國傳統司法責任制度及其當代價值》，載中華司法研究會編：《中華司法的歷史、現狀與未來：首屆中華司法研究高峰論壇文集》，人民法院出版社，2016 年版。

48. 陳會林：《官民互動解紛傳統與「三調聯動」機制建設》，《學習與探索》

2016 年第 1 期。

49. 陳曉聰：《古代佛教法對當代的影響與啟示》，《學術界》2016 年第 7 期。

50. 崔璨：《傳統訴訟制度下文化遺產保護的障礙及出路》，《理論月刊》2016 年第 1 期。

51. 狄小華：《世界百年少年司法演變之啟示》，《東南大學學報》2016 年第 3 期。

52. 范依疇：《家人乞鞫、親屬訴權與冤案防阻機制建設》，《學習與探索》2016 年第 1 期。

53. 范忠信：《傳統法治資源的傳承體系建設與法治中國化》，《學習與探索》2016 年第 1 期。

54. 付子堂、胡仁智：《先秦法家法治施行觀念及其現代價值》，載中華司法研究會編：《中華司法的歷史、現狀與未來：首屆中華司法研究高峰論壇文集》，人民法院出版社，2016 年版。

55. 付子堂：《先秦法家「法治」施行觀念及其現代價值》，《社會科學家》2016 年第 1 期。

56. 高思博：《傳統與現代的體用問題對法制的啟示》，載中華司法研究會編：《中華司法的歷史、現狀與未來：首屆中華司法研究高峰論壇文集》，人民法院出版社，2016 年版。

57. 公丕祥：《董必武的人民司法思想及其時代啟示》，《江蘇社會科學》2016 年第 4 期。

58. 關穎雄：《蒙古族環境習慣法流變及其現代化進路》，《貴州民族研究》2016 年第 2 期。

59. 黃源盛：《人性、情理、法意——親親相隱制的傳統與現代》，《法制史研究》（臺）2016 年第 29 輯。

60. 黃澤群：《沈家本法學教育思想與應用型法學人才培養》，《江西社會科學》2016 年第 11 期。

61. 黃宗智：《中國古今的民、刑事正義體系——全球視野下的中華法系》，《法學家》2016 年第 1 期。

62. 康建勝：《現代行政法視野下的古代治庸制度》，《甘肅行政學院學報》2016 年第 3 期。

63. 李擁軍：《中國古代廉政法制經驗的現代啟示》，《學習與探索》2016 年第 10 期。

64. 梁美芬：《大中華司法文化傳統及當代價值比較研究》，載中華司法研究會編：《中華司法的歷史、現狀與未來：首屆中華司法研究高峰論壇文集》，人民法院出版社，2016 年版。

65. 劉寧笙：《中華司法的文化傳統及其現代價值——以中國「仁」「和」及「德」傳統為視角》，載中華司法研究會編：《中華司法的歷史、現狀與未來：首屆中華司法研究高峰論壇文集》，人民法院出版社，2016 年版。

66. 王舒：《歷史視角下的我國法官管理制度改革》，《法律適用》2016 年第 2 期。

67. 王耀海：《法家傳統的現代適域》，《社會科學戰線》2016 年第 1 期。

68. 吳大華、苗麗：《中華司法傳統在現代法治中的承繼開新及法文化價值》，載中華司法研究會編：《中華司法的歷史、現狀與未來：首屆中華司法研究高峰論壇文集》，人民法院出版社，2016 年版。

69. 夏克勤：《司法公信的歷史考察及當代啟示》，載中華司法研究會編：《中華司法的歷史、現狀與未來：首屆中華司法研究高峰論壇文集》，人民法院出版社，2016 年版。

70. 夏揚：《中國傳統法中的現代因素——從封建法典的變化中尋找近代法律轉型的社會與制度基礎，載朱勇主編：《中華法條》第八卷，法律出版社，2016 年版。

71. 謝冬慧：《民國時期的司法改革及其當下啟示》，《中國法律評論》2016 年第 3 期。

72. 徐滌宇：《歷史視野下夾纏於非婚和婚姻之間的事實婚——兼論我國未來民法典對事實婚的應然構建》，《法學評論》2016 年第 3 期。

73. 許先叢：《繼承與楊棄：從立案登記制度確立的進程思考中華司法傳統文化的現代啟示》，載中華司法研究會編：《中華司法的歷史、現狀與未來：首屆中華司法研究高峰論壇文集》，人民法院出版社，2016 年版。

74. 楊國慶：《中國傳統法律文化的多值邏輯及其現代意涵》，《學術交流》2016 年第 1 期。

75. 楊文韜、高恒天：《中國古代「民律官」的三種模式及其借鑒意義》，《學術論壇》2016 年第 1 期。

76. 殷思佳、李鼎楚：《從宋、清兩朝「榜告」看湖湘學派對湖南司法的影響》，《湖南科技大學學報》2016 年第 6 期。

77. 尹寶虎：《中華司法的道德傳統及其現代價值》，載中華司法研究會編：《中華司法的歷史、現狀與未來：首屆中華司法研究高峰論壇文集》，人民法院出版社，2016 年版。

78. 張健：《龍泉司法變遷及其對當代中國基層刑事司法的借鑒》，《蘇州大學學報（法學版）》2016 年第 3 期。

79. 張京凱：《南京國民政府時期監察法制及其史鑒價值》，《國家行政學院學報》2016 年第 6 期。

80. 張中秋：《傳統中國司法文明及其借鑒》，《法制與社會發展》2016 年第 2 期。

81. 趙秉志、張偉珂：《傳統與現代：死刑改革與公眾「人道」觀念的轉變》，《當代法學》2016 年第 2 期。

82. 周東平：《涉公誹謗罪存廢的歷史傳統與現實考慮》，《學習與探索》2016 年第 1 期。

83. 柏樺、吳愛明：《中國古代官吏懲戒制度及其啟示》，《江西社會科學》2017 年第 4 期。

84. 蔡利民、邱昭禈：《中國古代德治法治相結合的思想對當代國家治理的啟示》，《貴陽學院學報》2017 年第 4 期。

85. 陳公雨、國鵬、李鳳：《充分發揮軟法在法治政府建設中的作用》，載沈巋、彭林、丁鼎主編：《傳統禮治與當代軟法》，北京大學出版社，2017 年版。

86. 陳煜：《天縱的聖人——中國傳統天命觀與治理的合法性》，載張中秋：《法與理：中國傳統法理及其當代價值研究》，中國政法大學出版社，2017 年版。

87. 陳雲生：《〈尚書·冏命〉的官箴價值及其現代警示意義》，《河南財經政法大學學報》2017 年第 4 期。

88. 程關松：《禮法合治傳統的兩種法學範式——以管商為例證的現代解釋》，《法律科學》2017 年第 5 期。

89. 丁鼎、王聰：《中國古代的「禮法合治」思想及其當代價值》，載沈巋、彭林、丁鼎主編：《傳統禮治與當代軟法》，北京大學出版社，2017 年版。

90. 董青梅：《馬錫五審判方式對數字時代司法的價值》，《行政與法》2017年第6期。

91. 杜德榮、林存光：《從「以法統治」到「以法主治」——略論中國傳統法治精神及其現代轉化問題》，《管子學刊》2017年第1期。

92. 段秋關：《傳統法律觀念的現實存在和影響——兼論法律觀的現代化》，載何柏生主編：《中國傳統法律文化與法律價值》，法律出版社，2017年版。

93. 房麗：《論「禮法之治」的現代意義》，《大慶師範學院學報》2017年第5期。

94. 高家偉：《從傳統禮治文化秩序邁向現代軟法規範秩序》，《新疆社會科學》2017年第6期。

95. 高家偉：《試論傳統禮治文化秩序與現代軟法治理秩序的融合》，載沈巋、彭林、丁鼎主編：《傳統禮治與當代軟法》，北京大學出版社，2017年版。

96. 郭靜如：《古代監察制度的發展歷程及其現實啟示》，《齊齊哈爾大學學報》2017年第5期。

97. 郭瑋：《論韓非的法治思想及其當代價值》，《吉首大學學報》2017年第1期。

98. 韓偉：《明代法家思想及其當代價值》，《理論探索》2017年第1期。

99. 郝鳳春、郝鳳軍：《孔子無訟思想時代價值研究》，《佳木斯大學社會科學學報》2017年第3期。

100. 郝鐵川：《中國當下依法治國對孫中山「訓政」思想的新發展：關於中國法治現代化階段論的思考》，《雲南大學學報》2017年第2期。

101. 何建華、李昱佩：《彭真民主法制思想對新時代人權保障的啟示》，載王繼軍主編：《三晉法學（第十二輯）》，中國法制出版社，2018年版。

102. 何勤華、王靜：《採古人智慧，促生態文明：中國古代關於環境資源保護的觀念與法律保護制度之啟迪》，《人民法院報》2017年6月2日。

103. 何益忠：《全面抗戰時期黨內法規建設的歷史經驗與現實啟示》，《理論學刊》2017年第3期。

104. 黃麗雲：《略論宋慈法治思想及當代價值》，《東南學術》2017年第4期。

105. 黃霞：《傳統鄉規民約的基層社會治理與現代轉換價值》，《湘潭大學學

報》2017 年第 2 期。

106. 黃悅波:《論儒家法學思想及其對現代警務工作的啟示:以「孔子之愛」為核心》,《湖南警察學院學報》2017 年第 3 期。

107. 黃宗智:《中國正義體系的三大傳統與當前的民法典編纂》,《開放時代》2017 年第 6 期。

108. 江國華、唐亮:《中國古代倫理司法哲學及其現代價值》,《江漢大學學報》2017 年第 2 期。

109. 蔣傳光:《鄧小平法制思想與中國法治建設的里程碑》,《環球法律評論》2017 年第 1 期。

110. 蔣來用:《國家監察體制改革的史鑒與對策》,《國家行政學院學報》2017 年第 2 期。

111. 焦利:《以優秀傳統法文化助推依法行政和民族振興》,載中國法學會編:《中國法學會部級課題成果要報彙編(2016)》,中國法制出版社,2017 年版。

112. 康建勝:《古代治庸的規範、實效及啟示》,《求索》2017 年第 3 期。

113. 李青:《中國古代行政監察的幾個重要環節及其歷史借鑒》,《河北法學》2017 年第 5 期。

114. 李青:《中國古代監察機構的演變及其改革的經驗教訓》,《國家行政學院學報》2017 年第 2 期。

115. 李澤宇:《淺談中國法家思想對現代企業管理的影響》,《老區建設》2017 年第 4 期。

116. 林秋萍:《明代官吏贓罪處罰原則及其啟示》,《甘肅社會科學》2017 年第 3 期。

117. 劉東升:《依「中正」之路達「無訟」之境孔子法思想的核心及對當代法治國家建設的啟示》,《遼寧大學學報》2016 年第 6 期。

118. 劉景琪、劉國強:《存留養親及其當代重構》,《南都學壇》2017 年第 3 期。

119. 劉作翔:《中國法律文化現代化的歷史動力及其轉換機制》,載何柏生主編:《中國傳統法律文化與法律價值》,法律出版社,2017 年版。

120. 魯志美、馬群雁:《彭真法制思想的當代啟示》,《佳木斯大社會科學學報》2017 年第 5 期。

121. 陸建紅、楊華：《現代法治條件下「親親相隱」制度之構建：從歷史、比較研究和現實思考出發》，《法律適用》2017 年第 3 期。

122. 羅祥：《申明亭普法所蘊藏思想的現代啟示》，《山西警察學院學報》2017 年第 4 期。

123. 潘劍鋒：《論舜孝道思想對中國老年人權益保護法的影響》，《湖南社會科學》2017 年第 6 期。

124. 彭衛民、原欣：《先秦儒學責任政治的現代法治意涵》，《理論導刊》2017 年第 10 期。

125. 孫偉：《法治中國建設與「德法合治」的思想淵源》，《重慶社會科學》2017 年第 12 期。

126. 孫迎春：《中國古代法律智慧的當代價值》，《人民論壇》2017 年第 2 期。

127. 童雲峰：《法家思想對當下全面推進依法治國的現實意義》，《黑龍江省政法管理幹部學院學報》2017 年第 6 期。

128. 王佳、李懷勝：《中國古代清官符號的多重意象及其當代鏡鑒》，載朱勇主編：《中華法系》（第十卷），法律出版社，2017 年版。

129. 王捷：《秦監察官「執法」的歷史啟示》，《環球法律評論》2017 年第 2 期。

130. 王利、王一卒：《論傳統情理法觀念在我國現代法治社會中的適用》，《南昌師範學院學報》2017 年第 3 期。

131. 吳超、蘇國紅：《法家的法令觀及其對當代法治建設的價值》，《昭通學院學報》2017 年第 2 期。

132. 謝紅星：《古代法家「刻薄寡恩」的底蘊及國家治理意義》，《求索》2017 年第 3 期。

133. 謝建寧：《蔡元培民主政治思想及對我國法治建設的指導意義》，《淮北職業技術學院學報》2017 年第 5 期。

134. 薛德樞、宋偉：《簡析存留養親制度及其當代借鑒意義》，《中國石油大學勝利學院學報》2017 年第 3 期。

135. 薛張敏敏：《衡平法「良心」司法傳統的過去、現在與未來——一種基於近、現代衡平司法風格的觀察》，《河北法學》2017 年第 8 期。

136. 楊銳：《特權與懲罰：中國古代官當制度的反思》，《牡丹江大學學報》2017 年第 1 期。

137. 張晉藩：《中國古代監察思想、制度與法律論綱——歷史經驗的總結》，《環球法律評論》2017 年第 2 期。

138. 張煒達、張騰：《延安時期黨內法規制度建設及其歷史經驗》，《西北大學學報》2017 年第 5 期。

139. 張昕：《從法理學的視角論荀子禮法思想的現代價值》，《華北水利水電大學學報》2017 年第 5 期。

140. 趙樂天、王夏：《中國古代息訟文化的時代借鑒意義探析》，《保定學院學報》2017 年第 3 期。

141. 趙滿海：《20 世紀禮學研究範式之嬗變及其對當代社會治理的啟示》，載沈巋、彭林、丁鼎主編：《傳統禮治與當代軟法》，北京大學出版社，2017 年版。

142. 趙曉耕：《中國傳統御史監察制度的經驗教訓》，《環球法律評論》2017 年第 2 期。

143. 鄭智航、王嘉祿：《「天下為公」與「共和主義」的暗合與分殊》，《河北法學》2017 年第 9 期。

144. 周向陽：《論中國傳統法律文化的現代應用：從民法典的編纂談起》，《湖州師範學院學報》2017 年第 7 期。

145. 岑樹海：《傳統中國朝議、諫諍和巡視三種監察機制探究及其現代啟示——基於內向分權與外向分權的解析》，《江蘇社會科學》2018 年第 1 期。

146. 高利紅、李培培：《中國古代流域生態治理法律制度及其現代啟示》，《吉首大學學報》2018 年第 6 期。

147. 何勤華、王靜：《中國古代孝文化的法律支撐及當代傳承》，《華東政法大學學報》2018 年第 6 期。

148. 姜保忠：《釋冤法律思想及其對現代司法的啟示——以〈折獄高抬貴手〉為中心》，《河南社會科學》2018 年第 2 期。

149. 蔣楠楠：《傳統法典中的法理及其現代價值——以〈唐律疏議〉為研究中心》，《法制與社會發展》2018 年第 5 期。

150. 黎瑞、蔣建湘：《論中國古代的公眾參與反腐及當代啟示》，《湘江論壇》2018 年第 4 期。

151. 李德嘉：《傳統情理司法的邏輯起點及其現代性》，《學習與實踐》2018 年第 6 期。

152. 李青：《中國古代司法監察的現代意義》，《政法論壇》2018 年第 4 期。

153. 李擁軍、戴巍巍：《中國傳統司法功能的價值意蘊與現代啟示》，《吉首大學學報》2018 年第 6 期。

154. 錢大軍：《中國傳統社會的法家傳統及其價值》，《河南大學學報》2018 年第 3 期。

155. 王灝：《中國法律文獻翻譯輸出之軌跡及其啟示》，《政治與法律》2018 年第 11 期。

156. 魏治勳、劉一澤：《從先秦法家到近代新法家：國家主義及其當代價值》，《吉首大學學報》2018 年第 6 期。

157. 魏治勳、宋洋：《先秦法家社會控制論及其現代批判》，《山東大學學報》2018 年第 1 期。

158. 魏治勳：《陳啟天「新國家主義」法治思想及其當代價值》，《河南大學學報》2018 年第 3 期。

159. 張晉藩：《中國傳統法文化的歷史地位與史鑒價值》，《法學雜誌》2018 年第 1 期。

160. 張小姣、呂世倫：《包拯廉政思想要義及其當代傳承》，《北京行政學院學報》2018 年第 3 期。

161. 艾永明：《泛監察主義：中國古代監察職能的基本特點——兼議對當代監察體制改革的啟示》，《江蘇社會科學》2019 年第 1 期。

162. 曹京徽：《中國古代治國法制經驗及其史鑒價值》，《學術前沿》2019 年第 12 期。

163. 陳曉楓、周鵬：《高利貸治理之史鑒》，《法學評論》2019 年第 4 期。

164. 賈金易、張澍軍：《中國古代儒家、道家、法家官德建設思想及其當代價值》，《思想教育研究》2019 年第 10 期。

165. 李超：《我國古代監察制度及其歷史借鑒》，《廣西社會科學》2019 年第 1 期。

166. 李德嘉：《法治與人倫：傳統儒家法秩序的現代價值》，《人民論壇》2019 年第 18 期。

167. 李鳳鳴：《依法治國語境下傳統中國德治思想的價值轉換》，《法學》2019 年第 1 期。

168. 李平：《中國歷史中的殺人償命觀演繹及其現代啟示》，載里贊主編：《法

律史評論》（2019 年第 2 卷），社會科學文獻出版社，2019 年版。

169. 李勤通：《中國法律中罪觀念的變遷及其對當代刑法實踐的影響》，《法制與社會發展》2019 年第 3 期。

170. 龍大軒：《守正出新：新時代「德法合治」思想的歷史淵源與現實意義》，《華東政法大學學報》2019 年第 1 期。

171. 龍大軒：《新時代「德法合治」方略的哲理思考》，《中國法學》2019 年第 1 期。

172. 龍慶蘭：《傳統禮法制度的現代法理學啟示》，《北京聯合大學學報》2019 年第 4 期。

173. 路強：《從「誠信」走向「契約」——法家「信德」中的契約精神及其現代啟示》，《社會科學》2019 年第 3 期。

174. 武航宇：《中國古代借貸契約中的義利觀及其當代鏡鑒》，《江漢論壇》2019 年第 12 期。

175. 游志強：《「無訟」思想對中國古代法制的影響與當代啟示》，《華僑大學學報》2019 年第 4 期。

176. 張璐：《法治文化與法律文化的內生與傳承》，《人民論壇》2019 年第 31 期。

177. 張中秋：《中國傳統法理學的精髓及其當代意義》，《法律科學》2019 年第 1 期。

178. 張仲旺、阮興；《中國古代監察制度的特點及現代意義》，《青海民族大學學報》2019 年第 4 期。

179. 趙曉耕：《70 年法治變遷：為法治現代化提供歷史依據和借鑒》，《人民論壇》2019 年第 31 期。

180. 趙延安、張蚌蚌：《我國封建社會土地法律制度演替及當代啟示》，《西北農林科技大學學報》2019 年第 5 期。

181. 周名峰：《中國古代核心價值觀融入法典的經驗及當代啟示》，《暨南學報》2019 年第 6 期。

182. 常冰霞、艾永明：《中國古代監察權的監督與制約及當代啟示》，《華僑大學學報（哲學社會科學版）》2020 年第 1 期。

183. 葛楓：《「天人合一」思想在生態文明法治建設中的意義》，《中國政法大學學報》2020 年第 4 期。

184. 黃春燕：《中國古代「刑罰得中」原則的考證與現代意蘊》，《政法論叢》2020 年第 6 期。

185. 卡哈爾·吐爾迪、閆曉君：《論〈福樂智慧〉治國理政法律思想體系及對當代的啟示》，《民間法》2019 年第 1 期。

186. 李晶：《傳統文化向現代法治的創造性轉化——基於道歉入法的比較分析》，載盧建平主編：《北師大法律評論》（2020 年第 1 輯），社會科學文獻出版社，2020 年版。

187. 宋玲：《中國傳統法的民族精神與現代轉化》，《中共中央黨校（國家行政學院）學報》2020 年第 6 期。

188. 唐旭：《論〈尚書〉「三德」思想在古代法制實踐中的運用及當代啟示》，《社會科學研究》2020 年第 6 期。

189. 武樹臣、武建敏：《中國傳統治理模式及其現代轉化》，《山東大學學報（哲學社會科學版）》2020 年第 5 期。

190. 謝蔚：《中國匿產制度的歷史演進及其當代價值》，《湖南大學學報（社會科學版）》2020 年第 2 期。

191. 于語和、邢銳銳：《禮俗及其在當今農村中的表現及功用》，《原生態民族文化學刊》2020 年第 1 期。

192. 張傑：《中國傳統情理法的法理重識與現代轉化——以〈駁案新編〉為切入點》，《北方法學》2020 年第 4 期。

193. 章光園：《傳統社會中的健訟規制及其當代啟示》，《法律適用》2020 年第 8 期。

194. 鄭好：《我國傳統法律對生態文明的探索及其現代啟示》，《行政管理改革》2020 年第 4 期。

五、中國法律史研究綜述

1. （日）工藤元男編：《日本的秦簡研究現狀》，載武漢大學簡帛研究中心主辦：《簡帛》第 6 輯，上海古籍出版社，2011 年版。

2. 崔璨：《與外國法制史學科同行——「新中國外國法制史學科發展 60 年研討會暨林榕年教授從教 60 年慶典」綜述》，《華東政法大學學報》2011 年第 4 期。

3. 王捷：《法律史的再認識——「出土文獻與法律史研究」學術研討會綜

述》,《華東政法大學學報》2011 年第 4 期。

4. 翟旭丹、汪強:《第五屆全國法律文化博士論壇學術綜述》,《華東政法大學學報》2011 年第 6 期。

5. 秋芝、夏汛:《「傳統文化與中國法治」研討會綜述》,《中國政法大學學報》2012 年第 4 期。

6. 蘇欽、王略:《北京市法學會中國法律文化研究會 2011 年年會綜述》,載達力札步主編:《中國邊疆民族研究》第 6 輯,中央民族大學出版社,2012 年版。

7. 王立民:《中國租界法制研究的檢視與思考——以近 30 餘年來的研究為中心》,《當代法學》2012 年第 4 期。

8. 徐世虹、支強:《秦漢法律研究百年(三)——1970 年代中期至今:研究的繁榮期》,載徐世虹主編:《中國古代法律文獻研究》(第六輯),社科文獻出版社,2012 年版。

9. 徐世虹:《秦漢法律研究百年(二)——1920 至 1970 年代中期:律令體系研究的發展時期》,載徐世虹主編:《中國古代法律文獻研究》(第六輯),社科文獻出版社,2012 年版。

10. 徐世虹:《秦漢法律研究百年(一)——以輯佚考證為特徵的清末民國時期的漢律研究》,載徐世虹主編:《中國古代法律文獻研究》(第五輯),社科文獻出版社,2012 年版。

11. 張小也、張蓓蓓:《「多元的法律史文獻:研究與整合」學術研討會紀要》,載徐世虹主編:《中國古代法律文獻研究》(第五輯),社科文獻出版社,2012 年版。

12. 支強:《「東亞的簡牘與社會——東亞簡牘學探討」學術研討會紀要》,載徐世虹主編:《中國古代法律文獻研究》(第五輯),社科文獻出版社,2012 年版。

13. 《中外法學》編輯部:《中國法律史學科發展評價(2010～2011)基於期刊論文的分析》,《中外法學》2013 年第 2 期。

14. 鄧慶平:《「近代法律與社會轉型」學術研討會綜述》,《中國政法大學學報》2013 年第 6 期。

15. 段銳:《中國近代警政史研究綜述》,載張憲文主編:《民國研究》第 23 輯,社科文獻出版社,2013 年版。

16. 歐陽白果、蔣先進：《孫中山與中國法治——兩岸四地第三屆孫中山法治思想研討會綜述》，《華中科技大學學報》2013 年第 2 期。

17. 楊梅、史彤彪：《危機意識下的「學科突圍」——2012 年中國法律思想史年會分析》，《政法論叢》2013 年第 2 期。

18. 朱力宇、彭君：《彭真與新中國的民主法制建設——關於彭真民主法制思想研究的綜述》，《政法論叢》2013 年第 1 期。

19. 王立民：《中國唐律研究三十年》，《法學研究》2014 年第 5 期。

20. （日）水間大輔：《21 世紀日本秦漢律令研究的動態》，載朱勇主編：《中華法系》（第六卷），法律出版社，2015 年版。

21. 《中外法學》編輯部：《中國法理法史學發展評價（2012～2013）基於期刊論文的分析》，《中外法學》2015 年第 2 期。

22. 程莎：《利用司法檔案進行法史研究的新進展——「第二屆地方檔案與文獻研究學術研討會」會議綜述》，載里贊主編：《法律史評論（第 7 卷）》，法律出版社，2015 年版。

23. 黃海：《第四屆「出土文獻與法律史研究」學術研討會紀要》，載王沛主編：《出土文獻與法律史研究（第四輯）》，上海人民出版社，2015 年版。

24. 李超：《民初憲法顧問有賀長雄研究綜述》，《學術探索》2015 年第 10 期。

25. 歐陽白果、蔣先進：《孫中山法治思想與法治中國建設——兩岸四地第四屆孫中山法治思想研討會述評》，《華中科技大學學報》2015 年第 4 期。

26. 張晉藩：《新路總是踩出來的——在第五屆張晉藩法律史學基金會徵文大賽頒獎活動上的講話》，載朱勇主編：《中華法系》（第六卷），法律出版社，2015 年版。

27. 關丹丹：《21 世紀魏晉南北朝法律史研究新發展》，《中國史研究動態》2016 年第 3 期。

28. 侯慶斌：《問題意識、史料拓展與研究路徑——關於上海法租界會審公廨（1869～1931）研究的回顧與檢討》，載吳玉章、高旭晨主編：《中國法律史研究》（2016 年卷），社會科學文獻出版社，2016 年版。

29. 侯欣一：《學科定位、史料和議題——中國大陸法律史研究現狀之反思》，《江蘇社會科學》2016 年第 2 期。

30. 劉力、喬志鑫、向陽：《第五屆「出土文獻與法律史研究」學術研討會紀

要》，載王沛主編：《出土文獻與法律史研究》（第五輯），法律出版社，2016 年版。

31. 劉順峰：《史料、技術與範式：邁向科學的中國法律史研究》，《江蘇社會科學》2016 年第 2 期。

32. 適舟：《中華傳統法制的多學科研究》，《華東政法大學學報》2016 年第 4 期。

33. 孫效武、楊蕤：《近二十年來〈天盛律令〉研究綜述》，《西夏研究》2016 年第 4 期。

34. 王立民：《中國法制史學史三十五年》，《浙江學刊》2016 年第 4 期。

35. 閆強樂、王斌通：《慎齋凝思：趙舒翹研究綜述》，《甘肅廣播電視大學學報》2016 年第 4 期。

36. 閆強樂：《圖書目錄古代法律文獻述評》，《法律文獻信息與研究》2016 年第 1 期。

37. 張明新：《中國優秀傳統法文化與國家治理學術研討會綜述》，載朱勇主編：《中華法系》（第七卷），法律出版社，2016 年版。

38. 趙晶：《讜論中古法制史研究中的「歷史書寫」取徑》，《中國史研究動態》2016 年第 4 期。

39. 趙青：《日本法政大學法政速成科學員輯譯法政書目整理（1905～1911年）》，載陳景良、鄭祝君主編：《中西法律傳統（第 12 卷）》，中國政法大學出版社，2016 年版。

40. 周東平：《問題的多面性及其對策——中國法律史學困境的知識運行解讀》，《江蘇社會科學》2016 年第 2 期。

41. 陳佳臻：《元代法制史研究綜述》，中國社會科學院歷史所魏晉南北朝隋唐史研究主編：《隋唐遼宋金元史論叢》（第 9 輯），上海古籍出版社，2018 年版。

42. 顧成瑞：《「敦煌吐魯番法制文獻與唐代律令秩序」國際學術研討會綜述》，《中國史研究動態》2018 年第 5 期。

43. （加）郭躍斌、（日）吉永匡史、（韓）金珍：《2018 年度國外中國法律史研究論著目錄》，載中國政法大學法律古籍整理研究所編：《中國古代法律文獻研究》（第十三輯），社會科學文獻出版社，2019 年版。

44. 白京蘭：《清代新疆法制研究評述》，《西域研究》2019 年第 4 期。

45. 管笑雪、劉佳芸、袁也：《2017 年法律史研究回顧》，載華東政法大學法律史研究中心編：《法律史研究》第 6 輯，法律出版社，2019 年版。

46. 國外法史學者編著：《2017 年度國外中國法律史研究論著目錄》，載中國政法大學法律古籍整理研究所編：《中國古代法律文獻研究》（第十二輯），社會科學文獻出版社，2019 年版。

47. 劉任：《第 22 期中華法系案例大講壇綜述——「中華法系案例與中華傳統法律文化」專題研討會議綜述》，《法律適用》2019 年第 22 期。

48. 劉欣寧：《2018 年度臺灣地區中國法律史研究論著目錄》，載中國政法大學法律古籍整理研究所編：《中國古代法律文獻研究》（第十三輯），社會科學文獻出版社，2019 年版。

49. 劉欣寧編著：《2017 年度臺灣地區中國法律史研究論著目錄》，載中國政法大學法律古籍整理研究所編：《中國古代法律文獻研究》（第十二輯），社會科學文獻出版社，2019 年版。

50. 王斌通：《張晉藩先生與中國法制史學發展的四十年》，《中國政法大學學報》2019 年第 2 期。

51. 王立民：《中國法制史研究 70 年若干重要問題》，《南京社會科學》2019 年第 9 期。

52. 袁也：《〈法經〉偽史始末考》，載華東政法大學法律史研究中心編：《法律史研究》第 6 輯，法律出版社，2019 年版。

53. 張生：《新中國法律史學研究 70 年：傳統法律的傳承與發展》，《四川大學學報》2019 年第 5 期。

54. 趙晶：《論東川德治的東洋法制史研究》，載中國政法大學法律古籍整理研究所編：《中國古代法律文獻研究》（第十二輯），社會科學文獻出版社，2019 年版。

55. 周思成：《20 世紀初以來元代法制「棄律用例」現象研究評析》，《北方民族大學學報》2019 年第 2 期。

56. 朱雲峰：《中國偽滿洲國法制史研究管窺》，載華東政法大學法律史研究中心編：《法律史研究》第 6 輯，法律出版社，2019 年版。

57. 崔李酉子：《「多元視域下的近世法律與中國社會」學術研討會綜述》，載鄧慶平主編：《多元視域下的近世法律與中國社會》，中國政法大學出版社，2020 年版。

58. 管笑雪、劉佳芸、袁也：《2017 年法律史研究回顧》，載陳靈海主編：《法律史研究》（第 6 輯），法律出版社，2020 年版。

59. 劉毅：《斷裂與變革：共和國初年的法學譯著研究（1949～1965 年）》，載陳靈海主編：《法律史研究》（第 6 輯），法律出版社，2020 年版。

60. 王立民：《中國唐律研究 70 年的三個重要問題》，《浙江學刊》2020 年第 3 期。

61. 王新蕾：《出土戰國秦漢法律文獻新研——第九屆「出土文獻與法律史研究」國際學術研討會會議紀要》，載王捷主編：《出土文獻與法律史研究》（第九輯），法律出版社，2020 年版。

62. 楊練：《近 40 年來明代基層社會與法律治理研究綜述》，載朱勇主編：《中華法系》（第十三卷），法律出版社，2020 年版。

63. 周博：《商代法制史研究綜述》，載王捷主編：《出土文獻與法律史研究》（第九輯），法律出版社，2020 年版。

64. 朱群傑：《金文、簡牘所見早期中國社會與法律——第八屆「出土文獻與法律史研究」學術研討會會議紀要》，載王捷主編：《出土文獻與法律史研究》（第八輯），法律出版社，2020 年版。

65. 朱雲峰：《中國偽滿洲國法制史研究管窺》，載陳靈海主編：《法律史研究》（第 6 輯），法律出版社，2020 年版。

第二章　中國古代法律史

一、法律通史

1. （日）中島樂章：《宋代至清代同族共有資產的法律性保護》，載常建華主編：《中國社會歷史評論》第 12 卷，天津古籍出版社，2011 年版。

2. 柴英：《論中國古代離婚的法律效力》，《史學集刊》2011 年第 3 期。

3. 陳會林：《人情：傳統司法適用民間法的進路——基於涉及「招夫養子」習俗之訴訟中批詞與判詞的考察》，《北方法學》2011 年第 2 期。

4. 陳新宇：《比附與類推之辨——從「比引律條」出發》，《政法論壇》2011 年第 2 期。

5. 陳銀珠：《中國肉刑的廢除過程對死刑廢除的啟示》，《重慶大學學報》2011 年第 5 期。

6. 崔永東：《對中國傳統司法觀的理性分析》，《現代法學 2011 年第 2 期。

7. 崔永東：《竹簡秦漢律與唐律所見司法制度的嬗變》，《暨南學報》2011 年第 6 期。

8. 范依疇：《中國古代的「和離」不是完全自由的兩願離婚》，《政法論壇》2011 年第 1 期。

9. 范忠信：《國家理念與中國傳統政法模式的精神》，《法學評論》2011 年第 1 期，第 145～155 頁。

10. 范忠信：《興學養士與古代中國「官本位」教育法制——以官學為對象的初步考察》，《暨南學報》2011 年第 6 期。

11. 付子堂、胡仁智：《傳統中國的社會衝突法律調處機制探微》，《社會科

學戰線》2011 年第 5 期。

12. 高軍東：《論我國古代憲法的存在形態》，《河南師範大學學報》2011 年第 2 期。

13. 和諧司法中的本土資源借力與轉化——以中國傳統司法話語「情理」的現代再植為核心》，《福建論壇》2011 年第 9 期。

14. 胡興東：《比、類和比類——中國古代司法思維形式研究》，《北方法學》2011 年第 6 期。

15. 胡之芳：《我國古代刑事救濟程序考評》，《法學雜誌》2011 年第 10 期，第 86～89 頁。

16. 黃東海、鍾誠：《中國傳統禁榷法律制度初論——以財政導向為視角》，《學術論壇》2011 年第 3 期。

17. 黃福玲：《論我國環境訴訟的司法保障——以傳統民事訴訟制度為視角》，《廣西社會科學》2011 年第 10 期。

18. 黃燁：《人文精神視野下的中國刑法傳統考察》，《河南師範大學學報》2011 年第 2 期。

19. 李貴連：《從貴族法治到帝制法治傳統中國法治論綱》，《中外法學》2011 年第 3 期。

20. 呂麗：《中國傳統法律體系的獨特性探析》，《社會科學戰線》2011 年第 9 期。

21. 沈瑋瑋、趙曉耕：《論古代中國免官復敘法的實踐與經驗》，《浙江社會科學》2011 年第 10 期。

22. 王龍飛、劉志：《試析同態復仇》，《政治與法律》2011 年第 10 期。

23. 魏勝強：《中國法律解釋權主體的歷史演變》，《政法論叢》2011 年第 3 期。

24. 徐亞文、鄧達奇：《「政法」：中國現代法律傳統的隱性維度》，《河北大學學報》2011 年第 5 期。

25. 許光縣：《中國古代法律傳播模式研究——以國家傳播為中心的考察》，《政法論壇》2011 年第 4 期。

26. 岳純之：《中國古代農忙止訟制度的形成時間試探》，《南開學報》2011 年第 1 期。

27. 張晉藩：《論治法與治人——中國古代的治國方略》，《法律科學》（西北

政法大學學報）2011 年第 4 期。

28. 張晉藩：《中國古代廉政法制建設及其啟示》，《法商研究》2011 年第 4 期。

29. 張晉藩：《中國古代綜合治國的歷史探析》，《行政法學研究》2011 年第 2 期。

30. 張先昌、劉新媛：《中國傳統法中老齡犯罪寬宥的考察》，《法學》2011 年第 11 期。

31. 趙世超：《中國古代引禮入法的得與失》，《陝西師範大學學報》2011 年第 1 期。

32. 鄭牧民、胡旭晟：《論中國傳統證據文化的演進軌跡》，《求索》2011 年第 1 期。

33. 祖偉、蔣景坤：《中國古代「據狀斷之」證據規則論析》，《法制與社會發展》2011 年第 4 期。

34. （日）夫馬進著、范愉譯：《中國訴訟社會史概論》，載徐世虹主編：《中國古代法律文獻研究》（第六輯），社科文獻出版社，2012 年版。

35. 艾永明：《官當新論──回歸法律史解釋的考察》，《比較法研究》2012 年第 6 期。

36. 竇竹君：《傳統中國的多元共治與倫理法制──兼論重塑多元共治》，《河北法學》2012 年第 1 期。

37. 方瀟：《中國古代的代親受刑現象探析》，《法學研究》2012 年第 1 期。

38. 黃春燕：《論中國傳統法比附援引與緣法定罪之間的張力》，《山東社會科學》2012 年第 7 期。

39. 黃瑞敏：《反思中國古代重刑主義》，《學術研究》2012 年第 10 期。

40. 黃瑞亭、周安居：《我國仵作職業研究（1）》，《中國法醫學雜誌》2012 年第 5 期。

41. 黃瑞亭、周安居：《我國仵作職業研究（2）》，《中國法醫學雜誌》2012 年第 6 期。

42. 姜小川：《中國古今刑訊比較研究》，《法學雜誌》2012 年第 12 期。

43. 李鼎楚：《論古代中國法律中「性腐敗」的罪與罰》，《求索》2012 年第 3 期。

44. 劉篤才：《律令法體系向律例法體系的轉換》，《法學研究》2012 年第 6 期。

45. 劉篤才：《中國古代地方法制的功能結構與發展》，《北方法學》2012 年第 1 期。

46. 劉廣安：《令在中國古代的作用》，《中外法學》2012 年第 2 期。

47. 劉仁文、謝青松：《論我國古代死刑制度中的人道精神》，《法商研究》2012 年第 6 期。

48. 劉曉：《劓刑小考》，載徐世虹主編：《中國古代法律文獻研究》（第六輯），社科文獻出版社，2012 年版。

49. 羅海山：《傳統典制中的無期限回贖權初論》，《求索》2012 年第 2 期。

50. 駱群：《中國古代同案不同罰現象研究》，《廣西社會科學》2012 年第 5 期。

51. 呂麗：《中國傳統慎刑觀對「制刑之義」的闡釋》，《法制與社會發展》2012 年第 6 期。

52. 馬小紅：《中國古代的「權力」理念——兼論中國古代社會的政體與法律》，《法學雜誌》2012 年第 2 期。

53. 潘懷平：《鄉土法官司法傳統的傳承與發展》，《中共中央黨校學報》2012 年第 6 期。

54. 孫向陽：《試析古代盜罪的「取非其有」及其現代啟示》，《法學雜誌》2012 年第 12 期。

55. 孫向陽：《中國古代盜罪犯罪對象研究》，《求索》2012 年第 12 期。

56. 萬川：《中國古代刑法禁約制度的歷史考察》，《法學雜誌》2012 年第 2 期。

57. 汪世榮：《中國古代的民事訴訟習慣》，《法律科學》（西北政法大學學報）2012 年第 4 期。

58. 王瑞：《民商法在中國古代法中的地位和發展歷程》，《河北法學》2012 年第 6 期。

59. 肖洪泳：《中國古代死刑觀的人性基礎》，《法學家》2012 年第 6 期。

60. 易江波：《中國傳統法律價值範疇「信」的原初內涵》，《華中科技大學學報》2012 年第 6 期。

61. 俞榮根、魏順光：《中國傳統「調處」的非訴訟經驗》，《中國政法大學學報》2012 年第 1 期。

62. 原美林：《論中國傳統家族司法主體的權力——以國家法律對家族長權

力的確認為視角》,《法學雜誌》2012 年第 2 期。

63. 原美林：《論中國古代司法二元性》,《求索》2012 年第 1 期。

64. 張晉藩：《綜論中國古代司法瀆職問題》,《現代法學》2012 年第 1 期。

65. 張全仁、張鷗：《中國古代自由刑的表現形式和歷史沿革》,《中國刑事法雜誌》2012 年第 11 期。

66. 張中秋：《傳統中國的法秩序及其構成原理與意義》,《中國法學》2012 年第 3 期。

67. 祖偉：《中國古代「出簿籍相質證」民事證據規則論析》,《社會科學輯刊》2012 年第 3 期。

68. 祖偉：《中國古代「據眾證定罪」證據規則論》,《當代法學》2012 年第 1 期。

69. 陳寒非：《「律」義探源》,《現代法學》2013 年第 3 期。

70. 陳靈海：《中國古代獬豸神判的觀念構造（上）》,《學術月刊》2013 年第 4 期。

71. 陳靈海：《中國古代獬豸神判的觀念構造（下）》,《學術月刊》2013 年第 5 期。

72. 程維榮：《中國古代婦女財產繼承權要論》,《政治與法律》2013 年第 9 期。

73. 崔蘭琴：《中國古代婚變中的婦女保障及其司法特點》,《政法論壇》2013 年第 6 期。

74. 杜文忠：《論中國古代法律的「法俗」特質》,《中國人民大學學報》2013 年第 2 期。

75. 范忠信：《傳統中國法秩序下的人民權益救濟方式及其基本特徵》,《暨南學報》2013 年第 8 期。

76. 付微明：《習慣法精神及其對中國傳統鄉村治理的作用和影響》,《暨南學報》2013 年第 8 期。

77. 高旭軍：《也論韋伯有關中國古代法律的論斷》,《同濟大學學報》2013 年第 6 期。

78. 姬亞平：《中國古代行政訴訟初探》,《陝西師範大學學報》2013 年第 1 期。

79. 蔣鐵初：《無訟是求：中國古代證據立法與實踐的價值分析》,《湖北大學學報》2013 年第 3 期。

80. 蔣鐵初：《中國古代審判中的獄貴初情》，《法學研究》2013 年第 5 期。

81. 劉冰、王英芳：《中國古代締結婚姻關係中程序和限制條件的演進》，《河北法學》2013 年第 12 期。

82. 劉惠君：《中國司法傳統的形成及其影響》，《蘭州學刊》2013 年第 11 期。

83. 劉建倉：《中國傳統社會的訴訟外解紛機制》，《齊魯學刊》2013 年第 1 期。

84. 祁志祥：《國學中的「法治」論》，《中國政法大學學報》2013 年第 5 期。

85. 屈永華：《從儒家孝道的法律化看法律維護道德的限度》，《法商研究》2013 年第 5 期。

86. 汪玉凱、胡慶平、翟羽佳：《中國古代官邸制度考察》，《中共中央黨校學報》2013 年第 6 期。

87. 王曉東：《論我國歷史上對性交易的法律管制》，《政法論叢》2013 年第 6 期。

88. 王曉天、李江發：《中國古代司法監察的發展沿革與成因探討》，《湖南社會科學》2013 年第 1 期。

89. 王子今：《中國古代交通法規的「賤避貴」原則》，載徐世虹主編：《中國古代法律文獻研究》（第七輯），社科文獻出版社，2013 年版。

90. 魏勝強：《論法律解釋權配置的歷史演變》，《政法論叢》2013 年第 3 期。

91. 謝紅星：《刑如何不上大夫——傳統中國官員犯罪量刑的特權與實踐》，《理論月刊》2013 年第 6 期。

92. 徐之和：《借鑒與反思：評析刑事和解制度在我國古代社會中的運作》，載《清華法律評論委員會編》：《清華法律評論》第 6 卷第 2 輯，清華大學出版社，2013 年版。

93. 楊興培：《中國古代判詞的法學與文學價值》，《北方法學》2013 年第 2 期。

94. 楊宗科：《中國古代社會管理的基本經驗》，《政法論叢》2013 年第 4 期。

95. 張德美：《古代鄉官的嬗變》，《政法論壇》2013 年第 1 期。

96. 朱振輝、丁國峰：《從古代錄囚制度看刑事法律糾錯程序的建立》，《求索》2013 年第 3 期。

97. Itaru Tomiya: The conception of fornication——from the Han code to The

Tang Code（附）（日）冨谷至著、趙晶譯：《姦罪的觀念——從漢律到唐律》，載徐世虹主編：《中國古代法律文獻研究》（第八輯），北社科文獻出版社，2014 年版。

98. 柴榮：《中西歷史情境中「民法」之共同核心研究——以功能性比較為路徑》，《法學家》2014 年第 2 期。

99. 陳頎：《司法冤案與儒家禮法：以〈竇娥冤〉為例》，《中外法學》2014 年第 5 期。

100. 陳新宇：《帝制中國的法源與適用論綱：以比（附）為中心的展開》，《中外法學》2014 年第 3 期。

101. 范忠信：《律令關係、禮刑關係與律令制法律體系演進——中華法系特徵的法律淵源角度考察》，《法律科學》（西北政法大學學報）2014 年第 4 期。

102. 胡興東：《中國古代法律形式結構研究》，《北方法學》2014 年第 3 期。

103. 黃瑞亭、陳新山：《中國法醫學史》，《中國法醫學雜誌》2014 年第 4 期。

104. 蔣鐵初：《中國古代刑訊的目的與代價分析》，《法制與社會發展》2014 年第 3 期。

105. 傑羅姆·布爾貢、李濱：《中國古代廢除死刑論的得與失》，《環球法律評論》2014 年第 6 期。

106. 李冠儒：《政法傳統與新中國「政法場域」的解讀》，《社會科學戰線》2014 年第 6 期。

107. 李俊強：《從佛教史的角度看髡刑的廢除》，《湘潭大學學報》2014 年第 2 期。

108. 李擁軍：《「親親相隱」與「大義滅親」的博弈：親屬豁免權的中國面相》，《中國法學》2014 年第 6 期。

109. 劉軍平：《論中國傳統情理審判中的調處和息》，《湘潭大學學報》2014 年第 6 期。

110. 駱群：《中國傳統司法中的犯罪被害人》，《河北法學》2014 年第 8 期。

111. 馬小紅：《中華法系中「禮」「律」關係之辨正——質疑中國法律史研究中的某些「定論」》，《法學研究》2014 年第 1 期。

112. 邵方：《中國古代一統與自治相結合的民族秩序淺析》，《政法論壇》2014 年第 3 期。

113. 孫旭：《也談中國古代的請託罪法》，《河北學刊》2014 年第 1 期。

114. 陶安：《中國傳統法「共犯」概念的幾則思考》，《華東政法大學學報》2014 年第 2 期。

115. 王松苗：《法治文明的歷史進路與時代啟示》，《中國政法大學學報》2014 年第 6 期。

116. 武樹臣：《「仁」與「共和」傳統——貴族法文化的歷史命運》，《法學雜誌》2014 年第 9 期。

117. 武樹臣：《法律傳統與法治智慧》，《河北法學》2014 年第 5 期。

118. 謝舒暉：《從「道不拾遺」到「道可拾遺」看中國古代私權的發展》，《法學》2014 年第 10 期。

119. 尹成波：《傳統社會家庭成員戶籍與財產法律變遷——從「分異令」到「別籍異財法」的歷史考察》，《河南師範大學學報》2014 年第 3 期。

120. 原美林：《中國古代家族司法傳喚程序研究》，《求索》2014 年第 10 期。

121. 原美林：《中國古代家族司法糾告程序研究》，《湘潭大學學報》2014 年第 5 期。

122. 張晉藩：《中國古代司法文明與當代意義》，《法制與社會發展》2014 年第 2 期。

123. 張生：《中國古代權威秩序中的法統——一個結構與功能的分析》，《中國政法大學學報》2014 年第 1 期。

124. 朱紅林：《睡虎地秦簡和張家山漢簡〈效律〉研究——簡牘所見戰國秦漢時期的經濟法規研究之二》，《社會科學戰線》2014 年第 3 期。

125. （日）釜谷武志：《先秦至六朝時期的罪與罰》，《復旦學報》2015 年第 1 期。

126. 才聖、杜宴林：《地方法治：中國傳統「封建」政治思路的現代表達》，《東北師大學報》2015 年第 5 期。

127. 曹剛：《法治、臉面及其他——中國人的傳統守法觀》，《江西社會科學》2015 年第 12 期。

128. 陳銳：《「例分八字」考釋》，《政法論壇》2015 年第 2 期。

129. 陳銳：《從「類」字的應用看中國古代法律及律學的發展》，《環球法律評論》2015 年第 5 期。

130. 陳小潔：《中國傳統司法判例情理表達的方式——以〈刑案匯覽〉中裁判

依據的選取為視角〉，《政法論壇》2015 年第 3 期。

131. 黃春燕：〈論中國傳統司法實踐中的比附定罪〉，《政法論叢》2015 年第 6 期。

132. 賈洛川：〈中國傳統文化與罪犯改造——以中國古代兵法為例〉，《河南社會科學》2015 年第 9 期。

133. 金鐘：〈中國古代社會疑罪處理初探〉，《江蘇社會科學》2015 年第 6 期。

134. 呂麗、高晨：〈嚴明與矜謹：〈折獄高抬貴手〉的核心審斷理念〉，《法制與社會發展》2015 年第 1 期。

135. 馬鳳春：〈論傳統中國法「比」〉，《政法論叢》2015 年第 5 期。

136. 強昌文：〈論中國倫理傳統特點及其對法律的影響〉，《政法論叢》2015 年第 6 期。

137. 宋洪兵：〈韓非子學說與中國古代監察制度理論基礎〉，《求是學刊》2015 年第 1 期。

138. 蘇力：〈憲制的軍事塑造——中國古代憲制之六〉，《法學評論》2015 年第 1 期。

139. 童旭：〈論中國歷史上的「民告官」——兼議使用「民告官」指代行政訴訟的影響〉，《中國社會科學院研究生院學報》2015 年第 6 期。

140. 王捷：〈「直訴」源流通說辨正〉，《法學研究》2015 年第 6 期。

141. 未仕金：〈中國古代減罪自首制度考論〉，載陳煜主編：《新路集——第五屆張晉藩法律史學基金會徵文大賽獲獎作品集》（第五集），中國政法大學出版社，2015 年版。

142. 徐燕斌、袁麗華：〈歷代露布考〉，《甘肅政法學院學報》2015 年第 2 期。

143. 張晉藩：〈考課——中國古代職官管理的重要制度〉，《行政法學研究》2015 年第 2 期。

144. 張晉藩：〈中國古代立法經驗鏡鑒〉，《中共中央黨校學報》2015 年第 1 期。

145. 張忠煒：〈墓葬出土律令文獻的性質及其他〉，《中國人民大學學報》2015 年第 5 期。

146. 鄭曦：〈中國古代訊問制度簡論：一部刑訊的歷史〉，《中國政法大學學報》2015 年第 2 期。

147. 周斌：《中國古代法律的倫理價值體系》，《蘭州大學學報》2015 年第 4 期。

148. 周永坤：《「出入人罪」的司法導向意義——基於漢、唐、宋、明四代的比較研究》，《法律科學》（西北政法大學學報）2015 年第 3 期。

149. （日）宮宅潔：《中國古代「罪」的概念——罪穢、淨化、分界》，載柳立言主編：《史料與法史學》，中央研究院歷史語言研究所 2016 年版。

150. 柏樺、高金：《正法與就地正法考》，《社會科學輯刊》2016 年第 3 期。

151. 柴榮：《均田限田與均稅減賦的公法價值解讀——以中國古代土地法制變革為線索》，載《人大法律評論》編輯委員會組編：《人大法律評論》第 20 輯，法律出版社，2016 年版。

152. 柴榮：《中國古代官學田中的法律問題研究》，《政法論叢》2016 年第 4 期。

153. 陳光中、朱卿：《中國古代訴訟證明問題探討》，《現代法學》2016 年第 5 期。

154. 奐平清、姬元貞：《中國古代土地資源保護法律研究：理論、規範與機制建制》，《史林》2016 年第 6 期。

155. 李峰：《中國古代國家形態的變遷和成文法律形成的社會基礎》，《華東政法大學學報》2016 年第 4 期。

156. 李峰：《中國古代國家形態的變遷和成文法律形成的社會基礎》，載王沛主編：《出土文獻與法律史研究》（第五輯），法律出版社，2016 年版。

157. 李勤通：《公私觀念下罪與非罪的界限——以古代「殺人無罪」為例》，常建華主編：《《中國社會歷史評論》第十七卷，天津古籍出版社，2016 年版。

158. 李雪梅：《古代法律規範的層級性結構——從水利碑刻看非制定法的性質》，《華東政法大學學報》2016 年第 4 期。

159. 李雪梅：《古代法律規範的層級性結構——從水利碑刻看非制定法的性質》，載王沛主編：《出土文獻與法律史研究》（第五輯），法律出版社，2016 年版。

160. 李振宏：《秦至清皇權專制社會說的法制史論證》，《古代文明》2016 年第 3 期。

161. 劉篤才：《古代法制的生成及其演進邏輯——以事制為中心》，《北方法

學》2016 年第 3 期。

162. 龍大軒、梁健：《禮刑時代：中國法律傳統肇始之基》，《華東政法大學學報》2016 年第 5 期。

163. 龍登高、溫方方、邱永志：《典田的性質與權益——基於清代與宋代的比較研究》，《歷史研究》2016 年第 5 期。

164. 呂麗：《中國傳統的慎殺理念與死刑控制》，《當代法學》2016 年第 4 期。

165. 呂麗：《中國古代慎刑觀之「用刑之道」解析》，《南京社會科學》2016 年第 6 期。

166. 呂志興：《〈春秋〉決獄與中國古代法制的真實關係》，《政法論壇》2016 年第 3 期。

167. 彭巍：《傳統中國注釋律學中的官注與私注》，載吳玉章、高旭晨主編：《中國法律史研究》（2016 年卷），社會科學文獻出版社，2016 年版。

168. 王立、朱建偉：《中國古代邪教罪名考》，載吳玉章、高旭晨主編：《中國法律史研究》（2016 年卷），社會科學文獻出版社，2016 年版。

169. 王禕茗：《歷史上的「平妻」現象及其法律問題初探》，《暨南學報》2016 年第 4 期。

170. 謝舒曄、艾永明：《中國古代對官員行政不作為的法律規制》，《江蘇社會科學》2016 年第 1 期。

171. 原美林、姚子驍：《中國古代家族司法審判程序研究》，《求索》2016 年第 6 期。

172. 張晉藩：《中國古代監察機關的權力地位與監察法》，《國家行政學院學報》2016 年第 6 期。

173. 張群：《論中國古代的保密與政治》，載吳玉章、高旭晨主編：《中國法律史研究》（2016 年卷），社會科學文獻出版社，2016 年版。

174. 張正印：《司法制度變遷的知識學動力——從子產「鑄刑書」說起》，《法學評論》2016 年第 2 期。

175. 趙天寶：《中國古代「不齒」刑考論》，《政法論壇》2016 年第 5 期。

176. 趙曉耕、時晨：《傳統司法的「以刑統罪」再議》，《黑龍江社會科學》2016 年第 5 期。

177. （美）高道蘊（Karen Turner）著、余璐、高童非譯、楊焯統譯、于明方強校：《早期中國國家概念中的戰爭、懲罰與自然法》，華東政法大學法

律史研究中心編：《法律史研究》第 5 輯（歐美學者研究中國法律史論文選譯專號），法律出版社，2017 年版。

178. （美）歐內斯特・康佩里（Ernest Caldwell）著、魏鑫譯、于明方強校：《社會變革與早期中國法律思想中的成文法》，載華東政法大學法律史研究中心編：《法律史研究》第 5 輯（歐美學者研究中國法律史論文選譯專號），法律出版社，2017 年版。

179. （英）馬若斐（Geoffrey MacCormack）著、陳曦宇、鄭欣沂譯、楊焯統譯、姚遠、方強校：《孝與唐之前的法律》，載華東政法大學法律史研究中心編：《法律史研究》第 5 輯（歐美學者研究中國法律史論文選譯專號），法律出版社，2017 年版。

180. （英）馬若斐（Geoffrey MacCormack）著、周歡、朱琳譯、陳靈海、方強校：《傳統中國法懲治強盜的研究》，載華東政法大學法律史研究中心編：《法律史研究》第 5 輯（歐美學者研究中國法律史論文選譯專號），法律出版社，2017 年版。

181. 陳煜：《中國傳統司法機構述論》，載朱勇主編：《中華法系》第九卷，中國政法大學 2017 年版。

182. 陳煜：《中國法律與司法起源重述》，載朱勇主編：《中華法系》（第十卷），法律出版社，2017 年版。

183. 單純：《論傳統牧令書中的行政倫理》，載朱勇主編：《中華法系》第九卷，中國政法大學 2017 年版。

184. 鼎主編：《傳統禮治與當代軟法》，北京大學出版社，2017 年版。

185. 高旭晨：《中國古代僧人犯罪的刑事法律處罰之原則》，《法律適用》2017 年第 12 期。

186. 郭航：《中國古代刑事寬宥政策考察：以老弱婦幼廢疾者為視角》，《法學評論》2017 年第 3 期。

187. 李勤通：《古代「殺人無罪」考論》，載陳煜主編：《新路集（第六集）——第六屆張晉藩法律史學基金會徵文大賽獲獎作品集》，中國政法大學出版社，2017 年版。

188. 梁治平：《「事律」與「民法」之間——中國「民法史」研究再思考》，《政法論壇》2017 年第 6 期。

189. 劉廣安：《中國傳統律典的協調適用原則》，載朱勇主編：《中華法系》第

九卷，中國政法大學 2017 年版。

190. 劉永加：《我國古代少年兒童權益保護與反思》，《人民法院報》2017 年 6 月 2 日。

191. 龍登高、溫方方：《論中國傳統典權交易的原價贖回機制——基於清華館藏山西契約的研究》，載清華大學中國經濟史研究中心編：《清華社會經濟史文集》，清華大學出版社，2017 年版。

192. 馬聰：《淺析中國古代共同犯罪的歷史演變》，載馬聰、王濤、曹旅寧主編：《出土文獻與法律史研究現狀學術研討會論文集》，暨南大學出版社，2017 年版。

193. 馬力路遙：《制度是如何形成的：從「陰間審判」在我國古代社會治理中的角色談起》，《天府新論》2017 年第 2 期。

194. 苗勇：《古代司法官奉法為上一瞥》，《人民檢察》2017 年第 3 期。

195. 泥吟：《淺析中國傳統法制的「三觀」》，《中國軍隊政治工作》2017 年第 2 期。

196. 倪應雄：《中國典制的歷史沿革：以土地不動產為主要對象》，《蘭臺世界》2017 年第 16 期。

197. 齊凱悅：《論中國法制史中的距離單位「里」》，《中共杭州市委黨校學報》2017 年第 3 期。

198. 齊盛：《中國刑罰制度發展演變探析》，《河南科技大學學報》2017 年第 1 期。

199. 宋鴿：《從「禁囚告舉」到「立功折罪」：傳統法制視角下的立功制度》，《成都理工大學學報》2017 年第 2 期。

200. 孫倩：《論中國古代的罪疑惟輕》，《法制與社會發展》2017 年第 2 期。

201. 唐浩程：《中國傳統婚姻制度中的「七出三不去」考》，《開封學院學報》2017 年第 1 期。

202. 汪世榮：《漢唐民事訴訟制度》，載何柏生主編：《中國傳統法律文化與法律價值》，法律出版社，2017 年版。

203. 王立民：《略論古代東方刑法的三個問題》，載何勤華主編：《外國法制史研究》（第 19 卷）》，法律出版社，2017 年版。

204. 王樹國：《中國古代監察權運行特點及得失》，《廣州市公安管理幹部學院學報》2017 年第 2 期。

205. 王熠玨：《中國古代罪刑法定之辨：從「斷罪引律令」展開》，《昆明學院學報》2017 年第 4 期。

206. 魏月霞、張紅俠：《中國傳統禮與法的關係及其啟示》，《法制與經濟》2017 年第 8 期。

207. 吳景傑：《傳統中國「拾得遺失物」行為法律規範諸問題》，（臺）《法制史研究》第三十期。

208. 武航宇：《論中國古代契約中「沽酒」條款的功用》，《法制與社會發展》2017 年第 6 期。

209. 武建敏：《法典的命運：古代法官的實踐主義》，《吉林師範大學學報》2017 年第 4 期。

210. 謝紅星：《腐敗規範化的歷史困局——傳統中國賣官現象新論》，《湖北社會科學》2017 年第 10 期。

211. 徐愛國：《巫術入罪與去罪：一個法律史視角的解讀》，《社會科學輯刊》2017 年第 1 期。

212. 徐燕斌：《周秦兩漢法律「布之於民」考論》，《法學研究》2017 年第 6 期。

213. 閆曉君：《古代保密法：漏泄罪與間諜罪》，《法學》2017 年第 2 期。

214. 閆曉君：《追求洗冤無冤的歷史審視：古代司法檢驗的再檢討》，載王捷主編：《出土文獻與法律史研究（第六輯）》，法律出版社，2017 年版。

215. 楊玉玉：《中國古代法律起源問題研究》，《法制與經濟》2017 年第 4 期。

216. 尹成波：《子孫「自置財產權」研究——以律令和判例為中心》，《學術月刊》2017 年第 7 期。

217. 禹竹蕊：《違法信息行政公告在我國的歷史演變》，《四川警察學院學報》2017 年第 1 期。

218. 袁曉淑：《論我國古代的「贖死」制度》，《淮海工學院學報》2017 年第 12 期。

219. 岳純之：《中國古代禮法關係新論——以春秋戰國至唐代為中心》，載沈歸、彭林、丁鼎主編：《傳統禮治與當代軟法》，北京大學出版社，2017 年版。

220. 張德美：《從軍功爵制到〈勳章章程〉——中國功勳獎勵制度之歷史演進》，載吳玉章主編：《中國法律史研究》（2017 年卷），社會科學文獻出

版社，2017 年版。

221. 張傑：《中國古代刑事庭審證據調查相關問題探討》，載朱勇主編：《中華法系》第九卷，中國政法大學 2017 年版。

222. 張晉藩：《中國古代監察思想、制度與法律論綱——歷史的經驗》，《環球法律評論》2017 年第 2 期。

223. 張生：《中國古代監察制度的演變：從複合性體系到單一性體系》，《行政法學研究》2017 年第 4 期。

224. 周永坤：《「出入人罪」的司法導向意義——基於漢、唐、宋、明四代的比較研究》，載何柏生主編：《中國傳統法律文化與法律價值》，法律出版社，2017 年版。

225. 朱兵強：《「欲迎還拒」：中國古代司法與民意的互動關係研究》，《武漢理工大學學報》2017 年第 1 期。

226. 祖偉：《「推鞫得情」「斷獄以情」：我國傳統司法「以情服判」的經驗與智慧》，《學習與探索》2017 年第 11 期。

227. 何勤華、王靜：《中華法系盛衰考》，《江海學刊》2018 年第 4 期。

228. 文暉：《古代「罰牲刑」源流考略》，《中央民族大學學報》2018 年第 6 期。

229. 謝紅星：《「士道」「吏道」的聚散分合——法律史視域中「官吏分途」的知識譜系與當代反思》，《江西社會科學》2018 年第 4 期。

230. 游志能：《論中國古代親屬為人殺私和罪》，《湘潭大學學報》2018 年第 2 期。

231. 原美林：《中國傳統家族司法的批判與繼承》，《湘潭大學學報》2018 年第 2 期。

232. 張晉藩：《論中國古代的德法共治》，《中國法學》2018 年第 2 期。

233. 張晉藩：《中國古代的治國之要——監察機構體系與監察法》，《中共中央黨校學報》2018 年第 5 期。

234. 張中秋、潘萍：《傳統中國的司法理念及其實踐》，《法學》2018 年第 1 期。

235. 艾永明：《古代監察官員的激勵制度》，《人民論壇》2019 年第 32 期。

236. 柏樺、趙寧芳：《中國古代的專殺權與專殺罪》，《史學集刊》2019 年第 3 期。

237. 何柏生：《從衙署楹聯看中國古代官吏的法律意識》，《法學》2019 年第

12 期。

238. 建志棟：《中國古代宗教治理的法律解讀》，《政法論壇》2019 年第 2 期。

239. 江暢：《中國傳統價值觀的人治德治禮治法治考論》，《江蘇行政學院學報》2019 年第 1 期。

240. 李啟成：《帝制中國的「權利」辨析──從「治道」角度的分析》，《清華法學》2019 年第 1 期。

241. 李勤通：《中國古代土地私有制的存否再辨──以所有權的公、私對抗性差異為主要判斷標準》，《北京社會科學》2019 年第 3 期。

242. 劉冰捷：《中國傳統法律中的「犯罪共逃」》，《蘇州大學學報（法學版）》2019 年第 2 期。

243. 馬小紅：《「格」的演變及意義》，載北京大學歷史學系、北京大學中國古代史研究中心編：《祝總斌先生九十華誕頌壽論文集》，中華書局，2019 年版。

244. 馬小紅：《法不遠人：中國古代如何尋找法的共識──中國古代「法言法語」的借鑒》，《中共中央黨校（國家行政學院）學報 2019 年第 5 期。

245. 青維富：《中國古代法律之內在精神與外在形式研究──一種法政治學分析》，《政法論壇》2019 年第 2 期。

246. 曲淑華：《中國古代法律關係中平衡因素的歷史省察》，《社會科學戰線》2019 年第 12 期。

247. 王帥一：《「無法」之訟：傳統中國國家治理體系中的田土細故》，《學術月刊》2019 年第 12 期。

248. 武航宇：《中國古代「親屬爭產」中親情倫理與所有權的共生》，《學術探索》2019 年第 10 期。

249. 楊際平：《我國古代契約史研究中的幾個問題》，《中國史研究》2019 年第 3 期。

250. 姚志偉：《傳統中國政府對待訴訟二元態度之剖析──從東周法律變革出發》，《江漢論壇》2019 年第 2 期。

251. 于麗娜：《中國傳統社會中政府對民間宗教的法律治理》，《世界宗教研究》2019 年第 5 期。

252. 原美林：《中國古代家族司法執行程序研究》，《湘潭大學學報》2019 年第 1 期。

253. 張晉藩：《論中國古代的司法鏡鑒》，《政法論壇》2019 年第 3 期。

254. 朱勇：《「官法同構」：中國古代的大國治理之路》，《學術月刊》2019 年第 11 期。

255. 朱勇：《論中國古代的「六事法體系」》，《中國法學》2019 年第 1 期。

256. 董燕、賈偉康：《法辦與寬宥：古代中國血親復仇的法律處置及其禮法衝突》，劉懷英主編：《中國傳統文化研究》第二輯，中國海洋大學出版社，2020 年版。

257. 侯欣一：《傳統中國國家治理的邏輯及其元制度》，《現代法學》2020 年第 5 期。

258. 李平：《古代中國上訪的道理、法理與今鑒》，《清華法學》2020 年第 2 期。

259. 李青：《你中有我，我中有你——中國古代民事附帶刑事訴訟》，載朱勇主編：《中華法系》（第十三卷），法律出版社，2020 年版。

260. 李雪梅：《公文碑與古代行政程序探析》，《政法論壇》2020 年第 1 期。

261. 林明：《略論中國古代司法公正保障制度》，徐顯明主編：《山大法學集萃：山東大學法學學科復辦 40 週年紀念文集》，法律出版社，2020 年版。

262. 劉巍：《中國式法治——中國治理原型試探》，《史學理論研究》2020 年第 5 期。

263. 明輝：《「御史監察」的歷史構造與運轉實效》，《法學研究》2020 年第 4 期。

264. 喬偉：《論我國封建法律制度的三次重大改革及其歷史教訓》，徐顯明主編：《山大法學集萃：山東大學法學學科復辦 40 週年紀念文集》，法律出版社，2020 年版。

265. 王捷：《「直訴」源流通說辨正》，載楊一凡、陳靈海主編：重述中國法律史（第一輯），中國政法大學出版社，2020 年版。

266. 王帥一：《「化家為國」：傳統中國治理中的家族規約》，《當代法學》2020 年第 6 期。

267. 謝紅星：《危機、契機與轉機——傳統國家的防疫法制視角》，《湖北社會科學》2020 年第 5 期。

268. 徐燕斌：《周秦兩漢法律「布之於民」考》，載楊一凡、陳靈海主編：重

述中國法律史（第一輯），中國政法大學出版社，2020 年版。

269. 張晉藩：《中國古代官民知法守法的法律宣傳》，《行政管理改革》2020年第 1 期。

270. 趙曉耕、劉盈辛：《中國傳統御史監察制度的反思》，《武漢大學學報（哲學社會科學版）》2020 年第 6 期。

二、斷代法律史

（一）夏商周

1. 陳伯禮、王哲民：《周人觀念中的天、德、刑——對〈尚書·周書〉的法倫理解讀》，《求索》2011 年第 2 期。

2. 程燎原：《先秦「法治」概念再釋》，《政法論壇》2011 年第 2 期。

3. 李均明：《西周適用刑罰雜談——從〈尚書·立政〉「以列用中罰」談起》，載徐世虹主編：《中國古代法律文獻研究》（第四輯），法律出版社，2011年版。

4. 李力：《百年反思：甲骨文與商代法制研究》，《上海師範大學學報》2011年第 5 期。

5. 李力：《從〈挈契枝譚〉到〈甲骨文法律文獻譯注〉——關於商代甲骨文法律史料整理研究的學術史考察》，載徐世虹主編：《中國古代法律文獻研究》（第四輯），法律出版社，2011 年版。

6. 梁鳳榮：《〈尚書·呂刑〉司法理念與制度管窺》，《河北法學》2011 年第10 期。

7. 王沛：《亻膳匜集釋》，載徐世虹主編：《中國古代法律文獻研究》（第四輯），法律出版社，2011 年版。

8. 王沛：《裘衛器銘中的公社與禮制——西周時期法律關係設立的再思考》，《上海師範大學學報》2011 年第 5 期。

9. 溫慧輝：《〈周禮〉「主察獄訟」之官——「士」官辨析》，《史學月刊》2011年第 12 期。

10. 徐忠明：《從〈詩經·甘棠〉事志考釋到送法下鄉》，《政法論壇》2011 年第 3 期。

11. 董林亭：《大業非皋陶辨》，《西南大學學報》2012 年第 5 期。

12. 馬治國、周興生：《〈尚書〉在中華禮法形成與發展中的基礎性地位考證

——〈虞書〉作為禮法信史研究根基的可靠性新證》,《西安交通大學學報》2012 年第 6 期。

13. 王沛:《西周的「井」與「誓」——以兮甲盤和鳥形盉銘文為主的研究》,《當代法學》2012 年第 5 期。

14. 周興生、馬治國:《《尚書》研究方法革新作為中華禮法研究根基新論——〈尚書〉學方法更新兼及舜邦禮法架構初探》,《西安交通大學學報》2012 年第 1 期。

15. 王沛:《西周金文法律資料輯考(上)》,載徐世虹主編:《中國古代法律文獻研究》(第七輯),社科文獻出版社,2013 年版。

16. 徐燕斌:《殷周法律公布形式論考》,《暨南學報》2013 年第 12 期。

17. 李力:《(上「刑」下「鼎」)、「殴」、「歷」三字的疑難與困惑:棗陽曾伯陭鉞銘文之再研讀》,載徐世虹主編:《中國古代法律文獻研究》(第八輯),社科文獻出版社,2014 年版。

18. 寧全紅:《西周以前獄訟模式初探——以虞、芮之訟為中心》,《中華文化論壇》2014 年第 4 期。

19. 崔永東:《帛書〈黃帝四經〉與中國司法傳統》,載張仁善主編:《南京大學法律評論(2015 年春季卷)》,法律出版社,2015 年版。

20. 王沛:《曾伯陭鉞銘文的再探討》,載徐世虹主編:《中國古代法律文獻研究》(第九輯),社科文獻出版社,2015 年版。

21. 鄒芙都、查飛能:《先秦判決中的「誓」與「比」》,《西南大學學報》2015 年第 2 期。

22. 陳絜:《五祀衛鼎銘文的解讀及其在先秦法律史研究中的意義》,載王沛主編:《出土文獻與法律史研究》(第五輯),法律出版社,2016 年版。

23. 杜文忠:《上古中國法律的原始創制》,《西南民族大學學報》2016 年第 9 期。

24. 郭永秉:《曾伯陭鉞銘文平議》,載徐世虹主編:《中國古代法律文獻研究》第十輯,社科文獻出版社,2016 年版。

25. 李峰:《西周宗族社會下的「稱名區別原則」》,載王沛主編:《出土文獻與法律史研究》(第五輯),法律出版社,2016 年版。

26. 呂靜:《「銘者自名」與「著之後世」——以西周中晚期非主流青銅器及銘文的考察為中心》,載王沛主編:《出土文獻與法律史研究》(第五

輯），法律出版社，2016 年版。

27. 孫瑞、王會斌：《西周、春秋直記君令管理令書的方法與目的》，《甘肅社會科學》2016 年第 4 期。

28. 王進峰：《西周時期法律的幾個問題——從曶鼎銘文第二段文字補釋說起》，載王沛主編：《出土文獻與法律史研究》（第五輯），法律出版社，2016 年版。

29. 王沛：《西周邦國的法秩序構建：以新出金文為中心》，《法學研究》2016 年第 6 期。

30. 閻靜：《論上古時期為政原則與禮治觀念的施教——以周公、申叔時和孔子為中心》，《蘇州大學學報》2016 年第 2 期。

31. 尤韶華：《〈尚書·金縢〉「我之弗辟」集解》，載吳玉章、高旭晨主編：《中國法律史研究》（2016 年卷），社會科學文獻出版社，2016 年版。

32. 張國鈞：《大義滅親之疑和親屬容隱之立——先秦儒家對倫理和法律關係兩難的解決》，《政法論壇》2016 年第 4 期。

33. 張永祥：《從〈洪範〉與〈周禮〉論西周之法度》，載陳景良、鄭祝君主編：《中西法律傳統》第 11 卷，中國政法大學出版社，2016 年版。

34. 朱紅林：《〈周禮〉大宰八法研究》，載徐世虹主編：《中國古代法律文獻研究》第十輯，社科文獻出版社，2016 年版。

35. （美）顧立雅著、蔣辰、王鵬飛譯、姚遠方強校：《周代的實體法與程序法》，載華東政法大學法律史研究中心編：《法律史研究》第 5 輯（歐美學者研究中國法律史論文選譯專號），法律出版社，2017 年版。

36. 陳秀平：《夏商至周代婚姻觀念、習俗的繼承、發展與變化》，載馬聰、王濤、曹旅寧主編：《出土文獻與法律史研究現狀學術研討會論文集》，暨南大學出版社，2017 年版。

37. 陳雲生：《〈尚書·冏命〉的官箴價值及其現代警示意義》，《河南財經政法大學學報》2017 年第 4 期

38. 程政舉：《〈周禮〉所確立的訴訟證明制度考論》，《中外法學》2017 年第 5 期。

39. 鄧飛：《珊生器中心事件考辨》，《華夏考古》2017 年第 1 期。

40. 黃海：《曶鼎銘「寇禾」案所見西周訴訟程序及其啟示》，《山東科技大學學報》2017 年第 4 期。

41. 黃宇昕：《論「鑄刑書」之爭的法哲學意義》，載朱勇主編：《中華法系》第九卷，中國政法大學 2017 年版。

42. 賈海生：《盠銘文所記禮典的禮義》，載沈巋、彭林、丁鼎主編：《傳統禮治與當代軟法》，北京大學出版社，2017 年版。

43. 李德嘉：《功利思維導向下先秦法家「刑治」模式的基本理路》，《理論月刊》2017 年第 1 期。

44. 李競恒：《試論周禮與習慣法》，《天府新論》2017 年第 6 期。

45. 李靜：《人能弘法，非法弘人：晉國鑄刑鼎反思》，《天府新論》2017 年第 3 期。

46. 李平：《先秦刑餘之人考論：形象、制度與觀念》，《法商研究》2017 年第 2 期。

47. 劉光勝：《禮與刑：〈保訓〉文王傳「中」的兩個維度》，載王捷主編：《出土文獻與法律史研究（第六輯）》，法律出版社，2017 年版。

48. 任強：《在理念與儀則之間——先秦儒家思想中的禮義與禮儀》，載張中秋：《法與理：中國傳統法理及其當代價值研究》，中國政法大學出版社，2018 年版。

49. 王暉：《西周召氏倉稟缺貝訴訟案：六年琱生簋新考》，《寶雞文理學院學報》2017 年第 2 期。

50. 王捷：《清華簡〈子產〉篇與「刑書」新析》，《上海師範大學學報》2017 年第 4 期。

51. 王捷：《清華簡〈子產〉篇與「刑書」新析》，載王捷主編：《出土文獻與法律史研究（第六輯）》，法律出版社，2017 年版。

52. 王沛：《〈論語〉法觀念的再認識——結合出土文獻的考察》，載張中秋：《法與理：中國傳統法理及其當代價值研究》，中國政法大學出版社，2018 年版。

53. 王沛：《琱生諸器與西周宗族內部訴訟琱》，《上海師範大學學報》2017 年第 1 期。

54. 王沛：《早期秦立法中的周與西戎——以著錄秦公鎛銘文為中心的討論》，載王捷主編：《出土文獻與法律史研究（第六輯）》，法律出版社，2017 年版。

55. 吳雪飛：《西周春秋獄訟制度三題》，《清華大學學報》2017 年第 2 期。

56. 向達：《〈黃帝四經〉「法主德輔」的治道精神及其意義》，《南昌大學學報》2017 年第 5 期。

57. 張伯元：《〈包山楚簡案例舉隅〉補釋（二例）》，載王捷主編：《出土文獻與法律史研究（第六輯）》，法律出版社，2017 年版。

58. 張磊：〈司徒與社會教化——以〈周禮·地官〉為中心〉，載沈巋、彭林、丁鼎主編：《傳統禮治與當代軟法》，北京大學出版社，2017 年版。

59. 趙明、向達：《〈黃帝四經〉「隆禮重法」的治道意義探析》，《吉首大學學報》2017 年第 4 期。

60. 朱紅林：《〈周禮〉大宰九式研究》，載沈巋、彭林、丁鼎主編：《傳統禮治與當代軟法》，北京大學出版社，2017 年版。

61. （美）李安敦著，竇磊譯：《秦、漢及唐代的法律與行政程序——兼論二者對官吏系統與讀寫教育的促進作用》，載周東平、朱騰主編：《法律史譯評》（第六卷），中西書局，2018 年版。

62. （日）渡邊信一郎著，吳明浩譯：《傳統中國的均平秩序——以經濟秩序為中心》，載周東平、朱騰主編：《法律史譯評》（第六卷），中西書局，2018 年版。

63. 程政舉：《〈周禮〉所確立的訴訟程序考論》，《法學》2018 年第 4 期。

64. 劉嚴：《訟卦中的訴訟觀念及問題——以亻朕匜銘文為參照》，《江淮論壇》2018 年第 4 期。

65. 程政舉：《〈周禮〉確立的司法制度理性考論》，《中州學刊》2019 年第 2 期。

66. 馮時：《周代的臣甎與陪臺——兼論穆王修刑與以刑輔德》，《考古學報》2019 年第 4 期。

67. 王沛：《刑鼎、宗族法令與成文法公布——以兩周銘文為基礎的研究》，《中國社會科學》2019 年第 3 期。

68. （日）黃川田修著，黃海譯：《令方彝新考——從社會構造出發對長銘銅器製作、使用的考察》，載王捷主編：《出土文獻與法律史研究》（第九輯），法律出版社，2020 年版。

69. 胡嘉麟：《師旂鼎銘文與西周軍法研究》，載王捷主編：《出土文獻與法律史研究》（第八輯），法律出版社，2020 年版。

70. 黃海：《智鼎銘「五夫」案再論》，載王捷主編：《出土文獻與法律史研究》

（第八輯），法律出版社，2020 年版。

71. 雷安軍：《新出土金文所見西周罰金刑研究》，《中國法學》2020 年第 2 期。

72. 李凱：《從曾伯陭鉞看周代的「德」與「刑」》，載中國政法大學法律古籍整理研究所編：《中國古代法律文獻研究》第 14 輯，社科文獻出版社，2020 年版。

73. 李力：《〈尚書‧甘誓〉所載夏代「軍法」片段考析》，載王捷主編：《出土文獻與法律史研究》（第八輯），法律出版社，2020 年版。

74. 李玲玲、杜勇：《西周王位繼承法再探析》，《中州學刊》2020 年第 11 期。

75. 林叢：《先秦周魯法律文化之管見——兼論齊、魯法律文化之別》，《東嶽論叢》2020 年第 7 期。

76. 呂利：《〈曶鼎銘〉第二段再探討》，載鄭顯文主編：《絲綢之路沿線新發現的漢唐時期法律文書研究》，中國法制出版社，2020 年版。

77. 王沛：《霸姬盤小考》，載鄭顯文主編：《絲綢之路沿線新發現的漢唐時期法律文書研究》，中國法制出版社，2020 年版。

78. 王沛：《讀曶鼎五夫案劄記》，載王捷主編：《出土文獻與法律史研究》（第八輯），法律出版社，2020 年版。

79. 鄔勖：《曶鼎銘「賣」「鞫」再探》，載王捷主編：《出土文獻與法律史研究》（第八輯），法律出版社，2020 年版。

80. 吳雪飛：《說金文中的兩個法律術語》，載王捷主編：《出土文獻與法律史研究》（第八輯），法律出版社，2020 年版。

81. 熊賢品：《甲骨生育卜辭「產女不嘉」說考楊一凡：《重述法史與出土法律文獻研究》，載王捷主編：《出土文獻與法律史研究》（第九輯），法律出版社，2020 年版。

82. 張德美：《西周時期權利救濟研究》，載朱勇主編：《中華法系》（第十三卷），法律出版社，2020 年版。

83. 周博：《霸姬盤銘文補論》，載王捷主編：《出土文獻與法律史研究》（第八輯），法律出版社，2020 年版。

（二）春秋戰國

1. 程政舉：《先秦和秦漢的集體審判制度考論》，《法學》2011 年第 9 期。

2. 楊秋梅：《魏國率先變法原因探析》，《史學集刊》2011 年第 2 期。

3. 單育辰：《包山簡案例研究兩則》，《吉林大學社會科學學報》2012 年第 1 期。

4. 王沛：《〈論語〉法觀念的再認識：結合出土文獻的考察》，《華東政法大學學報》2012 年第 1 期。

5. 吳保平、張曉芒：《商鞅之「法」及其刑名邏輯》，《武漢大學學報》2012 年第 6 期。

6. 陳紹輝：《春秋早期楚國法制建設探析》，《江漢論壇》2013 年第 7 期。

7. 程政舉：《〈左傳〉所反映的春秋訴訟及其對後世的啟示》，《法學》2013 年第 7 期。

8. 李平：《試論中國早期「理訟」問題中的公私矛盾》，《法學家》2013 年第 4 期。

9. 石洋：《戰國秦漢間「貲」的字義演變與其意義》，《華東政法大學學報》2013 年第 4 期。

10. 宋傑：《「伏劍」與「歐刀」——東周秦漢「隱戮」行刑方式的演變》，《中國史研究》2013 年第 2 期。

11. 葉鵬煌：《先秦儒家視閾下的「人」》，《北方法學》2013 年第 2 期。

12. 廖名春：《〈論語〉「聽訟」章與〈大學〉篇的誤讀》，《社會科學戰線》2014 年第 6 期。

13. 張鋒：《「春秋國際法」研究思路之反思》，《河北法學》2014 年第 10 期。

14. 趙明、王大鵬：《商鞅的土地變法研究——以產權制度變遷為視角》，《河北法學》2014 年第 9 期。

15. 陳鵬飛：《禮治視閾下先秦服制的精神及其社會功能》，《法學雜誌》2015 年第 2 期。

16. 宋玲：《商鞅「法治」思想與中國傳統社會治理》，《比較法研究》2015 年第 1 期。

17. 孫凡：《春秋戰爭禮探究——從宋襄公泓水之戰說起》，載陳煜主編：《新路集——第五屆張晉藩法律史學基金會徵文大賽獲獎作品集》（第五集），中國政法大學出版社，2015 年版。

18. 王捷：《直訴制度的歷史實踐淵源新證——以包山楚司法簡為材料》，《華東師範大學學報》2015 年第 1 期。

19. 吳保平、林存光：《商鞅之「法」的政治哲學反思——兼論法治的功能、價值和精神》，《武漢大學學報》2015 年第 3 期。

20. 吳保平：《政治哲學視角下的商鞅之「法」》，《法制與社會發展》2015 年第 3 期。

21. 俞江：《「父子相隱」：萬世的底線價值——重溫 2494 年前的智者對話》，《中國政法大學學報》2015 年第 5 期。

22. 張伯元、張奕驪：《楚古事二則》，載王沛主編：《出土文獻與法律史研究（第四輯）》，上海人民出版社，2015 年版。

23. 朱騰：《也論先秦時代的司寇》，《法學家》2015 年第 2 期。

24. 管正平、趙生群：《「禮不下庶人，刑不上大夫」探究》，《齊魯學刊》2016 年第 1 期。

25. 孔許友：《論春秋時期的刑書書寫——以鑄刑鼎之爭為中心》，《雲南社會科學》2016 年第 3 期。

26. 連劭名：《包山楚簡法律文書新證》，《華夏考古》2016 年第 3 期。

27. 王晨光：《楚國北擴地緣政制問題與「親親相隱」公案新解》，《中國歷史地理論叢》2016 年第 2 期。

28. 朱曉雪：《包山楚簡土地糾紛案件補釋（三則）》，載王沛主編：《出土文獻與法律史研究》（第五輯），法律出版社，2016 年版。

29. 陳顗：《復仇與禮法——以聶政的復仇敘事為例》，《探索與爭鳴》2017 年第 3 期。

30. 賈辰陽：《法家先驅鄧析之死考辯》，《西南政法大學學報》2017 年第 5 期。

31. 連劭名：《包山楚簡法律文書叢考》，《考古學報》2017 年第 2 期。

32. 梁鳳榮：《〈呂刑〉對《睡虎地秦墓竹簡》的影響》，《鄭州大學學報》2017 年第 4 期。

33. 王沛：《〈老子〉法哲學中的「常」與「名」》，載張中秋：《法與理：中國傳統法理及其當代價值研究》，中國政法大學出版社，2018 年版。

34. 閆強樂：《廷尉以前——先秦時期的刑官與秦廷尉的設置》，載朱勇主編：《中華法系》（第十卷），法律出版社，2017 年版。

35. 張伯元：《清華簡（陸）〈子產〉篇「法律」一詞考》，載王捷主編：《出土文獻與法律史研究（第六輯）》，法律出版社，2017 年版。

36. 張曼迪：《清華簡〈子產〉篇「鄭令」、「野令」、「鄭刑」、「野刑」等相關史事探討》，載中國文化遺產研究院編：《出土文獻研究》（第十六輯），中西書局，2017 年版。

37. 王沛：《子產鑄刑書新考——以清華簡〈子產〉為中心的研究》，《政法論壇》2018 年第 2 期。

38. （俄）馬碩著，王一義譯：《重現的法律程序：早期帝制中國法律史的新來源》，載周東平、朱騰主編：《法律史譯評》（第六卷），中西書局，2018 年版。

39. 黃海：《論中國古代專職法官在戰國時期的出現》，《華東政法大學學報》2019 年第 2 期。

40. 賈連翔：《清華簡〈成人〉及有關先秦法律制度》，《文物》2019 年第 9 期。

41. 金敏：《辯者鄧析》，《讀書》2019 年第 4 期。

42. 雒曉輝：《韓非的「立法」「明法」與「任法」「執法」》，《前線》2019 年第 12 期。

43. 任利偉：《商鞅與徙木立信》，《前線》2019 年第 7 期。

44. 喻中：《論秦晉之法理學》，《理論探索》2019 年第 4 期。

45. 張海英、張景：《先秦道家禮法關係認識的嬗變》，《湖南師範大學社會科學學報》2019 年第 2 期。

46. 張濤：《移風易俗：商鞅變法的重要側面》，《人民論壇》2019 年第 18 期。

47. 鄒遠志：《從睡虎地秦簡所附〈魏戶律〉看戰國後期宗法關係》，《古代文明》2019 年第 1 期。

48. 程政舉：《泛教化主義與慎刑主義之融合——〈周禮〉的理想治國模式》，《中州學刊》2020 年第 11 期。

49. 鄧家元：《商鞅變法的道德基礎》，舒國瀅主編：《法理》2019 年第 5 卷第 2 輯，商務印書館，2020 年版。

50. 丁天立：《先秦法家「法治」主義下的正義話語——以商鞅變法為例》，《西安財經學院學報》2020 年第 2 期。

51. 杜勇：《清華簡〈攝命〉「受幣」考略》，載中國政法大學法律古籍整理研究所編：《中國古代法律文獻研究》第 14 輯，社科文獻出版社，2020 年版。

52. 黃海:《笞刑源流考——東周秦漢時期的「笞」與「笞刑」》,載鄭顯文主編:《絲綢之路沿線新發現的漢唐時期法律文書研究》,中國法制出版社,2020 年版。

53. 李均明:《清華簡〈成人〉篇之尚「五」觀》,載王捷主編:《出土文獻與法律史研究》(第九輯),法律出版社,2020 年版。

54. 劉光勝:《德刑分途:春秋時期破解禮崩樂壞困局的不同路徑——以清華簡〈子產〉為中心的考察》,載王捷主編:《出土文獻與法律史研究》(第九輯),法律出版社,2020 年版。

55. 劉松清:《包山「所圖片」簡形制與書寫補說》,載王捷主編:《出土文獻與法律史研究》(第九輯),法律出版社,2020 年版。

56. 劉雲:《說帛書〈黃帝四經〉中的「達刑」》,《簡帛》2020 年第 1 期。

57. 羅小華:《楚與西漢遣策所見偶人雜識》,載王捷主編:《出土文獻與法律史研究》(第九輯),法律出版社,2020 年版。

58. 王捷:《論先秦的訴訟擔保——以出土司法文書為主》,《政法論壇》2020 年第 6 期。

59. 王進文:《「起禮義,制法度」——從「禮」的結構與功能探討荀子對法家思想的吸收與改造》,《孔子研究》2020 年第 4 期。

60. 王世柱:《法家治國方略的侷限性——基於「戰爭驅動型」解釋框架的分析》,《貴州社會科學》2020 年第 2 期。

61. 肖鵬:《韓非子「以法為本」思想的邏輯自洽性和歷史合理性——兼論其利弊得失對現代法治的借鑒意義》,《政治與法律》2020 年第 2 期。

62. 熊賢品:《楚國律名補論》,載王捷主編:《出土文獻與法律史研究》(第八輯),法律出版社,2020 年版。

63. 徐祥民:《對中國古代法制研究中幾個思維定式的反思——兼論戰國前法制研究的方法》,徐顯明主編:《山大法學集萃:山東大學法學學科復辦 40 週年紀念文集》,法律出版社,2020 年版。

64. 嚴存生:《我國先秦「法」觀念的「一體多元」結構》,《學術研究》2020 年第 1 期。

65. 袁也:《〈法經〉偽史始末考》,載陳靈海主編:《法律史研究》(第 6 輯),法律出版社,2020 年版。

66. 趙滕、王浦劬:《早期法家由儒入法的學理進路論析》,《學海》2020 年

第 6 期。

67. 周啟榮：《從儒家的「違禮」到法家的」違法」——〈論語〉「其父攘羊」的歷史語言學、禮制史與思想史的意義新論》，《中國經學》2020 年第 1 期。

68. 朱騰：《從君主命令到令、律之別——先秦法律形式變遷史綱》，《清華法學》2020 年第 2 期。

（三）秦漢

1. （德）陶安：《睡虎地秦簡〈法律答問〉108 簡「校補簡」小考》，載武漢大學簡帛研究中心主辦：《簡帛》第 6 輯，上海古籍出版社，2011 年版。

2. （日）石岡浩：《北宋景祐刊漢書刑罰志第十四頁的復原——圍繞西漢文帝刑法改革詔文字的增減》，載徐世虹主編：《中國古代法律文獻研究》（第四輯），法律出版社，2011 年版。

3. 陳銳、高袁：《素樸的技巧：〈法律答問〉中的法律解釋方法》，《政法論叢》2011 年第 6 期。

4. 凡國棟：《秦漢出土法律文獻所見「令」的編序問題——由松柏 1 號墓〈令〉丙第九木牘引發的思考》，載中國文化遺產研究院編：《出土文獻研究》第十輯，中華書局，2011 年版。

5. 方孝坤：《漢代候官的訴訟職能——基於居延新簡的考察》，《武漢大學學報》2011 年第 1 期。

6. 馮卓慧：《從〈四時月令〉詔令看漢代的農業經濟立法》，《甘肅政法學院學報》2011 年第 3 期。

7. 韓濤、劉琴：《漢律及其儒家化考察——以〈二年律令〉和〈奏讞書〉為文本考察》，《求索》2011 年第 3 期。

8. 金菲菲：《〈史記·陳涉世家〉「失期」考》，《首都師範大學學報》2011 年第 S1 期。

9. 孔祥安：《孔子孝論的漢代異化——從「以孝入律」視角進行探析》，《中華文化論壇》2011 年第 6 期。

10. 蘭碧仙：《秦律中仁政利民政策研究——以《睡虎地秦墓竹簡》為考察文本》，《求索》2011 年第 3 期。

11. 劉欣寧：《張家山漢簡〈二年律令〉簡 121-107-108-109 釋讀——兼論漢律中的量刑原則》，載武漢大學簡帛研究中心主辦：《簡帛》第 6 輯，上

海古籍出版社，2011 年版。

12. 南玉泉：《兩漢御史中丞的設立及其與司直、司隸校尉的關係》，《中國政法大學學報》2011 年第 5 期。

13. 孫聞博：《簡牘所見秦漢法律訴訟中的鄉》，《中華文化論壇》2011 年第 1 期。

14. 孫喆：《略論漢代「秋冬行刑制」及其影響》，《史學月刊》2011 年第 7 期。

15. 王偉：《張家山漢簡〈二年律令〉劄記三則》，載徐世虹主編：《中國古代法律文獻研究》（第四輯），法律出版社，2011 年版。

16. 武樹臣：《秦「改法為律」原因考》，《法學家》2011 年第 2 期。

17. 徐世虹：《百年回顧：出土法律文獻與秦漢令研究》，《上海師範大學學報》2011 年第 5 期。

18. 閆曉君：《張家山漢簡《囚律》考論》，載徐世虹主編：《中國古代法律文獻研究》（第四輯），法律出版社，2011 年版。

19. 楊朝明：《漢簡〈奏讞書〉「柳下季治獄」小議》，載楊朝明主編：《孔子學刊》（第 2 輯），上海古籍出版社，2011 年版。

20. 于凌：《試析秦漢時期的「明習律令者」》，《社會科學戰線》2011 年第 3 期。

21. 張忠煒：《秦漢律令關係試探》，《文史哲》2011 年第 6 期。

22. 鍾文榮：《張家山漢簡所見對官文書違法行為的處罰研究》，《福建師範大學學報》2011 年第 3 期。

23. 周祖亮：《漢簡法醫檢驗文獻及其價值研究》，《廣西社會科學》2011 年第 7 期。

24. 朱騰：《再論兩漢經義折獄——以儒家經典與律令的關係為中心》，《清華法學》2011 年第 5 期。

25. （德）陶安：《秦漢律「庶人」概念辯正》，載武漢大學簡帛研究中心主辦：《簡帛》第 7 輯，上海古籍出版社，2012 年版。

26. （日）籾山明著、莊小霞譯：《王杖木簡再考》，載徐世虹主編：《中國古代法律文獻研究》（第五輯），社科文獻出版社，2012 年版。

27. （日）水間大輔：《漢初三族刑的變遷》，《廈門大學學報》2012 年第 6 期。

28. （日）水間大輔：《秦漢時期承擔覆獄的機關與官吏》，載武漢大學簡帛研究中心主辦：《簡帛》第 7 輯，上海古籍出版社，2012 年版。

29. 艾永明：《官員問責：秦律的規範及其評析》，《華東政法大學學報》2012 年第 3 期。

30. 曹旅寧：《張家山 336 號漢墓〈功令〉的幾個問題》，《史學集刊》2012 年第 1 期。

31. 陳松長：《嶽麓書院藏秦簡中的徭律例說》，載中國文化遺產研究院編：《出土文獻研究》第十一輯，中西書局，2012 年版。

32. 陳偉：《〈二年律令〉新研》，載徐世虹主編：《中國古代法律文獻研究》（第五輯），社科文獻出版社，2012 年版。

33. 程政舉：《經義決獄與漢代衡平法的形成和發展》，《法律科學》（西北政法大學學報）2012 年第 1 期。

34. 丁義娟：《「鬼薪白粲」再認識》，載徐世虹主編：《中國古代法律文獻研究》（第六輯），社科文獻出版社，2012 年版。

35. 丁義娟：《「刑徒」與「徒刑」——兼論秦及漢初刑罰的種類》，《蘭州學刊》2012 年第 6 期。

36. 丁義娟：《張家山漢簡〈二年律令〉第 90、91 簡解》，《學術探索》2012 年第 10 期。

37. 房麗、譚尚聞、劉明：《論漢朝契約制度》，《學術交流》2012 年第 9 期。

38. 韓樹峰：《漢魏無「親親相隱」之制論》，載徐世虹主編：《中國古代法律文獻研究》（第六輯），社科文獻出版社，2012 年版。

39. 江娜：《漢代邊防法律的社會控制功能——以漢簡研究為中心》，《求索》2012 年第 4 期。

40. 李平：《秦「法治」的理論困境透析——以睡虎地秦簡〈語書〉、〈為吏之道〉為中心》，《學術探索》2012 年第 11 期。

41. 連宏：《兩漢魏晉棄市刑考辨》，《蘭州學刊》2012 年第 9 期。

42. 龍大軒：《八議成制於漢論考》，《法學研究》2012 年第 2 期。

43. 羅運環：《中國秦代漢初貨幣制度發微——張家山漢簡與睡虎地秦簡對比研究》，《武漢大學學報》2012 年第 6 期。

44. 南玉泉：《讀秦漢簡牘再論贖刑》，載徐世虹主編：《中國古代法律文獻研究》（第五輯），社科文獻出版社，2012 年版。

45. 南玉泉：《秦漢式的種類與性質》，載徐世虹主編：《中國古代法律文獻研究》（第六輯），社科文獻出版社，2012 年版。

46. 宋傑：《漢代死刑中的「顯戮」》，《史學月刊》2012 年第 2 期。

47. 孫瑞、鍾文榮：《從張家山漢簡《二年律令》看漢代處罰文書犯罪的特點》，《法制與社會發展》2012 年第 1 期。

48. 王彥輝：《論漢代的「訾算」與「以訾徵賦」》，《中國史研究》2012 年第 1 期。

49. 王子今：《漢代「劫質」行為與未成年受害者》，《山西大學學報》2012 年第 3 期。

50. 鄔文玲：《〈甘露二年御史書校讀〉》，載徐世虹主編：《中國古代法律文獻研究》（第五輯），社科文獻出版社，2012 年版。

51. 薛夢瀟：《東漢的行刑時間——以〈月令〉的司法實踐為中心》，武漢大學中國三至九世紀研究所編：《魏晉南北朝隋唐史資料》2012 年第 28 輯。

52. 閆曉君：《漢代繼承問題芻議》，《法律科學》（西北政法大學學報）2012 年第 2 期。

53. 尹成波：《秦國贅婿法律地位辨疑》，《齊魯學刊》2012 年第 5 期。

54. 張燕：《睡虎地秦簡中的「公」與「王」——以「宗祠」類財產所有權的相關討論為核心》，《河南師範大學學報》2012 年第 4 期。

55. 中國政法大學中國法制史基礎史料研讀會：《睡虎地秦簡法律文書集釋（一）〈語書〉（上）》，載徐世虹主編：《中國古代法律文獻研究》（第六輯），社科文獻出版社，2012 年版。

56. 朱騰：《秦漢時代的律令斷罪》，《北方法學》2012 年第 1 期。

57. （韓）金慶浩：《韓國秦漢法律簡牘的研究現狀》，載徐世虹主編：《中國古代法律文獻研究》（第七輯），社科文獻出版社，2013 年版。

58. （韓）金慶浩：《秦、漢初「士」與「吏」的性質——以〈為吏之道〉和〈為吏治官及黔首〉為中心》，載武漢大學簡帛研究中心主辦：《簡帛》第 8 輯，上海古籍出版社，2013 年版。

59. （日）宮宅潔著、顧其莎譯：《漢代官僚組織的最下層——「官」與「民」之間》，載徐世虹主編：《中國古代法律文獻研究》（第七輯），社科文獻出版社，2013 年版。

60. （日）廣瀨薰雄：《秦漢律令辨》，載徐世虹主編：《中國古代法律文獻研究》（第七輯），社科文獻出版社，2013 年版。

61. 安子毓：《李斯卒年考辨》，《中國史研究》2013 年第 3 期。

62. 陳偉：《雲夢睡虎地秦簡〈秦律十八種〉校讀（五則）》，載武漢大學簡帛研究中心主辦：《簡帛》第 8 輯，上海古籍出版社，2013 年版。

63. 程政舉：《漢代訴訟程序考》，《法學評論》2013 年第 2 期。

64. 高震寰：《從〈里耶秦簡（壹）〉「作徒簿」管窺秦代刑徒制度》，游逸飛：《張家山漢簡〈二年律令・秩律〉所見郡吏補考》，載中國文化遺產研究院編：《出土文獻研究》第十二輯，中西書局，2013 年版。

65. 勞武利、李婧嶸：《張家山漢簡〈奏讞書〉與嶽麓書院秦簡〈為獄等狀四種〉的初步比較》，《湖南大學學報》2013 年第 3 期。

66. 李恒全：《從出土簡牘看秦漢家庭繼承制度》，《中國農史》2013 年第 6 期。

67. 李俊芳、劉冬青：《蕭何「制律九章」祛疑》，《河北學刊》2013 年第 1 期。

68. 李巍濤：《漢代酷吏的法律文化解讀》，《陝西師範大學學報》2013 年第 2 期。

69. 林素清：《秦簡〈為吏之道〉與〈為吏治官及黔首〉研究》，載武漢大學簡帛研究中心主辦：《簡帛》第 8 輯，上海古籍出版社，2013 年版。

70. 劉曉林：《秦漢律與唐律「謀殺」比較研究》，《甘肅社會科學》2013 年第 2 期。

71. 劉曉林：《秦漢律中有關的「謁殺」、「擅殺」初考》，《甘肅政法學院學報》2013 年第 5 期。

72. 喬松林：《秦亡於法家說質疑》，《史學月刊》2013 年第 6 期。

73. 秦濤：《後漢「舊典」考釋》，載徐世虹主編：《中國古代法律文獻研究》（第七輯），社科文獻出版社，2013 年版。

74. 宋國華：《秦漢律「購賞」考》，《法律科學》（西北政法大學學報）2013 年第 5 期。

75. 宋傑：《漢代的秘密處決與政治暗殺——「隱誅」》，《史學月刊》2013 年第 6 期。

76. 宋傑：《漢代監獄制度的歷史特點》，《史學集刊》2013 年第 2 期。

77. 田振洪：《秦漢財產損害賠償制度考》，《福建師範大學學報》2013 年第
　　3 期。

78. 萬榮：《秦漢簡牘「自告」、「自出」再辨析——兼論「自詣」、「自首」》，
　　《江漢論壇》2013 年第 8 期。

79. 王愛清：《秦漢基層等級身份秩序的確立與變遷——以賜民爵為中心》，
　　《蘭州學刊》2013 年第 10 期。

80. 王捷：《舊題新證：秦「獄」「訟」的法律語用演變——以出土法律文獻
　　為視角》，《北方法學》2013 年第 4 期。

81. 王偉：《辯漢律》，《史學月刊》2013 年第 6 期。

82. 王彥輝、薛洪波：《從戶的相關立法談秦漢政府對人口的控制》，《東北師
　　大學報》2013 年第 1 期。

83. 肖洪泳：《嶽麓秦簡所見秦刑事訴訟程序的歷史價值》，《湖南大學學報》
　　2013 年第 3 期。

84. 徐世虹：《〈秦律十八種〉中的「有罪」蠡測》，載徐世虹主編：《中國古
　　代法律文獻研究》（第七輯），社科文獻出版社，2013 年版。

85. 徐世虹：《秦「課」芻議》，載武漢大學簡帛研究中心主辦：《簡帛》第 8
　　輯，上海古籍出版社，2013 年版。

86. 楊振紅：《秦漢時期的「尉」、「尉律」與「置吏」、「除吏」——兼論「吏」
　　的屬性》，載武漢大學簡帛研究中心主辦：《簡帛》第 8 輯，上海古籍出
　　版社，2013 年版。

87. 于振波：《秦代吏治管窺——以秦簡司法、行政文書為中心》，《湖南大學
　　學報》2013 年第 3 期。

88. 張朝陽：《漢代民事訴訟新論》，《華東師範大學學報》2013 年第 4 期。

89. 張朝陽：《論漢代產生的「內省式民事糾紛解決機制」》，《華中科技大學
　　學報》2013 年第 1 期。

90. 張琮軍：《漢代簡牘文獻刑事證據材料考析》，《現代法學》2013 年第 6
　　期。

91. 張琮軍：《漢代刑事證據在司法監督制度中的運用》，《政法論壇》2013
　　年第 1 期。

92. 張功：《西漢〈商賈律〉探析》，《陝西師範大學學報》2013 年第 2 期。

93. 中國政法大學中國法制史基礎史料研讀會：《睡虎地秦簡法律文書集釋

（二）：〈秦律十八種〉（〈田律〉、〈廄苑律〉）〉，載徐世虹主編：《中國古代法律文獻研究》（第七輯），社科文獻出版社，2013 年版。

94. 中國政法大學中國法制史基礎史料研讀會：《睡虎地秦簡法律文書集釋（一）：〈語書〉（下）〉，載徐世虹主編：《中國古代法律文獻研究》（第七輯），社科文獻出版社，2013 年版。

95. 朱騰：《略論漢代皇權觀的儒學化——以漢代德主刑輔思想演進的政治背景為切入點》，《北方法學》2013 年第 4 期。

96. 朱騰：《為禮所縛的漢代皇權——有關禮之規範功能的一個考察》，《現代法學》2013 年第 3 期。

97. （德）陶安：《〈為獄等狀四種〉標題簡「奏」字字解訂正——兼論張家山漢簡〈奏讞書〉題名問題》，載徐世虹主編：《中國古代法律文獻研究》（第八輯），北京：社科文獻出版社，2014 年。

98. 陳坤：《論〈漢書・刑法志〉所見之正統史觀》，《寧夏社會科學》2014 年第 6 期。

99. 陳鳴：《漢代持質的立法、執行及流變》，《史學月刊》2014 年第 12 期。

100. 陳松長：《〈嶽麓簡（三）〉「癸、瑣相移謀購案」相關問題瑣議》，《華東政法大學學報》2014 年第 2 期。

101. 符奎：《張家山漢簡〈二年律令〉劄記一則》，《中國農史》2014 年第 5 期。

102. 韓樹峰：《漢晉法律由「繁雜」到「清約」的變革之路》，《中國人民大學學報》2014 年第 5 期。

103. 何有祖：《張家山漢簡〈奏讞書〉第十八案例解題》，載陳偉主編：《簡帛文獻復原與解讀》，中國社會科學出版社，2014 年版。

104. 李俊強、閆曉君：《回歸文獻與歷史現場：重審有關董仲舒的若干成說》，《求索》2014 年第 5 期。

105. 魯家亮：《張家山漢簡〈二年律令〉釋文、注釋、句讀補遺》，載陳偉主編：《簡帛文獻復原與解讀》，中國社會科學出版社，2014 年版。

106. 羅運環：《張家山漢簡所見貨幣制度發微——與睡虎地秦簡對讀》，載陳偉主編：《簡帛文獻復原與解讀》，中國社會科學出版社，2014 年版。

107. 史達：《嶽麓秦簡《為獄等狀四種》新見的一枚漏簡與案例六的編聯》，《湖南大學學報》2014 年第 4 期。

108. 水間大輔：《〈嶽麓簡（三）〉所見的共犯處罰》,《華東政法大學學報》2014 年第 2 期。

109. 宋潔：《「具五刑」考——兼證漢文帝易刑之前存在兩個「五刑」系統》,《中國史研究》2014 年第 2 期。

110. 宋潔：《漢文帝「除誹謗妖言詔」發覆》,《史學月刊》2014 年第 3 期。

111. 蘇俊林：《秦漢時期的「狀」類司法文書》,載武漢大學簡帛研究中心主辦：《簡帛》第 9 輯,上海古籍出版社,2014 年版。

112. 萬榮：《西漢初年徭役制度——由張家山漢簡〈奏讞書〉「毌憂案」說起》,《江西師範大學學報》2014 年第 1 期。

113. 王子今：《漢代「賣子」「鬻子孫」現象與「賣人法」》,載徐世虹主編：《中國古代法律文獻研究》（第八輯）,社科文獻出版社,2014 年版。

114. 鄔勖：《〈嶽麓簡（三）〉「癸、瑣相移謀購案」中的法律適用》,《華東政法大學學報》2014 年第 2 期。

115. 徐世虹：《秦漢律中的職務犯罪——以「公罪」為考察對象》,《政法論叢》2014 年第 6 期。

116. 楊振紅：《「南郡卒史復攸■等獄簿」再解讀》,載徐世虹主編：《中國古代法律文獻研究》（第八輯）,社科文獻出版社,2014 年版。

117. 于凌、李曉燕：《論秦漢時期的「明法」選任》,《中州學刊》2014 年第 3 期。

118. 張伯元：《〈嶽麓簡（三）〉的內容及法律史價值》,《華東政法大學學報》2014 年第 2 期。

119. 張伯元：《嶽麓秦簡所見「累論」與數罪並罰》,載徐世虹主編：《中國古代法律文獻研究》（第八輯）,社科文獻出版社,2014 年版。

120. 張新超：《秦代「城旦舂」考辨——兼論秦律的一些特點》,《史學月刊》2014 年第 10 期。

121. 張忠煒：《清人〈說文解字〉引漢律令考輯校二種》,載徐世虹主編：《中國古代法律文獻研究》（第八輯）,社科文獻出版社,2014 年版。

122. 中國政法大學中國法制史基礎史料研讀會：《睡虎地秦簡法律文書集釋（三）：〈秦律十八種〉（〈倉律〉）》,載徐世虹主編：《中國古代法律文獻研究》（第八輯）,社科文獻出版社,2014 年版。

123. 鍾盛：《漢代下行文書「教」的法效力分析》,《法學評論》2014 年第 3 期。

124. 周海鋒：《〈為獄等狀四種〉中的「吏議」與「邦亡」》，《湖南大學學報》2014 年第 4 期。

125. （俄）馬碩：《法律辯論：秦漢審訊程序》，朱瀟譯，載周東平、朱騰主編：《法律史譯評（2014 年卷）》，中國政法大學出版社，2015 年版。

126. （美）陳力強：《秦朝和西漢的法律與傳播》，馬騰、雷桂旺譯，載周東平、朱騰主編：《法律史譯評（2014 年卷）》，中國政法大學出版社，2015 年版。

127. （日）阿部信幸：《漢初的諸侯王與禮、法》，朱騰譯，載周東平、朱騰主編：《法律史譯評（2014 年卷）》，中國政法大學出版社，2015 年版。

128. （日）渡邊英幸：《秦漢交替時期民、夷之歸屬與編成》，朱騰譯，載周東平、朱騰主編：《法律史譯評（2014 年卷）》，中國政法大學出版社，2015 年版。

129. （日）冨谷至：《從漢律到唐律——裁判規範與行為規範》，薛夷風、周東平譯，載周東平、朱騰主編：《法律史譯評（2014 年卷）》，中國政法大學出版社，2015 年版。

130. （日）籾山明著、顧其莎譯：《日本居延漢簡研究的回顧與展望——以古文書學研究為中心》，載徐世虹主編：《中國古代法律文獻研究》（第九輯），社科文獻出版社，2015 年版。

131. （日）水間大輔：《里耶秦簡 9-1112 與秦國盜賊追捕制度》，載王沛主編：《出土文獻與法律史研究（第四輯）》，上海人民出版社，2015 年版。

132. 陳迪：《秦「讞」程序初探——以〈嶽麓書院藏秦簡三〉為視角》，載華東政法大學研究生教育院編：《鹿鳴集：華東政法大學優秀學位論文選（2015 年卷）》，法律出版社，2015 年版。

133. 陳偉：《睡虎地秦簡法律文獻校讀》，載徐世虹主編：《中國古代法律文獻研究》（第九輯），社科文獻出版社，2015 年版。

134. 高震寰：《試論秦漢簡牘中「守」、「假」、「行」》，載王沛主編：《出土文獻與法律史研究（第四輯）》，上海人民出版社，2015 年版。

135. 侯旭東：《西漢御史大夫寺位置的變遷：兼論御史大夫的職掌》，《中華文史論叢》2015 年第 1 期。

136. 胡仁智：《西漢使者循行「舉冤獄」之制考析》，《法律科學（西北政法大學學報）》2015 年第 2 期。

137. 胡仁智：《西漢早期民生政策法制化考析》，《現代法學》2015 年第 3 期。

138. 黃靜：《西漢「詔獄」與法制》，《河北法學》2015 年第 7 期。

139. 李力：《秦漢律所見「質錢」考辨》，《法學研究》2015 年第 2 期。

140. 林叢：《漢代法律實踐的詮釋哲學思考——以引經折獄為中心》，《山東大學學報》2015 年第 2 期。

141. 劉慶：《漢代賜死之法考論》，《江西社會科學》2015 年第 8 期。

142. 劉欣寧：《秦漢時代的戶籍與個別人身支配——關於戶籍地的考察》，載周東平、朱騰主編：《法律史譯評（2014 年卷）》，中國政法大學出版社，2015 年版。

143. 南玉泉：《青川秦牘〈為田律〉釋義及戰國秦土地性質檢討》，載徐世虹主編：《中國古代法律文獻研究》（第九輯），社科文獻出版社，2015 年版。

144. 寧全紅：《李斯卒年再辨》，《中華文化論壇》2015 年第 8 期。

145. 歐揚：《嶽麓秦簡「毋奪田時令」探析》，《湖南大學學報》2015 年第 3 期。

146. 沈剛：《秦人與它邦人——新出秦簡所見秦代人口身份管理制度一個方面》，載徐世虹主編：《中國古代法律文獻研究》（第九輯），社科文獻出版社，2015 年版。

147. 石升烜：《何處是居延？——漢代居延地名移動與行政區劃變遷》，載王沛主編：《出土文獻與法律史研究（第四輯）》，上海人民出版社，2015 年版。

148. 宋傑：《漢代「棄市」與「殊死」辨析》，《中國史研究》2015 年第 3 期。

149. 孫聞博：《秦及漢初的司寇與徒隸》，《中國史研究》2015 年第 3 期，第 73～96 頁。

150. 萬榮：《秦及漢初訴訟程序中的「辭」、「言」、「當」》，《求索》2015 年第 6 期。

151. 萬榮：《秦與漢初刑事訴訟程序中的判決：「論」、「當」、「報」》，載武漢大學簡帛研究中心主辦：《簡帛》第 11 輯，上海古籍出版社，2015 年版。

152. 魏永康：《張家山漢簡「蠻夷律」辨正》，《史學集刊》2015 年第 6 期。

153. 鄔文玲：《試析秦始皇「於是急法，久者不赦」》，載徐世虹主編：《中國古代法律文獻研究》（第九輯），社科文獻出版社，2015 年版。

154. 鄔文玲：《張家山漢簡〈二年律令〉釋文商榷》，《首都師範大學學報》2015 年第 6 期。

155. 鄔勖：《讀金關簡札記三則》，載王沛主編：《出土文獻與法律史研究（第四輯）》，上海人民出版社，2015 年版。

156. 吳雪飛：《長沙五一廣場東漢木牘相關法律用語探析》，載徐世虹主編：《中國古代法律文獻研究》（第九輯），社科文獻出版社，2015 年版。

157. 徐燕斌：《兩漢金石紀法述考》，載里贊主編：《法律史評論（第 7 卷）》，法律出版社，2015 年版。

158. 楊小亮：《略論東漢「直符」及其舉劾犯罪的司法流程》，載徐世虹主編：《中國古代法律文獻研究》（第九輯），社科文獻出版社，2015 年版。

159. 姚遠：《長沙五一廣場東漢簡牘釋譯》，載王沛主編：《出土文獻與法律史研究（第四輯）》，上海人民出版社，2015 年版。

160. 葉山、安譯：《遷陵縣檔案中秦法的證據——初步的研究》，載武漢大學簡帛研究中心主辦：《簡帛》第 10 輯，上海古籍出版社，2015 年版。

161. 于洪濤：《論敦煌懸泉漢簡中的「廄令」——兼談漢代「詔」、「令」、「律」的轉化》，《華東政法大學學報》2015 年第 4 期。

162. 于洪濤：《試論敦煌懸泉漢簡中的「廄令」——兼談漢代「詔」、「令」、「律」的轉化》，載王沛主編：《出土文獻與法律史研究（第四輯）》，上海人民出版社，2015 年版。

163. 于振波：《「負志」之罪與秦之立法精神》，《湖南大學學報》2015 年第 3 期。

164. 袁春蘭、王聿連：《論漢代西北邊郡地區的法律調控》，《法學雜誌》2015 年第 12 期。

165. 臧知非：《西漢授田制廢止問題辨正——兼談張家山漢簡〈二年律令〉授田制的歷史實踐問題》，《人文雜誌》2015 年第 1 期。

166. 張琮軍：《秦代簡牘文獻刑事證據規則考論》，《法學》2015 年第 2 期。

167. 張娜：《讀〈漢律考〉劄記九則》，載王沛主編：《出土文獻與法律史研究（第四輯）》，上海人民出版社，2015 年版。

168. 張新俊：《讀張家山漢簡〈奏讞書〉字詞劄記》，載武漢大學簡帛研究中心主辦：《簡帛》第 10 輯，上海古籍出版社，2015 年版。

169. 中國政法大學中國法制史基礎史料研讀會：《睡虎地秦簡法律文書集釋

（四）：〈秦律十八種〉（〈金布律〉──〈置吏律〉）〉，載徐世虹主編：《中國古代法律文獻研究》（第九輯），社科文獻出版社，2015 年版。

170. 周海鋒：《嶽麓書院藏秦簡〈田律〉研究》，載武漢大學簡帛研究中心主辦：《簡帛》第 11 輯，上海古籍出版社，2015 年版。

171. 朱紅林：《里耶秦簡視事簡研究》，載王沛主編：《出土文獻與法律史研究（第四輯）》，上海人民出版社，2015 年版。

172. （日）籾山明：《簡牘文書學與法制史──以里耶秦簡為例》，載柳立言主編：《史料與法史學》，中央研究院歷史語言研究所 2016 年版。

173. 白楊：《〈漢代律令初探──以武帝時期戾太子事件為中心〉》，載羅家祥主編：《華中國學》，武漢：華中科技大學出版社，2016 年。

174. 陳迪：《王杖簡冊所見「逆不道」罪探析──兼論秦漢時期的上讞制度》，載朱勇主編：《中華法系》（第八卷），法律出版社，2016 年版。

175. 陳松長：《嶽麓秦簡中的幾個令名小識》，《文物》2016 年第 12 期。

176. 党超：《兩漢「漏泄省中語」考論》，《史學月刊》2016 年第 12 期。

177. 龔留柱：《論晁錯及漢初「新法家」》，《中國史研究》2016 年第 1 期。

178. 黃德啟：《論「春秋決獄」中的「司法審查」因子》，《學術探索》2016 年第 4 期。

179. 靳騰飛：《秦漢簡牘所見官吏審計現象研究》，《理論月刊》2016 年第 6 期。

180. 靳騰飛：《秦漢簡牘所見基層官員毆詈現象探析》，《江漢論壇》2016 年第 11 期。

181. 李婧嶸：《〈二年律令〉簡書性質探析》，《史林》2016 年第 5 期。

182. 李均明：《漢簡所見時限與延期》，載徐世虹主編：《中國古代法律文獻研究》第十輯，社科文獻出版社，2016 年版。

183. 李均明：《長沙五一廣場東漢簡牘考證八則》，載柳立言主編：《史料與法史學》，中央研究院歷史語言研究所 2016 年版。

184. 李力：《秦漢法制史研究的兩樁公案──關於〈漢舊儀〉、〈漢書·刑法志〉所載刑制文本解讀的學術史考察》，載徐世虹主編：《中國古代法律文獻研究》第十輯，社科文獻出版社，2016 年版。

185. 李力：《秦漢簡〈關市律〉、〈金布律〉解讀之若干問題辨析》，載中國文化遺產研究院編：《出土文獻研究（第十五輯）》，中西書局，2016 年版。

186. 連宏：《漢代磔刑考辨》，《東北師大學報》2016 年第 2 期。

187. 梁萬斌：《〈津關令〉與漢初之政治地理建構》，《復旦學報》2016 年第 2 期。

188. 梁馨予、李迎春：《從〈二年律令・置後律〉看漢代女性的繼承權》，《西北民族大學學報》2016 年第 6 期。

189. 林叢：《論漢代的以律注經與法律儒家化——以〈公羊傳〉何休注為切入點》，《孔子研究》2016 年第 2 期。

190. 林鐵軍：《古代審案官員司法調查權溯源——以秦漢爰書為背景》，《政法論叢》2016 年第 1 期。

191. 劉慶：《秦漢告、劾制度辨析》，《中國史研究》2016 年第 4 期。

192. 劉信芳：《嶽麓書院藏簡〈奏讞書〉釋讀的幾個問題》，《考古與文物》2016 年第 3 期。

193. 劉澤華：《法家在統一帝國中的作用》，《讀書》2016 年第 7 期。

194. 律璞：《儒生、文吏對漢代司法活動的影響》，《理論月刊》2016 年第 8 期。

195. 馬衛東：《「秦法未敗」探析》，《史學集刊》2016 年第 3 期。

196. 歐揚：《嶽麓書院「毋奪田時令」再探》，載西南大學出土文獻綜合研究中心、漢語言文獻研究所主編：《出土文獻綜合研究集刊》（第 4 輯），巴蜀書社，2016 年版。

197. 歐揚：《讀鞫與乞鞫新探》，《湖南大學學報》2016 年第 4 期。

198. 齊偉玲：《睡虎地秦簡「中勞律」釋讀》，載朱勇主編：《中華法系》（第八卷），法律出版社，2016 年版。

199. 秦濤：《漢簡「王杖詔書」比勘研究》，載徐世虹主編：《中國古代法律文獻研究》第十輯，社科文獻出版社，2016 年版。

200. 宋磊：《張家山漢簡「奴婢代戶」律考論》，《理論月刊》2016 年第 7 期。

201. 王勇：《嶽麓秦簡〈金布律〉關於奴婢、馬牛買賣的法律規定》，《中國社會經濟史研究》2016 年第 3 期。

202. 吳方基：《秦代中央與地方關係的重新審視——以出土政務文書為中心》，《史林》2016 年第 1 期。

203. 徐世虹：《文獻解讀與秦漢律本體認識》，載柳立言主編：《史料與法史學》，中央研究院歷史語言研究所 2016 年版。

204. 閆曉君：《讀張家山漢簡札記數則》，載教育部人文社會科學重點研究基地等編：《出土文獻與中國古代文明——李學勤先生八十壽誕紀念論文集》，中西書局，2016 年版。

205. 楊琳、于振波：《從勞力需求看秦代赦免制度》，載楊振紅、鄔文玲：《簡帛研究》2016（春夏卷），廣西師範大學出版社，2016 年版。

206. 姚遠：《東漢內郡縣法官法吏復原研究——以長沙五一廣場東漢簡牘為核心》，《華東政法大學學報》2016 年第 4 期。

207. 姚遠：《東漢內郡縣法官法吏復原研究——以長沙五一廣場東漢簡牘為核心》，載王沛主編：《出土文獻與法律史研究》（第五輯），法律出版社，2016 年版。

208. 于洪濤：《里耶簡「司空厭弗令田當坐」文書研究》，《古代文明》2016 年第 1 期。

209. 于洪濤：《秦漢法律簡牘中的「鞫」研究》，載霍存福主編：《法律文化論叢》第 5 輯，知識產權出版社，2016 年版。

210. 袁延勝：《〈奏讞書〉所見西漢初年的戶籍問題》，《古代文明》2016 年第 3 期。

211. 張娜：《從出土〈田律〉看秦漢法制的變革——以睡虎地秦簡與《二年律令》為中心》，《東方法學》2016 年第 4 期。

212. 張韶光：《〈嶽麓書院秦簡（肆）〉中有關「雇傭」的法律規定研究》，載徐世虹主編：《中國古代法律文獻研究》第十輯，社科文獻出版社，2016 年版。

213. 張瑛：《河西漢簡所見〈漢律〉散簡輯證》，《西北師大學報》2016 年第 4 期。

214. 中國政法大學基礎法律史料研讀班：《睡虎地秦簡法律文書集釋（五）：〈秦律十八種〉（〈效〉——〈屬邦〉）、〈效〉》，載徐世虹主編：《中國古代法律文獻研究》第十輯，社科文獻出版社，2016 年版。

215. 周海峰：《〈二年律令〉語詞考釋三則》，載西南大學出土文獻綜合研究中心、漢語言文獻研究所主編：《出土文獻綜合研究集刊》（第 4 輯），巴蜀書社，2016 年版。

216. 周海峰：《秦律令之流佈及隨葬律令性質問題》，載王沛主編：《出土文獻與法律史研究》（第五輯），法律出版社，2016 年版。

217. 周海鋒：《秦律令之流佈及隨葬律令性質問題》，《華東政法大學學報》2016 年第 4 期。

218. 周美華、周敏華：《〈史記·淮南衡山列傳〉所記劉長遭收押案件的重新探究——以〈二年律令〉與〈史記〉文本對讀》，載中國文化遺產研究院編：《出土文獻研究（第十五輯）》，中西書局，2016 年版。

219. 朱德貴、劉威威：《秦漢簡牘中的〈田律〉及其立法宗旨》，載中國文化遺產研究院編：《出土文獻研究（第十五輯）》，中西書局，2016 年版。

220. 朱德貴、莊小霞：《嶽麓秦簡所見「訾稅」問題新證》，《中國經濟史研究》2016 年第 6 期。

221. 朱德貴：《嶽麓秦簡所見「隸臣妾」問題新證》，《社會科學》2016 年第 1 期。

222. 朱德貴：《嶽麓秦簡所見「徭」制問題分析——兼論「奴徭」和「吏徭」》，《江西師範大學學報》2016 年第 4 期。

223. （德）勞武利：《秦的刑事訴訟案例彙編：為獄等狀》，朱喆琳譯，載周東平、朱騰主編：《法律史譯評（第四卷）》，中西書局，2017 年版。

224. （俄）馬碩：《可計量的犯罪與刑罰：早期中華帝國非官方執法的量化與正當性》，朱瀟譯，載周東平、朱騰主編：《法律史譯評（第五卷）》，中西書局，2017 年版。

225. （日）渡邊信一郎：《東漢古典國制的成立——漢家故事和漢禮》，張娜譯，載周東平、朱騰主編：《法律史譯評（第五卷）》，中西書局，2017 年版。

226. （日）富谷至：《秦漢的律與令》，朱騰譯，徐世虹校，載楊一凡、朱騰主編：《歷代令考》，社會科學文獻出版社，2017 年版。

227. （日）高村武幸：《秦漢地方行政中的決策過程》，朱騰譯，載周東平、朱騰主編：《法律史譯評（第四卷）》，中西書局，2017 年版。

228. （日）宮宅潔：《遷陵縣志初稿——里耶秦簡所見秦的佔領支配與駐屯軍》，劉欣寧譯，載周東平、朱騰主編：《法律史譯評（第五卷）》，中西書局，2017 年版。

229. （日）廣瀨薰雄：《秦令考》，朱騰譯，載楊一凡、朱騰主編：《歷代令考》，社會科學文獻出版社，2017 年版。

230. （日）籾山明：《漢代結習俗考》，載李雪梅主編：《法律文化研究（第十

輯）：古代法律碑刻專題》，社科文獻出版社，2017 年版。

231. （日）水間大輔：《睡虎地秦簡「非公室告」新考》，載王捷主編：《出土文獻與法律史研究（第六輯）》，法律出版社，2017 年版。

232. （日）水間大輔：《張家山漢簡〈奏讞書〉與嶽麓書院藏秦簡〈為獄等狀四種〉的形成過程》，載中國政法大學法律古籍整理研究所編：《中國古代法律文獻研究》第十一輯，社會科學文獻出版社，2017 年版。

233. （日）下倉涉：《有關某女的告發——嶽麓書院藏秦簡「識劫𡟰案」所見「奴隸」及「舍人」、「裏單」》，陳鳴譯，載周東平、朱騰主編：《法律史譯評（第五卷）》，中西書局，2017 年版。

234. 曹旅寧：《湖南益陽兔子山九號井秦簡所見一條秦代「棄市」資料》，載王捷主編：《出土文獻與法律史研究（第六輯）》，法律出版社，2017 年版。

235. 曹旅寧：《張家山 336 號漢墓漢律竹簡與漢文帝初年賈誼除肉刑主張的實施》，載馬聰、王濤、曹旅寧主編：《出土文獻與法律史研究現狀學術研討會論文集》，暨南大學出版社，2017 年版。

236. 曹勤：《論秦漢監察制度起於文書行政》，《河北法學》2017 年第 12 期。

237. 曹勝高：《陰陽刑德與秦漢秩序認知的形成》，《古代文明》2017 年第 2 期。

238. 陳迪：《「大逆不道」還是「逆不道」——從王杖簡冊說起》，《古代文明》2017 年第 1 期。

239. 陳迪：《「覆獄故失」新考》，《社會科學》2017 年第 3 期。

240. 陳鳴：《試析長沙五一廣場東漢簡牘所見「鬥傷」案》，載馬聰、王濤、曹旅寧主編：《出土文獻與法律史研究現狀學術研討會論文集》，暨南大學出版社，2017 年版。

241. 陳松長、溫俊萍：《論秦律的罪數處罰——以「嶽麓書院藏秦簡」為中心》，載楊振紅、鄔文玲《簡帛研究（二〇一六·秋冬卷）》，廣西師範大學出版社，2017 年版。

242. 陳松長、溫俊萍：《論秦律的罪數處罰——以「嶽麓書院藏秦簡」為中心》，載楊振紅、鄔文玲主編：《簡帛研究（二〇一六·秋冬卷）》，廣西師範大學出版社，2017 年版。

243. 陳松長：《嶽麓秦簡〈亡律〉初論》，載李宗焜主編：《古文字與古代史》

（第五輯），臺北：「中央研究院」歷史語言研究所 2017 年版。

244. 陳松長：《嶽麓秦簡〈奔警律〉及相關問題淺論》，《湖南大學學報》2017 年第 5 期。

245. 陳松長：《嶽麓秦簡中的令文格式初論》，《上海師範大學學報》2017 年第 6 期。

246. 陳松長：《嶽麓秦簡中的秦令令名訂補》，載王捷主編：《出土文獻與法律史研究（第六輯）》，法律出版社，2017 年版。

247. 陳松長：《嶽麓書院藏秦簡（伍）》的內容及分組略說》，載中國文化遺產研究院編：《出土文獻研究》（第十六輯），中西書局，2017 年版。

248. 陳偉：《「奴妾」、「臣妾」與「奴婢」》，載王捷主編：《出土文獻與法律史研究（第六輯）》，法律出版社，2017 年版。

249. 陳偉：《嶽麓書院藏秦簡先王之令解讀及相關問題探討》，《史語所集刊》2017 年第 88 本第 1 分。

250. 陳玉婷：《漢武帝緡錢令新解》，《研究生法學》2017 年第 1 期。

251. 程博麗：《秦漢時期史卒歸寧制度新探》，《湖南大學學報》2017 年第 5 期。

252. 鄧長春：《釋「張杜律」》，載中國政法大學法律古籍整理研究所編：《中國古代法律文獻研究》第十一輯，社會科學文獻出版社，2017 年版。

253. 范雲飛：《秦漢祠祀律令拾遺》，載西南大學出土文獻綜合研究中心、西南大學漢語言文獻研究所主辦：《出土文獻綜合研究集刊》（第五輯），巴蜀書社，2017 年版。

254. 高士榮：《簡牘文獻中秦及漢初奴婢制度的特徵》，《敦煌學輯刊》2017 年第 1 期。

255. 高士榮：《秦漢時期的奴婢放免方式及原因分析》，《蘭州學刊》2017 年第 9 期。

256. 韓厚明：《張家山漢簡〈二年律令〉編聯小議》，載楊振紅、鄔文玲《簡帛研究（二〇一六・夏冬卷）》，廣西師範大學出版社，2017 年版。

257. 韓織陽：《「法」字源流考辨》，載西南大學出土文獻綜合研究中心、西南大學漢語言文獻研究所主辦：《出土文獻綜合研究集刊》（第五輯），巴蜀書社，2017 年版。

258. 何有祖：《讀北京大學藏秦簡牘劄記》，載王捷主編：《出土文獻與法律史研究（第六輯）》，法律出版社，2017 年版。

259. 侯旭東：《東漢〈乙瑛碑〉增置卒史事所見政務處理——以「請」、「須報」、「可許」與「書到言」為中心》，載李雪梅主編：《法律文化研究（第十輯）：古代法律碑刻專題》，社科文獻出版社，2017 年版。

260. 胡小鵬、鄭煦卓：《邊疆法律視野下的「秦胡」身份》，《社會科學戰線》2017 年第 6 期。

261. 黃楨：《再論流刑在北魏的成立——北族因素與經典比附》，《中華文史論叢》2017 年第 4 期。

262. 霍存福：《西漢揚雄〈廷尉箴〉的主旨與貢獻——法官箴言研究之二》，《當代法學》2017 年第 6 期。

263. 霍存福：《西晉傅咸〈御史中丞箴〉研究——檢察監察文化研究之一》，《北方法學》2017 年第 6 期。

264. 冀小軍：《說〈二年律令〉的「偏」字——兼談與之相關的幾個問題》，載《中國文字學報》編輯部主編：《中國文字學報》（新七輯），商務印書館，2017 年版。

265. 蔣魯敬：《〈嶽麓書院藏秦簡（三）〉劄記》，載劉玉堂主編：《楚學論叢》（第六輯），湖北人民出版社，2016 年版。

266. 李洪財：《釋簡牘中的「莫食」》，載王捷主編：《出土文獻與法律史研究（第六輯）》，法律出版社，2017 年版。

267. 李均明：《東漢時期的候審擔保——五一廣場東漢簡牘「保任」解》，《湖南大學學報》2017 年第 5 期。

268. 李萬晉：《從董仲舒行誼看〈春秋折獄〉之事例來源》，（臺）《法制史研究》第三十期。

269. 劉國忠：《五一廣場東漢永初四年詔書簡試論》，《湖南大學學報》2017 年第 5 期。

270. 劉慶：《秦漢告、劾制度辨析》，載中國秦漢史研究會編：《秦漢史論叢》（第十四輯），四川人民出版社，2017 年版。

271. 劉欣寧：《秦漢訴訟中的言辭與書面證據》，載李宗焜主編：《古文字與古代史》（第五輯），臺北：「中央研究院」歷史語言研究所，2017 年版。

272. 劉自穩：《里耶秦簡中的追書現象——從睡虎地秦簡一則行書律說起》，載中國文化遺產研究院編：《出土文獻研究》（第十六輯），中西書局，2017 年版。

273. 魯家亮：《嶽麓書院藏秦簡〈亡律〉零拾》，載王捷主編：《出土文獻與法律史研究（第六輯）》，法律出版社，2017年版。

274. 陸德富：《「毋憂案」確是冤案——兼論漢代的「內臣齊民化」嘗試》，載中國文化遺產研究院編：《出土文獻研究》（第十六輯），中西書局，2017年版。

275. 南玉泉：《東漢侍廷裏約束石券的發現與研究》，載李雪梅主編：《法律文化研究（第十輯）：古代法律碑刻專題》，社科文獻出版社，2017年版。

276. 南玉泉：《兩漢刑事訴訟的審級與權限》，載王捷主編：《出土文獻與法律史研究（第六輯）》，法律出版社，2017年版。

277. 南玉泉：《秦漢的乞鞫與覆獄》，《上海師範大學學報》2017年第1期。

278. 歐揚：《秦漢刑事訴訟中的訊新探》，載長沙簡牘博物館編：《長沙簡帛研究國際學術研討會論文集》，中西書局，2017年版。

279. 彭浩：《談〈嶽麓書院藏秦簡（肆）〉部分竹簡的歸類》，載馬聰、王濤、曹旅寧主編：《出土文獻與法律史研究現狀學術研討會論文集》，暨南大學出版社，2017年版。

280. 彭浩：《談〈嶽麓書院藏秦簡（肆）〉的「執法」》，載王捷主編：《出土文獻與法律史研究（第六輯）》，法律出版社，2017年版。

281. 宋磊：《竹簡秦漢律中的「以爵減、免、贖」非儒家「議爵」》，《首都師範大學學報》2017年第6期。

282. 孫銘：《試析「不死者歸，以為隸臣」》，載馬聰、王濤、曹旅寧主編：《出土文獻與法律史研究現狀學術研討會論文集》，暨南大學出版社，2017年版。

283. 孫曉丹：《出土簡牘所見秦代刑徒減免刑的種類及其立法意圖》，載朱勇主編：《中華法系》第九卷，中國政法大學2017年版。

284. 孫曉丹：《秦及漢初刑徒社會身份問題探析》，《江蘇社會科學》2017年第4期。

285. 孫志敏：《漢代刑徒兵役問題探析》，《江西社會科學》2017年第5期。

286. 孫志敏：《秦漢刑徒兵制與謫戍制考辨》，《古代文明》2017年第4期。

287. 唐俊峰：《秦漢劾文書格式演變初探》，載中國政法大學法律古籍整理研究所編：《中國古代法律文獻研究》第十一輯，社會科學文獻出版社，2017年版。

288. 王偉：《〈嶽麓書院藏秦簡（四）〉劄記（二則）》，載武漢大學簡帛研究中心主編：《簡帛》第十四輯，上海古籍出版社，2017 年版。

289. 魏方丹：《儒家「禮治」思想對中國古代法律的影響：從漢代「以禮入法」思考》，《信陽農林學院學報》2017 年第 1 期。

290. 魏明：《「受爵及除人關於尉」再認識》，載王捷主編：《出土文獻與法律史研究（第六輯）》，法律出版社，2017 年版。

291. 魏學宏、侯宗輝：《肩水金關漢簡中的「家屬」及其相關問題》，《敦煌研究》2017 年第 4 期。

292. 溫俊萍：《秦遷刑考略》，載王捷主編：《出土文獻與法律史研究（第六輯）》，法律出版社，2017 年版。

293. 溫俊萍：《秦「讞獄」補疑——以「嶽麓書院藏秦簡」為視角》，《上海師範大學學報》2017 年第 6 期。

294. 溫俊萍：《秦遷刑考略》，《湖南大學學報》2017 年第 5 期。

295. 文霞：《秦簡中「隸」的身份新探》，載馬聰、王濤、曹旅寧主編：《出土文獻與法律史研究現狀學術研討會論文集》，暨南大學出版社，2017 年版。

296. 鄔文玲：《張家山漢簡〈二年律令〉釋文商榷》，載中國秦漢史研究會編：《秦漢史論叢》（第十四輯），四川人民出版社，2017 年版。

297. 吳方基：《里耶秦簡「校券」與秦代跨縣債務處理》，《中國社會經濟史研究》2017 年第 4 期。

298. 吳雪飛：《長沙五一廣場簡牘法律用語續探》，載中國文化遺產研究院編：《出土文獻研究》（第十六輯），中西書局，2017 年版。

299. 夏增民：《秦代家庭中兩性關係再評估——以出土文獻為中心》，載羅家祥主編：《華中國學》第八輯，華中科技大學出版社，2017 年版。

300. 肖燦、唐夢甜：《從嶽麓秦簡「芮盜賣公列地案」論秦代市肆建築》，《湖南大學學報》2017 年第 5 期。

301. 謝坤：《里耶秦簡所見逃亡現象——從「繚可逃亡」文書的復原說起》，《古代文明》2017 年第 1 期。

302. 邢義田：《再論三辨券——讀嶽麓書院藏秦簡札記之四》，載武漢大學簡帛研究中心主編：《簡帛》第十四輯，上海古籍出版社，2017 年版。

303. 徐世虹：《出土簡牘法律文獻的定名、性質與類別》，《古代文明》2017

年第 3 期。

304. 閆曉君：《張家山漢簡〈二年律令〉與秦漢法律史研究》，載馬聰、王濤、曹旅寧主編：《出土文獻與法律史研究現狀學術研討會論文集》，暨南大學出版社，2017 年版。

305. 楊華：《禮、法合一與中國的法律傳統——以秦漢法律簡牘文書為切入點的討論》，載沈嚭、彭林、丁鼎主編：《傳統禮治與當代軟法》，北京大學出版社，2017 年版。

306. 楊勇：《鹽鐵會議「儒法之爭」與法家在西漢中期的危機》，《中國史研究》2017 年第 3 期。

307. 姚磊：《〈肩水金關漢簡（貳）〉綴合及考釋十則》，載王捷主編：《出土文獻與法律史研究（第六輯）》，法律出版社，2017 年版。

308. 伊強：《走馬樓吳簡許迪案文書中幾處文句的釋讀》，載長沙簡牘博物館編：《長沙簡帛研究國際學術研討會論文集》，中西書局，2017 年版。

309. 游逸飛、陳弘音：《里耶秦簡博物館藏第十至十六層簡牘校釋》，載周東平、朱騰主編：《法律史譯評（第四卷）》，中西書局，2017 年版。

310. 翟麥玲：《從漢代的姦罪看禮、法、俗的關係》，載馬聰、王濤、曹旅寧主編：《出土文獻與法律史研究現狀學術研討會論文集》，暨南大學出版社，2017 年版。

311. 詹今慧：《出土秦漢法律文獻中的「庶人」》，（臺）《法制史研究》2017 年第三十期。

312. 張朝陽：《長沙五一廣場東漢簡所見交址——長沙商道》，載王捷主編：《出土文獻與法律史研究（第六輯）》，法律出版社，2017 年版。

313. 張乾、杜文君：《論秦朝律法嚴峻性凸顯的原因》，《內江師範學院學報》2017 年第 11 期。

314. 張鈞濤：《〈史記〉法家人物與酷吏之異同剖析》，《渭南師範學院學報》2017 年第 13 期。

315. 張師偉：《中華法系體系構造中的儒家與法家：漢代天人感理論體系下的法律儒家化》，《政治思想史》2017 年第 1 期。

316. 張忠煒：《讀〈漢書·藝文志〉劄記三題》，載中國秦漢史研究會編：《秦漢史論叢》（第十四輯），四川人民出版社，2017 年版。

317. 張忠煒：《秦漢律令的歷史考察》，載楊一凡、朱騰主編：《歷代令考》，

社會科學文獻出版社，2017 年版。

318. 趙曉磊、侯欣一：《漢代司法程序中的先請與上請辨析》，《江蘇社會科學》2017 年第 3 期。

319. 趙曉磊：《漢代的令與詔》，載楊一凡、朱騰主編：《歷代令考》，社會科學文獻出版社，2017 年版。

320. 支強：《秦法律對刑罰的表述》，載馬聰、王濤、曹旅寧主編：《出土文獻與法律史研究現狀學術研討會論文集》，暨南大學出版社，2017 年版。

321. 支強：《秦漢律所見「群盜」犯罪的構成》，載王捷主編：《出土文獻與法律史研究（第六輯）》，法律出版社，2017 年版。

322. 中國政法大學中國法制史基礎史料研讀班：《睡虎地秦簡法律文書集釋（六）:〈秦律雜抄〉》，載中國政法大學法律古籍整理研究所編：《中國古代法律文獻研究》第十一輯，社會科學文獻出版社，2017 年版。

323. 周波：《張家山漢簡〈二年律令〉與秦簡律令對讀劄記》，載王捷主編：《出土文獻與法律史研究（第六輯）》，法律出版社，2017 年版。

324. 周海鋒：《從嶽麓書院藏〈司空律〉看秦律文本的編撰與流變情況》，載李學勤主編：《出土文獻（第十輯）》，上海：中西書局，2017 年版。

325. 周海鋒：《秦律令效力問題淺探》，載中國文化遺產研究院編：《出土文獻研究》（第十六輯），中西書局，2017 年版。

326. 周海鋒：《嶽麓書院藏秦簡〈亡律〉再探》，載長沙簡牘博物館編：《長沙簡帛研究國際學術研討會論文集》，中西書局，2017 年版。

327. 周海鋒：《嶽麓書院藏秦簡〈置吏律〉及相關問題研究》，載王捷主編：《出土文獻與法律史研究（第六輯）》，法律出版社，2017 年版。

328. 周美華：《「約法三章」與楚漢戰局》，載羅家祥主編：《華中國學》第八輯，華中科技大學出版社，2017 年版。

329. 朱德貴：《嶽麓秦簡所見〈戍律〉初探》，《社會科學》2017 年第 10 期。

330. 朱紅林：《〈嶽麓書院藏秦簡（肆）〉補注（三）》，載中國政法大學法律古籍整理研究所編：《中國古代法律文獻研究》第十一輯，社會科學文獻出版社，2017 年版。

331. 朱紅林：《〈嶽麓書院藏秦簡（肆）〉補注（一）》，載王捷主編：《出土文獻與法律史研究（第六輯）》，法律出版社，2017 年版。

332. 朱紅林：《秦漢簡「質錢」與〈周禮·質人〉中的相關制度》，載馬聰、

王濤、曹旅寧主編：《出土文獻與法律史研究現狀學術研討會論文集》，暨南大學出版社，2017 年版。

333. 朱紅林：《史與秦漢時期的決獄制度》，《社會科學輯刊》2017 年第 1 期。

334. 朱錦程：《〈嶽麓秦簡（四）〉所見秦漢制度的演變》，載長沙簡牘博物館編：《長沙簡帛研究國際學術研討會論文集》，中西書局，2017 年版。

335. 朱錦程：《簡牘所見秦代制度與倫理思想》，《倫理學研究》2017 年第 1 期。

336. 朱騰：《簡牘所見秦縣少吏研究》，《中國法學》2017 年第 4 期。

337. 朱騰：《秦漢時代律令的傳播》，《法學評論》2017 年第 4 期。

338. 朱騰：《秦縣中的史類吏員研究》，《中國人民大學學報》2017 年第 6 期。

339. 朱瀟：《秦漢司法職務犯罪及其救濟措施初探》，載王捷主編：《出土文獻與法律史研究（第六輯）》，法律出版社，2017 年版。

340. 朱瀟：《嶽麓秦簡〈為獄等狀四種〉與秦代盜罪探究》，載馬聰、王濤、曹旅寧主編：《出土文獻與法律史研究現狀學術研討會論文集》，暨南大學出版社，2017 年版。

341. 莊小霞：《「失期當斬」再探——兼論秦律與三代以來法律傳統的淵源》，載中國政法大學法律古籍整理研究所編：《中國古代法律文獻研究》第十一輯，社會科學文獻出版社，2017 年版。

342. 鄒犖：《漢代言論罪的特點及其形成背景》，《學海》2017 年第 4 期。

343. （日）宮宅潔著，姚麗譯：《關於嶽麓書院藏秦簡〈亡律〉中「廿年後九月戊戌以來」條》，載周東平、朱騰主編：《法律史譯評》（第六卷），中西書局，2018 年版。

344. （日）目黑杏子著，楊怡悅譯：《秦代縣下的「廟」——對里耶秦簡與嶽麓書院藏秦簡「秦律令」中所見諸廟的考察》，載周東平、朱騰主編：《法律史譯評》（第六卷），中西書局，2018 年版。

345. （日）土口史記著，何東譯：《嶽麓秦簡「執法」考》，載周東平、朱騰主編：《法律史譯評》（第六卷），中西書局，2018 年版。

346. （日）鷹取祐司著，魏永康譯：《漢代的「守」和「行某事」》，載周東平、朱騰主編：《法律史譯評》（第六卷），中西書局，2018 年版。

347. 方瀟：《睡虎地秦簡「身高六尺」涉數法律規定源由新探——基於陰陽五

行說的分析》,《清華法學》2018 年第 2 期。

348. 侯欣一、趙曉磊:《漢代司法程序之順位辨正——以漢代劾制為中心的再考察》,《南開學報》2018 年第 1 期。

349. 李若暉:《漢代喪服決獄對傳統禮俗的破壞與「法律儒家化」之重估》,《北京師範大學學報》2018 年第 3 期。

350. 李巍濤:《漢代文史的流變——兼論「儒法合流」的路徑選擇》,《江西社會科學》2018 年第 11 期。

351. 李一鳴:《試論漢代的民間借貸習俗與官方秩序——兼論漢代民間借貸中的「契約精神」》,《民俗研究》2018 年第 1 期。

352. 舒哲嵐:《秦漢律中的「收人」》,《古代文明》2018 年第 3 期。

353. 孫志敏:《秦漢刑役減免探析》,《古代文明》2018 年第 4 期。

354. 王彥輝:《論秦及漢初身份秩序中的「庶人」》,《歷史研究》2018 年第 4 期。

355. 徐世虹:《西漢末期法制新識——以張勳主守盜案牘為對象》,《歷史研究》2018 年第 5 期。

356. 于振波:《嶽麓書院藏秦簡始皇禁伐樹木詔考異》,《湖南大學學報》2018 年第 3 期。

357. 張朝陽:《〈史記·倉公列傳〉探微:廢除肉刑與齊文王之死》,《中華文史論叢》2018 年第 1 期。

358. 張新超:《試論秦漢刑罰中的司寇刑》,《西南大學學報》2018 年第 1 期。

359. 張燕蕊:《簡牘所見秦漢時期債務償還問題芻議》,《史學月刊》2018 年第 5 期。

360. 張忠煒:《秦漢時代司法文書的虛與實》,《中國史研究》2018 年第 2 期。

361. 朱德貴、齊丹丹:《嶽麓秦簡律令文書所見借貸關係探討》,《史學集刊》2018 年第 2 期。

362. 朱紹侯:《賈誼是提出「疑罪從無」的第一人》,《史學月刊》2018 年第 12 期。

363. 朱騰:《職位、文書與國家——秦官僚制中的史官研究》,《現代法學》2018 年第 2 期。

364. (美)李安敦著,竇磊譯:《秦漢時期瀆職與腐敗的官員》,載周東平、朱騰主編:《法律史譯評》(第七卷),中西書局,2019 年版。

365. （日）青木俊介著，蘇俊林譯：《漢代關所中馬的通行規制及其實態——來自肩水金關漢簡的分析》，載周東平、朱騰主編：《法律史譯評》（第七卷），中西書局，2019 年版。

366. （日）石原遼平著，吳明浩譯：《漢代更卒輪番勞役在各縣的不均與均一化》，載周東平、朱騰主編：《法律史譯評》（第七卷），中西書局，2019 年版。

367. （韓）金秉駿著，李瑾華譯：《東漢時期法律家的活動及其性質》，載周東平、朱騰主編：《法律史譯評》（第七卷），中西書局，2019 年版。

368. （韓）林炳德：《秦漢時期罰金刑和贖刑的演變及性質》，載楊振紅主編：《簡牘學研究》第 8 輯，甘肅人民出版社，2019 年版。

369. （日）宮崎聖明著，凌鵬譯：《明末廣東的「書辦」——〈盟水齋存牘〉中所見非正規胥吏》，載周東平、朱騰主編：《法律史譯評》（第七卷），中西書局，2019 年版。

370. （日）宮宅潔：《譯嶽麓書院所藏〈亡律〉題解》，載中國政法大學法律古籍整理研究所編：《中國古代法律文獻研究》（第十三輯），社會科學文獻出版社，2019 年版。

371. （日）水間大輔著譯：《秦漢時期裏之編制與里正、里典、父老——以嶽麓書院藏秦簡〈秦律令〉為線索》，載周東平、朱騰主編：《法律史譯評》（第七卷），中西書局，2019 年版。

372. 曹旅寧：《嶽麓秦簡從人和里耶秦簡秦始皇三十五年放免詔令》，載北京大學歷史學系、北京大學中國古代史研究中心編：《祝總斌先生九十華誕頌壽論文集》，中華書局，2019 年版。

373. 陳偉：《論嶽麓秦簡法律文獻的史料價值》，《武漢大學學報》2019 年第 2 期。

374. 鄧瑋光：《試析孫吳嘉禾年間的財政危機——以走馬樓吳簡許迪割米案為中心》，《文史》2019 年第 3 期。

375. 方瀟：《陰陽五行說視野下的秦簡「錢倍十一」規定新探——兼論里耶秦簡「水十一刻」記時制》，《政法論壇》2019 年第 5 期。

376. 郭永秉：《秦「乏不鬬律」與漢代的兩種軍法——附談「僯」字的理解》，載中國政法大學法律古籍整理研究所編：《中國古代法律文獻研究》（第十三輯），社會科學文獻出版社，2019 年版。

377. 韓星、單長城：《禮法合治、德主刑輔、王霸結合——漢代國家治理模式的確立及其現實意義》，《孔子研究》2019 年第 6 期。

378. 黃海：《由「笞」至「笞刑」——東周秦漢時期「笞刑」的產生與流變》，《社會科學》2019 年第 4 期。

379. 黃海：《由「遷」至「遷刑」——秦「遷」入刑考》，《交大法學》2019 年第 4 期。

380. 黎明釗：《長沙五一廣場出土東漢簡牘中的辭曹》，載周東平、朱騰主編：《法律史譯評》（第七卷），中西書局，2019 年版。

381. 李婧嶸：《秦漢法律中的罪數形態及處罰原則》，《古代文明》2019 年第 3 期。

382. 李均明：《長沙五一廣場東漢簡牘所見職務犯罪探究》，《鄭州大學學報》2019 年第 5 期。

383. 李力：《關於〈二年律令〉101 簡律文若干問題的討論》，載北京大學歷史學系、北京大學中國古代史研究中心編：《祝總斌先生九十華誕頌壽論文集》，中華書局，2019 年版。

384. 李如鈞：《宋人對西漢名法官張釋之的評價》，《史學彙刊》2019 年第 38 期。

385. 李銀良：《張家山漢簡〈二年律令〉辨誤二則》，《中國史研究》2019 年第 3 期。

386. 林叢：《兩漢經律融合視域下「比」的法律意義》，《湖南大學學報》2019 年第 4 期。

387. 林叢：《兩漢廷尉適格人選的變遷及其對我國法官遴選標準的啟示》，《山東大學學報》2019 年第 4 期。

388. 南玉泉：《從嶽麓秦簡識劫案看秦國的匿訾罪及其鄉里狀況》，載中國政法大學法律古籍整理研究所編：《中國古代法律文獻研究》（第十二輯），社會科學文獻出版社，2019 年版。

389. 蘇俊林：《嶽麓秦簡〈暨過誤失坐官案〉的議罪與量刑》，《史學月刊》2019 年第 8 期。

390. 田純才：《循吏與中國法律傳統——以漢代為中心的考察》，載朱勇主編：《中華法系》（第十二卷），法律出版社，2019 年版。

391. 王安宇：《秦漢時期的異地訴訟》，《中國史研究》2019 年第 3 期。

392. 王冠：《西漢三公曹「主斷獄事」探微》，載中國政法大學法律古籍整理研究所編：《中國古代法律文獻研究》（第十二輯），社會科學文獻出版社，2019 年版。

393. 王四維：《秦郡「執法」考——兼論秦郡制的發展》，《社會科學》2019 年第 11 期。

394. 王子今：《兩漢防範選官腐敗的歷史鏡鑒》，《人民論壇》2019 年第 11 期。

395. 肖洪泳：《秦漢律令性質及其關係新解》，《中南大學學報》2019 年第 6 期。

396. 楊振紅：《嶽麓書院藏秦簡（伍）有關女子重組家庭的法令與嫪毐之亂》，載楊振紅主編：《簡牘學研究》第 8 輯，甘肅人民出版社，2019 年版。

397. 姚磊：《肩水金關漢簡所見赦令研究》，《社會科學》2019 年第 10 期。

398. 余才林：《韓延壽為潁川太守考論——兼論漢初法治德治並行的治理模式》，《文史哲》2019 年第 2 期。

399. 張朝陽：《長沙五一廣場東漢簡牘所見早期房屋租賃糾紛案例研究》，《史林》2019 年第 6 期。

400. 張傳璽：《睡虎地秦簡《法律答問》「獄未斷」諸條再釋——兼論秦及漢初刑罰體系構造》，載中國政法大學法律古籍整理研究所編：《中國古代法律文獻研究》（第十二輯），社會科學文獻出版社，2019 年版。

401. 張擁軍：《驟變與漸變：秦漢之際的法律儒家化》，《學習與實踐》2019 年第 9 期。

402. 張忠煒：《里耶秦簡 10～15 補論——兼論睡虎地 77 號漢墓功次文書》，載中國政法大學法律古籍整理研究所編：《中國古代法律文獻研究》（第十三輯），社會科學文獻出版社，2019 年版。

403. 中國政法大學中國法制史基礎史料研讀會：《睡虎地秦簡法律文書集釋（八）：〈法律答問〉61～110 簡》，載中國政法大學法律古籍整理研究所編：《中國古代法律文獻研究》（第十三輯），社會科學文獻出版社，2019 年版。

404. 中國政法大學中國法制史基礎史料研讀會集體成果：《睡虎地秦簡法律文書集釋（七）：〈法律答問〉1～60 簡》，載中國政法大學法律古籍整理研究所編：《中國古代法律文獻研究》（第十二輯），社會科學文獻出版

社，2019 年版。

405. 周海鋒：《嶽麓書院藏秦簡《徭律》研究》，載楊振紅主編：《簡牘學研究》第 8 輯，甘肅人民出版社，2019 年版。

406. 周澤夏：《黃霸斷案中的「察情」及其現代啟示》，《法律適用》2019 年第 4 期。

407. 朱紅林：《嶽麓書院藏秦簡（肆）補注四》，載中國政法大學法律古籍整理研究所編：《中國古代法律文獻研究》（第十二輯），社會科學文獻出版社，2019 年版。

408. 鄒水傑：《論秦及漢初簡牘中有關逃亡的法律》，《湖南師範大學社會科學學報》2019 年第 1 期。

409. （日）海老根量介：《嶽麓書院藏秦簡〈置吏律〉劄記》，載王捷主編：《出土文獻與法律史研究》（第九輯），法律出版社，2020 年版。

410. 曹旅寧：《中國律令法系的初步形成與發達──論荊州胡家草場 12 號漢墓所出漢律令名及其相關問題》，載王捷主編：《出土文獻與法律史研究》（第九輯），法律出版社，2020 年版。

411. 曾磊：《肩水金關漢簡中的〈廄律〉遺文》，《簡帛研究》2019 年秋冬卷。

412. 陳鳴：《試析長沙五一廣場出土 cwj1①：100 號東漢簡牘所見案件》，載王捷主編：《出土文獻與法律史研究》（第八輯），法律出版社，2020 年版。

413. 陳松長：《〈嶽麓書院藏秦簡（陸）〉的內容與價值》，載王捷主編：《出土文獻與法律史研究》（第九輯），法律出版社，2020 年版。

414. 陳松長：《新見秦代吏治律令探論──基於〈嶽麓書院藏秦簡〉（陸）的秦令考察》，《政法論壇》2020 年第 1 期。

415. 陳松長：《嶽麓秦簡中的「縣官田令」初探》，《中州學刊》2020 年第 1 期。

416. 戴衛紅：《長沙五一廣場東漢簡牘所見亭長及其職務犯罪》，載王捷主編：《出土文獻與法律史研究》（第九輯），法律出版社，2020 年版。

417. 鄧建鵬、楊瀟：《儒學視界與法制敘事的侷限：〈漢書·刑法志〉新論》，載鄧建鵬主編：《法制的歷史維度》，法律出版社，2020 年版。

418. 董飛：《秦「輸作」相關問題研究──以嶽麓書院藏秦簡為中心》，《西北大學學報（哲學社會科學版）》2020 年第 5 期。

419. 何有祖：《讀睡虎地秦簡〈封診式〉劄記（三則）》，載王捷主編：《出土文獻與法律史研究》（第九輯），法律出版社，2020 年版。

420. 華東政法大學出土法律文獻研讀班：《嶽麓簡秦律令釋讀（二）》，載王捷主編：《出土文獻與法律史研究》（第九輯），法律出版社，2020 年版。

421. 華東政法大學出土法律文獻研讀班：《嶽麓簡秦律令釋讀（一）》，載王捷主編：《出土文獻與法律史研究》（第八輯），法律出版社，2020 年版。

422. 黃若瞬：《從「名法」到「名教」——論董仲舒對名法之學的批判與改造》，《福建論壇（人文社會科學版）》2020 年第 5 期。

423. 霍存福、程令政：《秦及西漢初期的姦罪與腐刑——以出土簡牘資料為主要依據》，《社會科學輯刊》2020 年第 2 期。

424. 姜建設：《破除「罷黜百家」的幻象：兩漢律學教育形態的再探討》，《史學月刊》2020 年第 3 期。

425. 雷海龍：《東漢刑徒磚銘零識》，載王捷主編：《出土文獻與法律史研究》（第九輯），法律出版社，2020 年版。

426. 李勤通：《法家實踐中的違法者群像及其反映的秦代社會——以嶽麓秦簡〈為獄等狀四種〉為中心》，常建華主編：《中國社會歷史評論》第 25 卷，天津古籍出版社，2020 年版。

427. 李勤通：《論秦漢律「律名否定論」》，載王捷主編：《出土文獻與法律史研究》（第九輯），法律出版社，2020 年版。

428. 李勤通：《嶽麓秦簡所見秦代庭審的分類及其參與者》，載鄭顯文主編：《絲綢之路沿線新發現的漢唐時期法律文書研究》，中國法制出版社，2020 年版。

429. 李如鈞：《宋人對西漢名法官張釋之的評價》，載陳俊強主編：《中國歷史文化新論：高明士教授八秩嵩壽文集》，元華文創股份有限公司，2020 年版。

430. 劉玉堂、薛源：《秦漢律令中的「不會」現象及刑徒管理》，《湖北社會科學》2020 年第 4 期。

431. 劉雲：《說帛書〈黃帝四經〉中的「達刑」》，武漢大學簡帛研究中心：《簡帛》第二十輯，上海古籍出版社，2020 年版。

432. 呂亞虎：《出土秦律中的俗禁問題》，《江漢論壇》2020 年第 9 期。

433. 馬力：《長沙五一廣場東漢簡牘「孫詩供辭不實案」考證》，載王捷主編：

《出土文獻與法律史研究》（第九輯），法律出版社，2020 年版。

434. 歐揚：《嶽麓秦簡秦郡史料補議》，《中國歷史地理論叢》2020 年第 2 期。

435. 齊偉玲：《簡牘所見秦及漢初遷刑考論》，載王捷主編：《出土文獻與法律史研究》（第八輯），法律出版社，2020 年版。

436. 石洋：《論嶽麓秦簡肆〈亡律〉中的「旅」》，載王捷主編：《出土文獻與法律史研究》（第九輯），法律出版社，2020 年版。

437. 石洋：《秦簡日書所見占盜、占亡之異同》，《文史》2020 年第 3 期。

438. 石洋：《嶽麓秦簡肆〈亡律〉所見「旅」字補說——兼論幾則關聯律文的理解》，鄔文玲、戴衛紅主編：《簡帛研究二〇二〇（春夏卷）》，廣西師範大學出版社，2020 年版。

439. 舒哲嵐：《秦漢簡牘中的「案致」——兼論漢初地方立法建議》，《湖南社會科學》2020 年第 4 期。

440. 宋潔：《呂后元年「除三族罪妖言令」發覆——兼談漢初的刑罰序列》，武漢大學簡帛研究中心：《簡帛》第二十輯，上海古籍出版社，2020 年版。

441. 宋潔：《呂后元年「除三族罪妖言令」發覆——兼談漢初的刑罰序列》，《簡帛》2020 年第 1 期。

442. 蘇俊林：《嶽麓秦簡〈奏讞文書〉的性質與編成》，《簡帛研究》2019 年秋冬卷。

443. 孫銘：《「畏奰」本義說》，載王捷主編：《出土文獻與法律史研究》（第九輯），法律出版社，2020 年版。

444. 孫銘：《初識〈秦律雜抄〉簡 37 錯誤授爵一事》，載王捷主編：《出土文獻與法律史研究》（第八輯），法律出版社，2020 年版。

445. 唐強：《讀睡虎地秦簡札記三則》，載王捷主編：《出土文獻與法律史研究》（第九輯），法律出版社，2020 年版。

446. 汪蓉蓉：《「君教」文書與東漢縣廷治獄制度考論——從長沙五一廣場東漢簡牘說起》，《古代文明》2020 年第 4 期。

447. 王安宇：《經義與法義——小議漢代「引經決獄」案例中的經法關係》，載王捷主編：《出土文獻與法律史研究》（第九輯），法律出版社，2020 年版。

448. 王安宇：《秦漢「投書」犯罪考辨》，載王捷主編：《出土文獻與法律史研

究》（第八輯），法律出版社，2020 年版。

449. 王博凱：《試論秦對家庭秩序的構建——以嶽麓秦簡為中心》，載王捷主
編：《出土文獻與法律史研究》（第九輯），法律出版社，2020 年版。

450. 王偉：《〈嶽麓書院藏秦簡（肆）〉242 號簡文勘誤——兼論秦文字中用為
「冠」的「寇」字》，武漢大學簡帛研究中心：《簡帛》第二十輯，上海
古籍出版社，2020 年版。

451. 王萍：《嶽麓秦簡〈尉卒律〉中的「比其牒」與「案比」制度》，《中國史
研究》2020 年第 2 期。

452. 王一義：《〈漢書・刑法志〉劄記一則》，載王捷主編：《出土文獻與法律
史研究》（第八輯），法律出版社，2020 年版。

453. 王子今：《論秦始皇出行逢「盜」及秦代「盜」的法律身份》，《西北大學
學報（哲學社會科學版）》2020 年第 1 期。

454. 鄔文玲：《張家山漢簡〈二年律令〉釋文商榷》，載鄭顯文主編：《絲綢之
路沿線新發現的漢唐時期法律文書研究》，中國法制出版社，2020 年
版。

455. 鄔勖：《「廷尉王恬啟」再考》，載王捷主編：《出土文獻與法律史研究》
（第八輯），法律出版社，2020 年版。

456. 吳海航、蔣宗言：《秦代刑事責任能力標準辨析》，《西北師大學報（社會
科學版）》2020 年第 3 期。

457. 薛洪波：《簡牘所見秦律「家罪」考論》，《安徽史學》2020 年第 2 期。

458. 薛洪波：《秦律「家罪」考》，《中國史研究》2020 年第 1 期。

459. 閆曉君：《秦律：中國「第一」律》，《法學》2020 年第 11 期。

460. 楊振紅：《秦漢時期「符」的尺及其演變——兼論嶽麓秦簡肆〈奔警律〉
的年代》，載鄭顯文主編：《絲綢之路沿線新發現的漢唐時期法律文書研
究》，中國法制出版社，2020 年版。

461. 姚磊：《肩水金關漢簡所見家屬符研究》，載王捷主編：《出土文獻與法律
史研究》（第九輯），法律出版社，2020 年版。

462. 姚遠：《〈長沙五一廣場東漢簡牘（壹）〉釋譯（一至四十）》，載王捷主編：
《出土文獻與法律史研究》（第八輯），法律出版社，2020 年版。

463. 張伯元：《「法令滋彰，盜賊多有」辨》，載楊一凡、陳靈海主編：重述中
國法律史（第一輯），中國政法大學出版社，2020 年版。

464. 張伯元：《「九章律」質疑》，載楊一凡、陳靈海主編：重述中國法律史（第一輯），中國政法大學出版社，2020 年版。

465. 張朝陽：《新見中國史上最早的房屋租賃糾紛案例研究》，載王捷主編：《出土文獻與法律史研究》（第九輯），法律出版社，2020 年版。

466. 張傳璽：《秦及漢初減罪之制管窺》，載王捷主編：《出土文獻與法律史研究》（第九輯），法律出版社，2020 年版。

467. 張傳璽：《秦及漢初律上的「加罪」和刑罰加等排序》，載鄭顯文主編：《絲綢之路沿線新發現的漢唐時期法律文書研究》，中國法制出版社，2020 年版。

468. 張傳璽：《秦及漢初逃亡犯罪的刑罰適用和處理程序》，《法學研究》2020 年第 3 期。

469. 張爍：《秦漢「三公」話語的生成及文化分析》，《法學評論》2020 年第 4 期。

470. 張忠煒、張春龍：《新見漢律律名疏證》，《西域研究》2020 年第 3 期。

471. 中國政法大學中國法制史基礎史料研讀會：《睡虎地秦簡法律文書集釋（九）：〈法律答問〉111～135 簡》，載中國政法大學法律古籍整理研究所編：《中國古代法律文獻研究》第 14 輯，社科文獻出版社，2020 年版。

472. 周波：《張家山漢簡〈二年律令〉校讀》，載王捷主編：《出土文獻與法律史研究》（第九輯），法律出版社，2020 年版。

473. 周海鋒：《五一簡「逐捕不知何人所盜　羅摔矛者未能得解書」淺析》，《出土文獻》2020 年第 4 期。

474. 周海鋒：《嶽麓秦簡〈卒令丙〉研究》，載王捷主編：《出土文獻與法律史研究》（第九輯），法律出版社，2020 年版。

475. 朱紅林：《〈嶽麓書院藏秦簡（肆）〉補注八》，載王捷主編：《出土文獻與法律史研究》（第八輯），法律出版社，2020 年版。

476. 朱曉雪、何相玲：《從秦漢簡牘看包山 126～127 號簡的「同室」》，載王捷主編：《出土文獻與法律史研究》（第八輯），法律出版社，2020 年版。

（四）三國兩晉南北朝

1. 何寧生：《十六國的刑事法制》，《西域研究》2011 年第 1 期。

2. 黃正建：《一條有關「武周律」的珍貴石刻資料》，《中國史研究》2011 年第 3 期。

3. 劉軍：《論北魏宗室階層的法律特權》,《雲南社會科學》2011 年第 2 期。

4. 呂志興：《南朝法制的創新及其影響——兼論「南北朝諸律,北優於南」說不能成立》,《法學研究》2011 年第 4 期。

5. 游自勇：《中古前期的冥訟——從吐魯番新出文書談起》,載徐世虹主編：《中國古代法律文獻研究》（第四輯）,法律出版社,2011 年版。

6. 付開鏡：《魏晉南北朝的犯罪代死與爭死現象芻議》,《北方論叢》2012 年第 4 期。

7. 呂志興：《南朝律學的發展及其特點——兼論「中原律學,衰於南而盛於北」說不能成》,《政法論壇》2012 年第 1 期。

8. 陶新華：《北魏後期赦對官僚政治的影響》,《湖南大學學報》2012 年第 5 期。

9. 鄧長春：《中古法制文明論——以「法理」為中心的考察》,《現代法學》2013 年第 2 期。

10. 馮婧：《魏晉南北朝律博士考》,載徐世虹主編：《中國古代法律文獻研究》（第七輯）,社科文獻出版社,2013 年版。

11. 霍存福：《「用法恒得法外意」：魏晉玄學所追求的司法、執法境界》,載霍存福主編：《法律文化論叢（第 1 輯）》,法律出版社,2013 年年版。

12. 姜黎黎：《中古「借貸」概念場詞義的演變機制》,《求索》2013 年第 11 期。

13. 梁健：《魏晉謀反罪中的兄弟連坐——基於公孫淵案、鍾會案、楊駿案的考察》,《現代法學》2013 年第 2 期。

14. 梁滿倉：《從魏晉南北朝復仇現象看「禮」對「法」的影響》,《求是學刊》2013 年第 5 期。

15. 樓勁：《北魏天興「律令」的性質和形態》,《文史哲》2013 年第 2 期。

16. 張曉玲、何寧生：《十六國的民事法制》,《西北大學學報》2013 年第 6 期。

17. 陳銳：《〈晉書·刑法志〉中的法哲學》,《政法論叢》2014 年第 2 期。

18. 關迪：《和田博物館藏佉盧文判決書考釋》,《西域研究》2014 年第 4 期。

19. 樓勁：《「法律儒家化」與魏晉以來的「制定法運動」》,《南京師大學報》2014 年第 6 期。

20. 魯家亮：《甘肅臨澤田西晉〈田產爭訟爰書〉芻議》,載武漢大學簡帛研

究中心主辦：《簡帛》第 9 輯，上海古籍出版社，2014 年版。

21. 陳翠玉、孫宗龍：《魏晉南北朝時期法律形式的變遷》，《中華文化論壇》2015 年第 4 期。

22. 景風華：《宗族與從屬：魏晉南北朝時期緣坐範圍的重構》，載張仁善主編：《南京大學法律評論（2015 年秋季卷）》，法律出版社，2015 年版。

23. 龍大軒、梁健：《曹魏〈新律〉篇目與篇次考》，《法學雜誌》2015 年第 4 期。

24. 姚周霞：《晉「故事」考》，載陳煜主編：《新路集——第五屆張晉藩法律史學基金會徵文大賽獲獎作品集》（第五集），中國政法大學出版社，2015 年版。

25. 周東平：《〈晉書·刑法志〉校注舉隅》，載徐世虹主編：《中國古代法律文獻研究》（第九輯），社科文獻出版社，2015 年版。

26. 韓樹峰：《漢晉法律的清約化之路》，載柳立言主編：《史料與法史學》，中央研究院歷史語言研究所 2016 年版。

27. 李俊強：《魏晉令性質、地位及影響考論》，《法律科學》2016 年第 1 期。

28. 梁滿倉：《論魏晉南北朝「禮」與「法」的結合》，《求是學刊》2016 年第 6 期。

29. （日）富谷至：《魏晉的律與令》，朱騰譯，徐世虹校，載楊一凡、朱騰主編：《歷代令考》，社會科學文獻出版社，2017 年版。

30. （日）會田大輔：《北周天元皇帝考》，何燕俠譯，周東平校，載周東平、朱騰主編：《法律史譯評（第五卷）》，中西書局，2017 年版。

31. 陳榮傑：《走馬樓吳簡「朱表割米自首案」整理與研究》，《中華文史論叢》2017 年第 1 期。

32. 韓樹峰：《許迪割米案中的兩個法律問題》，載長沙簡牘博物館編：《長沙簡帛研究國際學術研討會論文集》，中西書局，2017 年版。

33. 李俊強：《晉令制訂考》，載楊一凡、朱騰主編：《歷代令考》，社會科學文獻出版社，2017 年版。

34. 李書吉：《論〈太和律〉及北朝法系》，《山西大學學報》2017 年第 3 期。

35. 梁健：《魏〈官品令〉考》，載楊一凡、朱騰主編：《歷代令考》，社會科學文獻出版社，2017 年版。

36. 樓勁：《北魏天興「律令」的性質和形態》，載楊一凡、朱騰主編：《歷代

令考》，社會科學文獻出版社，2017 年版。

37. 呂志興：《梁令考論》，載楊一凡、朱騰主編：《歷代令考》，社會科學文獻出版社，2017 年版。

38. 孫東波、楊芬：《走馬樓三國吳簡吳昌長朱表盜米案初探》，載楊振紅、鄔文玲：《簡帛研究（2016 秋冬卷）》，廣西師範大學出版社，2017 年版。

39. 徐暢：《許迪割米案與三國孫吳的法治狀況》，載長沙簡牘博物館編：《長沙簡帛研究國際學術研討會論文集》，中西書局，2017 年版。

40. 楊小亮：《「表坐割匿用米行軍法」案勾稽考校》，載長沙簡牘博物館編：《長沙簡帛研究國際學術研討會論文集》，中西書局，2017 年版。

41. 楊英：《中古禮典、律典分流與西晉〈新禮〉的撰作》，《社會科學戰線》2017 年第 8 期。

42. 張朝陽：《漢晉民事司法變遷管測：基於甘肅臨澤〈田產爭訟爰書〉的探討》，《華東政法大學學報》2017 年第 1 期。

43. 張煥君、謝耀亭：《從魏晉時期心喪制度的確立看禮制與時代之關係》，載沈歸、彭林、丁鼎主編：《傳統禮治與當代軟法》，北京大學出版社，2017 年版。

44. 張榮強：《甘肅臨澤晉簡中的家產繼承與戶籍制度——兼論兩晉十六國戶籍的著錄內容》，《中國史研究》2017 年第 3 期。

45. 周永坤：《〈晉書・刑法志〉中的司法形式主義之辯》，《華東政法大學學報》2017 年第 6 期。

46. 李天石：《3～5 世紀鄯善王國水利法初探》，《南京師大學報》2018 年第 6 期。

47. 史睿：《鮮卑婚俗與北朝漢族婚姻禮法的交互影響》，《文史》2018 年第 2 期。

48. 楊國譽、湯惠生：《從新出西晉「田產爭訟爰書」簡冊看漢晉法制史研究中的幾個問題》，《理論學刊》2018 年第 1 期。

49. 鄧天珍、史少華、白雲星、方北松：《玉門花海畢家灘棺板〈晉律注〉保護修復》，《江漢考古》2019 年第 S1 期。

50. 鄧長春：《禮法之治與泰始律令》，載里贊主編：《法律史評論》（2019 年第 2 卷），社會科學文獻出版社，2019 年版。

51. 鄧長春：《南朝律家蔡法度傳略——兼駁律學「北優於南說」》，載華東

政法大學法律史研究中心編：《法律史研究》第 6 輯，法律出版社，2019
年版。

52. 李俊強：《晉書・刑法志》辨正，載華東政法大學法律史研究中心編：《法
律史研究》第 6 輯，法律出版社，2019 年版。

53. 遂子新、趙曉耕：《北魏賣女葬母案之再思索》，《法律適用》2019 年第
10 期。

54. 鍾盛：《北魏廷尉司直與監察、司法雙向監督機制的構建》，《內蒙古社會
科學》2019 年第 2 期。

55. 曹旅寧：《玉門花海〈晉律注〉補述》，載鄭顯文主編：《絲綢之路沿線新
發現的漢唐時期法律文書研究》，中國法制出版社，2020 年版。

56. 鄧長春：《南朝律家蔡法度傳略——兼駁律學「北優於南說」》，載陳靈海
主編：《法律史研究》（第 6 輯），法律出版社，2020 年版。

57. 李俊強：《〈晉書・刑法志〉辨正四則》，載陳靈海主編：《法律史研究》
（第 6 輯），法律出版社，2020 年版。

58. 梁健：《魏律修成時間考——兼駁魏律頒於太和三年說》，載楊一凡、陳
靈海主編：重述中國法律史（第一輯），中國政法大學出版社，2020 年
版。

59. 劉月靜：《〈晉書〉「手殺人」小考》，載張生主編：《法史學刊》（第 15
卷），社科文獻出版社，2020 年版。

60. 魯楠：《正法與禮法——慧遠〈沙門不敬王者論〉對佛教法文化的移植》，
《清華法學》2020 年第 1 期。

61. 齊盛：《北魏法制的文化基礎》，《廣西社會科學》2020 年第 1 期。

62. 徐暢：《長沙吳簡所見「科」與「辛丑科」考論——對孫吳及三國時代
「科」性質的再檢討》，《中國史研究》2020 年第 3 期。

63. 張一民：《北魏「毆主傷胎」案中的司法適用問題探析》，《法律適用》
2020 年第 4 期。

64. 周東平：《〈魏書・刑罰志〉譯注劄記》，載中國政法大學法律古籍整理研
究所編：《中國古代法律文獻研究》第 14 輯，社科文獻出版社，2020 年
版。

（五）隋唐五代

1. 艾永明：《唐代立法中的監督制約機制》，《法學》2011 年第 1 期。

2. 柴英：《〈唐律疏議〉主要罪名考》，《鄭州大學學報》2011 年第 3 期。

3. 陳璽：《詣臺訴事慣例對唐御史臺司法權限的影響》，《湘潭大學學報》 2011 年第 1 期。

4. 馮學偉：《敦煌吐魯番文書中的地方慣例》，《當代法學》2011 年第 2 期。

5. 桂齊遜：《唐格再析》，載徐世虹主編：《中國古代法律文獻研究》（第四輯），法律出版社，2011 年版。

6. 賈志剛：《隋唐時期中外貿易糾紛及其解決》，《陝西師範大學學報》2011 年第 2 期。

7. 金眉：《唐宋養子制度變動研究——以異姓男的收養為考察對象》，《法制與社會發展》2011 年第 4 期。

8. 李守良：《唐代私家律學著述考》，載徐世虹主編：《中國古代法律文獻研究》（第四輯），法律出版社，2011 年版。

9. 李淑媛：《從律令視角論唐代婚姻中的女性附屬地位——以〈唐律疏議〉戶婚、賊盜、鬥訟律為中心》，載徐世虹主編：《中國古代法律文獻研究》（第四輯），法律出版社，2011 年版。

10. 劉曉林：《唐律「劫殺」考》，《華東政法大學學報》2011 年第 4 期。

11. 劉玉堂：《唐代「和離」制度的法律透視》，《江漢論壇》2011 年第 5 期。

12. 田振洪：《唐代法律語境下的財產損害賠償》，《福建師範大學學報》2011 年第 3 期。

13. 王立民：《論唐律的補充條款》，《現代法學》2011 年第 1 期。

14. 王立民：《唐律與〈貞觀政要〉的吏治——一個以吏治為結合點的視角》，《政法論壇》2011 年第 5 期。

15. 王照、魏文超：《初唐盛世的法治成因》，《安徽史學》2011 年第 4 期。

16. 吳麗娛：《以法統禮：〈大唐開元禮〉的序例通則——以〈開元禮·序例〉中的令式制敕為中心》，載徐世虹主編：《中國古代法律文獻研究》（第四輯），法律出版社，2011 年版。

17. 夏婷婷：《論〈龍筋鳳髓判〉中對案件事實的推理方法》，《當代法學》2011 年第 1 期。

18. 于賡哲：《〈天聖令〉復原唐〈醫疾令〉所見官民醫學之分野》，《歷史研究》2011 年第 1 期。

19. 張春海：《論隋唐時期的司法集議》，《南開學報》2011 年第 1 期。

20. 張春海：《論唐代的安置刑》，《史學集刊》2011 年第 4 期。

21. 張春海：《論唐代的效力與罰鎮刑》，《東北師大學報》2011 年第 3 期。

22. 張春海：《試論高麗與中國法制關係之演進——以「華化」與「土俗」之爭為中心》，《復旦學報》2011 年第 1 期。

23. 張分田：《「以法理天下」的君道理論與隋唐法制的政治特徵》，《江西社會科學》2011 年第 4 期。

24. 趙晶：《唐代律令用語的規範內涵——以「財沒不追，地還本主」為考察對象》，《政法論壇》2011 年第 6 期。

25. （日）山口正晃著、顧奇莎譯：《羽 53〈吳安君分家契〉——圍繞家產繼承的一個事例》，載徐世虹主編：《中國古代法律文獻研究》（第六輯），社科文獻出版社，2012 年版。

26. 陳銳：《從系統論的觀點看〈唐律疏議〉》，《華東政法大學學報》2012 年第 1 期。

27. 陳璽：《隋唐時期巫蠱犯罪之法律懲禁》，《求索》2012 年第 7 期。

28. 陳璽：《唐代「漏泄禁中語」源流考》，《華東政法大學學報》2012 年第 1 期。

29. 陳璽：《唐代拘捕制度考論》，《社會科學輯刊》2012 年第 2 期。

30. 陳璽：《唐代奴僕告主現象考論》，《法律科學》（西北政法大學學報）2012 年第 5 期。

31. 戴建國：《唐宋專賣法的實施與律令制的變化》，《文史哲》2012 年第 6 期。

32. 龔先砦：《唐代官田置屯的實踐及法理探析》，《湖北社會科學》2012 年第 4 期。

33. 黃樓：《讀劉俊文〈唐律疏議箋解〉劄記十六則》，載徐世虹主編：《中國古代法律文獻研究》（第五輯），社科文獻出版社，2012 年版。

34. 黃慶豐：《論唐文書法律制度：以〈百道判〉為文本考》，《求索》2012 年第 11 期。

35. 李德嘉：《王者不得制人之私——以唐代官法與民契的關係為背景》，《法學》2012 年第 8 期。

36. 李俊強：《〈唐律疏議箋解〉辨正》，載徐世虹主編：《中國古代法律文獻研究》（第五輯），社科文獻出版社，2012 年版。

37. 李志剛：《唐代比部職掌的轉變及其原因試析》，《首都師範大學學報》2012 年第 2 期。

38. 劉曉林：《唐律「鬥殺」考》，《當代法學》2012 年第 2 期。

39. 劉曉林：《唐律誤殺考》，《法學研究》2012 年第 5 期。

40. 柳正權：《論唐律中的立法擬制及成因》，《法學評論》2012 年第 6 期。

41. 穆中傑：《矜老恤幼：唐律認定刑事責任能力的基點》，《理論月刊》2012 年第 5 期。

42. 錢大群：《對〈律疏〉中數處律義之解讀——管窺法典化律條之間嚴密的律學聯繫》，《當代法學》2012 年第 1 期。

43. 史睿：《再論銓選中的功狀》，載徐世虹主編：《中國古代法律文獻研究》（第六輯），社科文獻出版社，2012 年版。

44. 孫大明：《唐朝司法鑒定制度與實踐考論》，《求索》2012 年第 6 期。

45. 孫向陽：《唐律的共盜犯罪》，《中國刑事法雜誌》2012 年第 6 期。

46. 王斐弘：《敦煌析產遺囑文書探微——以族、宗族、家族、民族為視角的解構》，《北方法學》2012 年第 6 期。

47. 王立民：《略論中國古代的法律倫理——以〈唐律疏議〉為中心》，《法制與社會發展》2012 年第 3 期。

48. 魏殿金：《折杖法與唐宋量刑制度的變化》，《齊魯學刊》2012 年第 6 期。

49. 謝紅星：《傳統中國情色賄賂的法律規制——以唐律為中心》，《蘭州學刊》2012 年第 6 期。

50. 楊慧、侯振兵：《從天聖〈廄牧令〉看唐代私馬的使用和管理》，《史學月刊》2012 年第 2 期。

51. 楊志剛：《論〈唐律疏議〉對〈孝經〉的承嬗離合》，《鄭州大學學報》2012 年第 6 期。

52. 岳純之：《論唐五代法律中的十惡與五逆》，《史學月刊》2012 年第 10 期。

53. 張海峰：《唐律「十惡」一詞的佛教淵源》，《現代法學》2012 年第 3 期。

54. 章深：《唐宋官當制度的發展與終結》，《河南大學學報》2012 年第 2 期。

55. 趙曉耕、盧楠：《〈唐律疏議〉之不孝制度——「得意忘形」》，《廣東社會科學》2012 年第 4 期。

56. （日）仁井田陞著、鄭奉日譯：《以唐為中心看東亞法律》，載霍存福主

編：《法律文化論叢（第 1 輯）》，法律出版社，2013 年版。

57. 陳璽：《唐代長流刑之演進與適用》，《華東政法大學學報》2013 年第 4 期。

58. 杜文玉：《唐五代州縣內部監察機制研究》，《江西社會科學》2013 年第 2 期。

59. 高明士：《唐永徽令東宮諸府職員殘卷名稱商榷》，載徐世虹主編：《中國古代法律文獻研究》（第七輯），社科文獻出版社，2013 年版。

60. 龔先砦：《論唐代私田置屯的法律限制》，《新疆師範大學學報》2013 年第 6 期。

61. 黃正建：《唐代司法參軍的若干問題——以墓誌資料為主》，載柳立言主編：《第四屆國際漢學會議論文集：近世中國之變與不變》，「中央」研究院，2013 年版。

62. 霍存福：《唐代判詞中的實判——兼與擬判比較》，《現代法學》2013 年第 6 期。

63. 霍志軍：《唐代御史活動與判文文體的成熟》，《重慶郵電大學學報》2013 年第 3 期。

64. 李芳：《唐律「以奸論」考》，《甘肅政法學院學報》2013 年第 2 期。

65. 李建忠：《國際私法抑或人際衝突法——〈唐律疏議〉「化外人」條的法律性質辨析》，《武漢大學學報》2013 年第 3 期。

66. 劉玉堂：《唐代對官吏婚姻特權的法律規範》，《中國文化研究》2013 年第 1 期。

67. 樓勁：《隋無〈格〉、〈式〉考——關於隋代立法和法律體系的若干問題》，《歷史研究》2013 年第 3 期。

68. 馬鳳春：《〈唐律疏議〉「例」字研究》，《政法論叢》2013 年第 5 期。

69. 錢大群：《〈唐律疏義〉原創內容質疑舉隅》，載徐世虹主編：《中國古代法律文獻研究》（第七輯），社科文獻出版社，2013 年版。

70. 錢大群：《唐律的使用及〈律疏〉體制內外「法例」的運作》，《北方法學》2013 年第 1 期。

71. 談在祥：《論〈唐律〉中的過失犯罪》，《河北法學》2013 年第 9 期。

72. 王建峰：《唐代刑部尚書的出身階層與入仕途徑》，《文史哲》2013 年第 3 期。

73. 夏婷婷、霍存福：《論唐代張鷟判案擇律的方法與技巧——以〈龍筋鳳髓判〉為研究中心》，《求索》2013 年第 5 期。

74. 謝紅星：《傳統中國政治化懲貪例析——以唐前期為中心》，《北方法學》2013 年第 6 期。

75. 尹娟：《〈唐御史臺精舍題名考〉補正一則》，《中華文史論叢》2013 年第 3 期。

76. 于熠：《論唐宋商事法律制度變遷及其歷史意義》，《求索》2013 年第 3 期。

77. 岳純之：《論〈唐律疏議〉的形成、結構和影響》，《政法論叢》2013 年第 2 期。

78. 張春海：《論隋唐時期的發罪人為兵之刑》，《史學月刊》2013 年第 6 期。

79. 張先昌、曲家瑩：《隋唐監察法律文化論——以監察官員的管理制度為視角》，《法學》2013 年第 5 期。

80. 張雨：《新出唐胡演墓誌與初唐司法政務》，《中華文史論叢》2013 年第 3 期。

81. 張中秋：《為什麼說〈唐律疏議〉是一部優秀的法典》，《政法論壇》2013 年第 3 期。

82. 趙晶：《唐代〈道僧格〉再探——兼論〈天聖令·獄官令〉「僧道科法」條》，《華東政法大學學報》2013 年第 6 期。

83. 趙曉芳：《唐代西州爭訟文書與解紛機制研究》，《甘肅政法學院學報》2013 年第 4 期。

84. 朱潔琳：《唐代判詞的法律特徵與文學特徵——以白居易「百道判」為例》，《政法論壇》2013 年第 2 期。

85. （德）卡爾·賓格爾著、金晶譯：《唐法史源》，載徐世虹主編：《中國古代法律文獻研究》（第八輯），社科文獻出版社，2014 年版。

86. （日）仁井田陞著、鄭奉日譯：《唐代的封爵及食封制度》，載霍存福主編：《法律文化論叢（第 2 輯）》，法律出版社，2014 年版。

87. 陳俊強：《唐前期流放官人的研究》，載徐世虹主編：《中國古代法律文獻研究》（第八輯），社科文獻出版社，2014 年版。

88. 陳銳：《唐代判詞中的法意、邏輯與修辭——以〈文苑英華·刑獄門〉為

中心的考察》，《現代法學》2013 年第 4 期。

89. 董長春：《唐律法律解釋文本形式的意義》，《南京師大學報》2014 年第 3 期。

90. 杜文玉：《論唐五代藩鎮使府內部的監察體制》，《文史哲》2014 年第 5 期。

91. 馮紅：《從法律術語看唐代刑法主觀罪過的發展》，《河北大學學報》2014 年第 2 期。

92. 黃正建：《唐代司法參軍的知識背景考察》，載榮新江主編：《唐研究》第 20 卷，北京大學出版社，2014 年版。

93. 姜濤：《〈唐律〉中的量刑制度及其歷史貢獻》，《法學家》2014 年第 3 期。

94. 蔣楠楠：《社會變革下的宋代司法秩序——從司法活動中的「幹」說起》，《南京大學學報》2014 年第 4 期。

95. 龍大軒、秦濤：《〈晉書‧刑法志〉作者考——以唐代辛驥墓誌為新證》，《河北法學》2014 年第 6 期。

96. 樓勁：《唐太宗貞觀十一年立法研究——以〈貞觀式〉有無之懸疑為中心》，《文史哲》2014 年第 6 期。

97. 樓勁：《武德時期的立法與法律體系——說「武德新格」及所謂「又〈式〉十四卷」》，《中國史研究》2014 年第 2 期。

98. 彭炳金：《〈醫疾令〉所見唐代醫學教育及考試制度》，《天津師範大學學報》2014 年第 1 期。

99. 王立民：《〈唐律疏議〉的刑事附帶離婚制度研究》，《法學雜誌》2014 年第 7 期，第 49～54 頁。

100. 王立民：《中國古代的律文解釋與近代的刑法法條解釋之比較——以〈唐律疏議〉與〈中華民國新刑法判解彙編〉為例》，《現代法學》2014 年第 3 期。

101. 魏殿金：《唐宋「竊盜」的法定刑演變考證》，《思想戰線》2014 年第 1 期。

102. 吳麗娛：《從唐代禮書的修訂方式看禮的型制變遷》，載徐世虹主編：《中國古代法律文獻研究》（第八輯），北京：社科文獻出版社，2014 年。

103. 吳業國：《唐代江南城隍信仰及其民間司法職能研究》，《求索》2014 年第 1 期。

104. 謝波：《唐宋刑訊制度傳承演變考論》，《南昌大學學報》2014 年第 2 期。

105. 謝紅星：《唐代的請託及其法律治理困境》，《法學家》2014 年第 6 期。

106. 徐燕斌：《唐宋粉壁考》，《華東政法大學學報》2014 年第 5 期。

107. 尹成波：《理想與現實的衝突及整合——唐代「別籍異財法」研究》，《法學家》2014 年第 2 期。

108. 俞鋼：《論唐代吳興良才沈既濟的科舉選官法改革主張》，《山西大學學報》2014 年第 3 期。

109. 張田田：《〈唐律疏議〉「及其即若」四字用意辨析——從「八字例」理論切入》，載霍存福主編：《法律文化論叢（第 2 輯）》，法律出版社，2014 年版。

110. 張田田：《〈唐律疏議〉「與同罪」條款分析》，《學術研究》2014 年第 4 期。

111. 張田田：《〈唐律疏議〉中的「及」字例析——傳統中國的立法技術一瞥》，《法學家》2014 年第 5 期。

112. （日）赤木崇敏：《唐代官文書體系及其變遷——以牒、貼、狀為中心》，周東平、王威駟譯，載周東平、朱騰主編：《法律史譯評（2014 年卷）》，中國政法大學出版社，2015 年版。

113. （日）榎本淳一：《隋唐王朝朝貢體制的構造和展開》，周東平、陳進立譯，載周東平、朱騰主編：《法律史譯評（2014 年卷）》，中國政法大學出版社，2015 年版。

114. （日）仁井田陞著、鄭奉日譯：《唐宋法與高麗法》，載霍存福主編：《法律文化論叢（第 3 輯）》，法律出版社，2015 年版。

115. 陳靈海：《通往唐永徽〈律疏〉之路——中古佛教律學與世俗律學互動論》，《學術月刊》2015 年第 9 期。

116. 陳璽：《從「親眷申冤」到「刑及妻孥」：論唐代刑事訴訟中的女性》，《法學家》2015 年第 3 期。

117. 陳璽：《唐代懲禁妖妄犯罪規則之現代省思》，《法學》2015 年第 4 期。

118. 陳璽：《唐代賜死制度之演進與適用》，《華東政法大學學報》2015 年第 4 期。

119. 杜笑倩：《唐朝回紇「化俗」政策研究——以德宗時期為重點》，載里贊

主編：《法律史評論（第 8 卷）》，法律出版社，2015 年版。

120. 傅智文：《唐律「化外人」條對少數民族刑事政策的啟示》，載楊正根、張澤濤主編：《民族法學評論（第 10 卷）》，法律出版社，2015 年版。

121. 韓賓娜：《平城京與律令制》，《東北師大學報》2015 年第 6 期。

122. 何亦凡：《論唐朝端午節的律令化》，載榮新江主編：《唐研究》第二十一卷，北京大學出版社，2015 年版。

123. 黃春燕：《唐朝比附制度研究》，《法學論壇》2015 年第 5 期。

124. 霍斌：《〈天聖令·捕亡令〉所見「出玖」考辨》，《中國史研究》2015 年第 2 期。

125. 霍存福：《從考詞、考事看唐代官員的考課標準》，《法制與社會發展》2015 年第 4 期。

126. 李亞平：《論唐絲織品的輸出與唐宋律令規定的變化及影響》，《西北師大學報》2015 年第 3 期。

127. 劉曉林：《〈唐律疏議〉中的「理」考辨》，《法律科學》（西北政法大學學報）2015 年第 4 期，第 23～33 頁。

128. 劉子凡：《法藏敦煌 P.2754 文書為西州都督府長史袁公瑜判集考》，《敦煌研究》2015 年第 5 期。

129. 彭麗華：《唐代丁匠的徵發與上役管理——以《賦役令》為中心》，《史學月刊》2015 年第 4 期。

130. 錢大群：《唐代法律體系正確理解的轉捩點——辨〈新唐書〉「唐之刑書有四說」並復有關觀點》，《北方法學》2015 年第 3 期。

131. 王建峰：《唐代刑部尚書的法學素養》，《文史哲》2015 年第 5 期。

132. 王江鵬：《〈唐大詔令集〉勘誤一則》，《中國史研究》2015 年第 3 期。

133. 楊孟哲：《唐代地方監察制度的核心——州府錄事參軍研究》，載陳煜主編：《新路集——第五屆張晉藩法律史學基金會徵文大賽獲獎作品集》（第五集），中國政法大學出版社，2015 年版。

134. 岳純之：《關於〈唐律疏議〉的幾個問題》，《史學月刊》2015 年第 9 期。

135. 張朝陽：《佛教與唐律「和離」制度》，《華中科技大學學報》2015 年第 4 期。

136. 張雷：《法律史學史視域下的陳寅恪隋唐刑律制度研究》，《史學月刊》2015 年第 2 期。

137. 張維：《論唐代避諱之法律規制——以〈唐律疏議〉為中心》，載朱勇主編：《中華法系》（第六卷），法律出版社，2015 年版。

138. 鄭顯文：《〈唐律疏議〉的律注研究》，載王沛主編：《出土文獻與法律史研究（第四輯）》，上海人民出版社，2015 年版。

139. 朱文慧：《榜示·讀示·門示——〈名公書判清明集〉所見宋代司法中的信息公開》，《浙江學刊》2015 年第 5 期。

140. （韓）任大熙：《唐律中損壞類型的規定研究》，載朱勇主編：《中華法系》（第八卷），法律出版社，2016 年版。

141. （日）仁井田陞：《伯希和在敦煌發現的唐〈職員令〉的再思考》，鄭奉日譯，載霍存福主編：《法律文化論叢》第 5 輯，知識產權出版社，2016 年版。

142. （日）仁井田陞：《日唐兩令的婚姻法比較》，載霍存福主編：《法律文化論叢》第 6 輯，知識產權出版社，2016 年版。

143. 包曉悅：《論唐五代「私狀」的成立與書信格式之演變》，載榮新江主編：《唐研究》第二十二卷，北京大學出版社，2016 年版。

144. 陳惠馨：《〈唐律〉與 1751 年巴伐利亞刑法典——反思全球化觀點下法律交流與繼受模式》，載朱勇主編：《中華法系》（第八卷），法律出版社，2016 年版。

145. 陳麗萍：《中國國家圖書館藏敦煌契約文書匯錄（二）》，載劉曉、雷聞主編：《隋唐遼宋金元史論叢》第六輯，上海：上海古籍出版社，2016 年版。

146. 陳璽：《〈隋唐五代錢法輯考〉管窺》，《新西部（理論版）》2016 年第 4 期。

147. 陳璽：《唐代錢貨法制史料疏正》，載霍存福主編：《法律文化論叢》第 5 輯，知識產權出版社，2016 年版。

148. 陳璽：《唐宋加役流制度的演進與發展》，《現代法治研究》2016 年第 1 期。

149. 陳燁軒：《新發現旅順博物館藏法制文書考釋：兼論唐律在西州訴訟和斷獄中的運用》，載榮新江主編：《唐研究》第二十二卷，北京大學出版社，2016 年版。

150. 陳煜：《〈唐律疏議〉中的法律概念及其條款——兼與《大清律例》相比

較》,《中國政法大學學報》2016 年第 5 期。

151. 杜文玉:《試論唐代監察制度的特點及其歷史鑒戒》,《陝西師範大學學報》2016 年第 4 期。

152. 高積順、許少華:《唐代死刑覆核制度研究》,載朱勇主編:《中華法系》(第七卷),法律出版社,2016 年版。

153. 顧成瑞、劉欣:《唐宋時期糧食年成奏報制度述論——從天聖〈賦役令〉宋 4 條不能復原為唐令說起》,《中國農史》2016 年第 2 期。

154. 顧凌雲:《從敦煌吐魯番出土契約看唐代民間土地買賣禁令的實效》,《敦煌研究》2016 年第 3 期。

155. 何亦凡:《論唐朝端午節的律令化》,載榮新江主編:《唐研究》第 21 輯,北京大學出版社,2016 年版。

156. 侯振兵:《唐代驛丁制再探——以〈天聖令〉為中心》,《歷史教學》2016 年第 12 期。

157. 黃正建:《唐玄宗時的律令修定——律令格式編年考證之四》,載劉曉、雷聞主編:《隋唐遼宋金元史論叢》第六輯,上海:上海古籍出版社,2016 年版。

158. 黃正建:《唐玄宗時的律令修定——律令格式編年考證之四》,載劉曉、雷聞主編:《隋唐遼宋金元史論叢》第六輯,上海古籍出版社,2016 年版。

159. 霍存福:《從考詞、考事看唐代考課程序與內容》,《法制與社會發展》2016 年第 1 期。

160. 姜濤:《追尋定性與定量的結合——〈唐律〉立法技術的一個側面》,《安徽大學學報》2016 年第 1 期。

161. 金榮洲:《唐朝與中古印度訴訟制度比較研究》,載杜文玉主編《唐史論叢》第 22 輯,三秦出版社,2016 年版。

162. 金瀅坤:《唐代書判拔萃科的設置、沿革及其影響》,《廈門大學學報》2016 年第 5 期。

163. 金瀅坤:《唐五代明法科與律學教育》,《中州學刊》2016 年第 3 期。

164. 李方:《唐代水利法律與西域水利法律條文的運用》,載高田時雄主編:《敦煌寫本研究年報》2016,京都大學人文科學研究所 2016 年。

165. 李勤通:《令、格、式何以稱刑書——對《新唐書》「唐之刑書有四」的

解讀》，載杜文玉主編《唐史論叢》第 22 輯，三秦出版社，2016 年版。

166. 李守良：《唐代立法體制中的解律人管見》，《青海民族研究》2016 年第 2 期。

167. 廖靖靖：《〈天聖令〉所附唐令中的「丁」》，載杜文玉主編《唐史論叢》第 22 輯，三秦出版社，2016 年版。

168. 劉可維：《敦煌本〈十王圖〉所見刑具刑罰考——以唐宋〈獄官令〉為基礎史料》，《文史》2016 年第 3 期。

169. 劉曉林：《唐律立法體例的實證分析——以「不用此律」的表述為中心》，《政法論壇》2016 年第 5 期。

170. 牛來穎：《大谷馬政文書與〈廄牧令〉研究——以進馬文書為切入點》，載劉曉、雷聞主編：《隋唐遼宋金元史論叢》第六輯，上海：上海古籍出版社，2016 年版。

171. 牛來穎：《唐律令時代公共工程建設的勞役與征派——以〈天聖令〉為中心》，《江西社會科學》2016 年第 9 期。

172. 潘萍：《試論唐宋時期奴婢的法律地位及其發展變化》，載朱勇主編：《中華法系》（第七卷），法律出版社，2016 年版。

173. 錢大群：《律令格式不能以其圖書管理欄目名稱取代其法學概括——〈新唐書〉「四刑書」說辨析續篇》，載霍存福主編：《法律文化論叢》第 6 輯，知識產權出版社，2016 年版。

174. 沈如：《敦煌伯 3813 唐判與宋代花判》，《敦煌研究》2016 年第 1 期。

175. 孫靜蕊：《唐代士大夫階層法理與律令知識考訂》，《河北法學》2016 年第 12 期。

176. 王宏治：《唐宋已降對「竊盜罪」量刑變化的梳證》，載霍存福主編：《法律文化論叢》第 6 輯，知識產權出版社，2016 年版。

177. 王立民：《唐律涉外犯罪之研究》，《政治與法律》2016 年第 3 期。

178. 王立民：《中國傳統律學研究方法論綱——以唐律律文的研究方法為例》，《法學》2016 年第 4 期。

179. 王美華：《唐宋時期分家律法演進趨勢論析》，《人文雜誌》2016 年第 4 期。

180. 王慶衛：《唐黃君墓誌所見天授二年修定律令事發微》，載徐世虹主編：《中國古代法律文獻研究》第十輯，社科文獻出版社，2016 年版。

181. 吳洪琳：《國號與「國人」——石勒的政治取向與胡人地位的法制化》，
　　　《吉林大學社會科學學報》2016 年第 1 期。

182. 楊孟哲：《唐代地方監察體系的核心：州府錄事參軍研究》，《江西社會科
　　　學》2016 年第 2 期。

183. 楊曉宜：《唐代的法律知識教育與取才——以「律學」和「科舉」為觀察
　　　視角》，載陳景良、鄭祝君主編：《中西法律傳統》第 11 卷，中國政法大
　　　學出版社，2016 年版。

184. 張春海：《論高麗對唐司法制度的「變異」——以刑部為中心的探討》，
　　　《南京大學學報》2016 年第 4 期。

185. 張劍光：《唐五代的婚外兩性關係和社會認同——以宋人筆記為核心的
　　　考察》，《上海大學學報》2016 年第 5 期。

186. 張生：《「唐律五百條」：規範技術、法律體系與治平理念的融貫統一》，
　　　《中國社會科學院研究生院學報》2016 年第 2 期。

187. 張淑雯：《「天人合一」論與唐宋宗祧繼承》，載朱勇主編：《中華法系》
　　　（第七卷），法律出版社，2016 年版。

188. 張中秋、朱仕金：《從「文學」到「吏事」——唐宋判文演變的法律文化
　　　探析》，《法學》2016 年第 6 期。

189. 張中秋：《唐宋社會變動與法的統一性問題思考》，載朱勇主編：《中華法
　　　系》（第七卷），法律出版社，2016 年版。

190. 趙晶：《從「違令罪」看唐代律令關係》，《政法論壇》2016 年第 4 期。

191. 趙晶：《唐令復原所據史料檢證——以令式分辨為線索》，載柳立言主
　　　編：《史料與法史學》，中央研究院歷史語言研究所 2016 年版。

192. 趙晶：《中國國家圖書館藏兩件敦煌法典殘片考略》，載劉曉、雷聞主
　　　編：《隋唐遼宋金元史論叢》第六輯，上海：上海古籍出版社，2016 年
　　　版。

193. 朱琳：《唐律令制下粟特人的身份差異》，載華東政法大學研究主編：《鹿
　　　鳴集：華東政法大學優秀學位論文選（2016 年卷）》，法律出版社，2016
　　　年版。

194. 朱仕金：《唐宋判文演變的法律文化探析》，載朱勇主編：《中華法系》（第
　　　八卷），法律出版社，2016 年版。

195. （日）大高廣和：《〈大寶律令〉的制定與「蕃」「夷」》，張明晶、周東平

譯，載周東平、朱騰主編：《法律史譯評（第四卷）》，中西書局，2017 年版。

196. （日）岡野誠：《關於唐代平闕式的一個考察（上）：通過對敦煌寫本〈唐天寶職官表〉的檢討》，趙晶譯，載中國政法大學法律古籍整理研究所編：《中國古代法律文獻研究》第十一輯，社會科學文獻出版社，2017 年版。

197. （日）吉永匡史：《日本書籍中的唐代法制——以唐令復原研究為視角》，王博譯，載中國政法大學法律古籍整理研究所編：《中國古代法律文獻研究》第十一輯，社會科學文獻出版社，2017 年版。

198. （日）榎本淳一：《「唐六典」編纂的一個剖面——以重複規定為視角》，周東平、黃靜譯，載周東平、朱騰主編：《法律史譯評（第五卷）》，中西書局，2017 年版。

199. （日）榎本淳一：《〈新唐書・選舉志〉中的唐令》，何東譯，載楊一凡、朱騰主編：《歷代令考》，社會科學文獻出版社，2017 年版。

200. （日）仁井田陞：《〈唐令拾遺〉序說》，周東平譯，載楊一凡、朱騰主編：《歷代令考》，社會科學文獻出版社，2017 年版。

201. （日）土肥義和：《唐代における均田法施行の史料雜抄》，載土肥義和、氣賀澤保規編：《敦煌吐魯番文書の世界とその時代》，汲古書院，2017 年版。

202. （日）土肥義和：《永徽二年東宮諸府《職員令》的復原》，周東平譯，載楊一凡、朱騰主編：《歷代令考》，社會科學文獻出版社，2017 年版。

203. 陳璽、尤青：《唐代訴訟法律文明精神之三重維度》，《人民法院報》2017 年 2 月 24 日。

204. 陳璽：《唐代惡錢治理規則的構建與運作》，《社會科學輯刊》2017 年第 1 期。

205. 陳璽：《唐代錢法淵源考》，載杜睿哲、王勇主編：《西北法律文化資源》第一輯，中國政法大學 2017 年版。

206. 陳璽：《唐代雜治考論》，《法律科學》2017 年第 2 期。

207. 陳煜：《〈唐律疏議〉中的法律概念及其條款——兼與〈大清律例〉相比較》，載張中秋：《法與理：中國傳統法理及其當代價值研究》，中國政法大學出版社，2018 年版。

208. 陳佔地、李青峰：《武則天與貪官污吏關係辨析》，載樊英峰主編：《乾陵文化研究》第十一輯，三秦出版社，2017 年版。

209. 戴建國：《唐〈開元二十五年令·田令〉考》，載楊一凡、朱騰主編：《歷代令考》，社會科學文獻出版社，2017 年版。

210. 段知壯：《唐代官吏職務犯罪的罪責意義分析》，載王繼軍主編：《三晉法學（第十二輯）》，中國法制出版社，2018 年版。

211. 郭林虎：《貞觀赦免考》，載王繼軍主編：《三晉法學》（第十一輯），中國法制出版社，2017 年版。

212. 韓偉：《罪刑相適應：唐律類推的司法智慧》，《人民法院報》2017 年 8 月 25 日。

213. 胡文月：《論唐律中的親屬相犯懲罰制度：兼論我國〈反家庭暴力法〉的制定》，《開封大學學報》2017 年第 1 期。

214. 黃正建：《出土唐代墓誌與法律資料》，載中國政法大學法律古籍整理研究所編：《中國古代法律文獻研究》第十一輯，社會科學文獻出版社，2017 年版。

215. 李萌：《唐宋告身的法律規制》，載朱勇主編：《中華法系》第九卷，中國政法大學 2017 年版。

216. 李守良：《唐代律學教育探析》，《社會科學動態》2017 年第 8 期。

217. 李淑娟：《唐代環境保護立法的時代意蘊》，《西安建築科技大學學報》2017 年第 5 期。

218. 劉安志：《跋江西興國縣所出〈唐鍾紹京受贈誥文碑〉》，載李雪梅主編：《法律文化研究（第十輯）：古代法律碑刻專題》，社科文獻出版社，2017 年版。

219. 劉吉慶：《唐律「化外人」條——政治歸屬與法律適用的二分視角審視》，載里贊主編：《法律史評論》（第 9 卷），法律出版社，2017 年版。

220. 劉曉林：《〈唐律疏議〉中的「理」考辨》，載張中秋：《法與理：中國傳統法理及其當代價值研究》，中國政法大學出版社，2018 年版。

221. 劉曉林：《〈唐律疏議〉中的「情」考辨》，《上海師範大學學報》2017 年第 1 期。

222. 劉曉林：《唐律中的「餘條准此」考辨》，《法學研究》2017 年第 3 期。

223. 劉曉林：《唐律中的「罪名」：立法的語言、核心與宗旨》，《法學家》

2017 年第 5 期。

224. 劉玉堂：《關於唐代婚姻立法若干問題的思考》，《華中師範大學學報》2017 年第 6 期。

225. 劉志娟：《唐律懲貪之贓罪立法研究：兼與現行貪污賄賂罪的比較》，《廣西大學學報》2017 年第 5 期。

226. 劉子凡：《大谷文書唐〈醫疾令〉、〈喪葬令〉殘片研究》，《中華文史論叢》2017 年第 4 期。

227. 雒曉輝：《論武則天當政時期的大赦問題》，載樊英峰主編：《乾陵文化研究》第十一輯，三秦出版社，2017 年版。

228. 牛來穎：《時間法與唐代日常生活——〈天聖令·假寧令〉剳記》，載包偉民主編：《中國城市史研究論文集》，杭州出版社，2017 年版。

229. 牛來穎：《唐宋城市的官店與私營——以〈天聖令·關市令〉宋 15 條為例》，載包偉民主編：《中國城市史研究論文集》，杭州出版社，2017 年版。

230. 牛來穎：《詔敕入令與唐令復原》，載楊一凡、朱騰主編：《歷代令考》，社會科學文獻出版社，2017 年版。

231. 潘萍：《〈天聖·獄官令〉與唐宋司法理念之變——以官員、奴婢的司法待遇為視點》，《法制與社會發展》2017 年第 6 期。

232. 錢大群：《唐宋除、免、當官員告身之處置——試釋「〈天聖令〉讀書班」對一條《獄官令》之疑問》，《江蘇社會科學》2017 年第 3 期。

233. 邱濱澤：《唐律監臨官吏連坐制度今析》，《研究生法學》2017 年第 1 期。

234. 沈瑋瑋：《唐律的罪名分類標準：以「六贓」「七殺」為例》，《人民法院報》2017 年 8 月 18 日。

235. 宋平：《唐代中後期度支鹽鐵使的司法權運作問題——以鄧琬案為樣本》，載謝進傑主編：《中山大學法律評論》（第 14 卷第 2 輯），廣西師範大學出版社，2017 年版。

236. 宋平：《唐中後期度支鹽鐵官吏的司法權論考——以〈殷彤墓誌〉為中心的考察》，《鹽業史研究》2017 年第 3 期。

237. 孫季萍：《〈唐律〉「投匭罪」條文的是與非》，《人民法院報》2017 年 8 月 4 日。

238. 孫季萍：《讀〈唐律〉如見古君子》，《人民法院報》2017 年 4 月 21 日。

239. 孫繼民、張重豔：《唐許公墓誌銘──晚唐河溯地區的田莊標本》，載李雪梅主編：《法律文化研究（第十輯）：古代法律碑刻專題》，社科文獻出版社，2017 年版。

240. 唐蕾：《〈唐律疏議〉「罪同」與「同罪」證補》，載中國政法大學法律古籍整理研究所編：《中國古代法律文獻研究》第十一輯，社會科學文獻出版社，2017 年版。

241. 唐孟今：《唐代女性法律地位研究》，《黑河學刊》2017 年第 2 期。

242. 唐雯：《唐〈職員令〉復原與研究》，載楊一凡、朱騰主編：《歷代令考》，社會科學文獻出版社，2017 年版。

243. 田衛衛：《旅順博物館藏唐戶令殘片考──以令文復原與年代比定為為中心》，《中華文史論叢》2017 年第 3 期。

244. 王立民：《〈唐律疏議〉前言「疏議」透視》，《江海學刊》2017 年第 3 期。

245. 王立民：《唐律「化外人相犯」條屬於國際私法的質疑──兼論唐律的唐朝刑法典性質》，《法學》2017 年第 8 期。

246. 王旭：《唐代社會盜竊犯罪的治理》，《歷史教學》2017 年第 6 期。

247. 吳麗娛：《唐朝的〈喪葬令〉與喪葬禮》，載楊一凡、朱騰主編：《歷代令考》，社會科學文獻出版社，2017 年版。

248. 嚴茹蕙：《禮俗法制的交融──日本《服忌令》探源兼論與唐令關係》，（臺）《法制史研究》第三十期。

249. 楊曉宜：《唐判研讀舉隅（一）──以〈文苑英華判〉「師學門」、「刑獄門」、「為政門」為例》，載中國政法大學法律古籍整理研究所編：《中國古代法律文獻研究》第十一輯，社會科學文獻出版社，2017 年版。

250. 袁博：《從〈唐律〉看古今自首制度之異同》，《人民法院報》2017 年 4 月 14 日。

251. 張國剛：《論唐代的分家析產》，載清華大學中國經濟史研究中心編：《清華社會經濟史文集》，清華大學出版社，2017 年版。

252. 張亦冰：《唐宋時估制度的相關令文與制度實踐──兼論〈天聖令·關市令〉宋 10 條的復原》，《中國經濟史研究》2017 年第 1 期。

253. 張中秋：《為什麼說〈唐律疏議〉是一部優秀的法典──以立法學的視角為評判》，載張中秋：《法與理：中國傳統法理及其當代價值研究》，中國

政法大學出版社，2018 年版。

254. 趙晶：《中國國家圖書館藏 BD16300 號〈職制律〉殘片綴合與錄文勘正》，載劉曉、雷聞主編：《隋唐遼宋金元史論叢》第七輯，上海古籍出版社，2017 年版。

255. 趙振華：《談武周苑嘉賓墓誌與告身——以新見石刻材料為中心》，載李雪梅主編：《法律文化研究（第十輯）：古代法律碑刻專題》，社科文獻出版社，2017 年版。

256. 周子良、崔麗娟：《唐代婦女財產權探析》，載王繼軍主編：《三晉法學》（第十一輯），中國法制出版社，2017 年版。

257. 朱丹寧：《論唐律中「在室」女是否處於婚姻狀態》，《江蘇師範大學學報》2017 年第 3 期。

258. （日）辻正博著，梁辰雪譯：《〈政事要略〉所引〈會要〉內容小考》，載周東平、朱騰主編：《法律史譯評》（第六卷），中西書局，2018 年版。

259. （日）石野智大著，周東平、黃靜譯：《唐代縣行政下「不良」的犯罪調查》，載周東平、朱騰主編：《法律史譯評》（第六卷），中西書局，2018 年版。

260. （日）矢越葉子著，翟銀銀譯：《天一閣藏明鈔本天聖令的文獻學研究——作為唐令復原的方法之一》，載周東平、朱騰主編：《法律史譯評》（第六卷），中西書局，2018 年版。

261. 陳景良、王天一：《典賣與倚當：宋代法律的邏輯與生活原理——以會要體文獻為中心》，《法律科學》2018 年第 3 期。

262. 陳俊強：非流之流：《關於唐代配隸、安置、罰鎮、效力等諸問題》，載周東平、朱騰主編：《法律史譯評》（第六卷），中西書局，2018 年版。

263. 陳爽：《縱囚歸獄與初唐的德政製造》，《歷史研究》2018 年第 2 期。

264. 李勤通：《論禮法融合對唐宋司法制度的影響》，《江蘇社會科學》2018 年第 4 期。

265. 劉曉林：《立法語言抑或學理解釋？——注釋律學中的「六殺」與「七殺」》，《清華法學》2018 年第 6 期。

266. 劉曉林：《唐代監察官員的職務犯罪行為及其處罰》，《甘肅社會科學》2018 年第 5 期。

267. 牟學林：《唐代御史臺「黃卷」制度考述——兼論御史臺三院的層級秩序

及內部管理機制》,《齊魯學刊》2018 年第 2 期。

268. 孫鶴:《唐〈御史臺精舍碑〉略說》,《政法論壇》2018 年第 1 期。

269. 王立民:《論唐朝法律的開放性特徵》,《法學》2018 年第 10 期

270. 王謀寅:《唐玄宗廢死刑新論》,《廣東社會科學》2018 年第 3 期。

271. 王旭:《唐代地方監獄體制的變化》,《歷史教學》2018 年第 6 期。

272. 趙晨:《論「敕」在唐宋司法實踐中的法律效力》,《寧夏社會科學》2018 年第 6 期。

273. 趙晶:《唐令復原所據史料檢證——以〈大唐開元禮〉為中心》,《文史哲》2018 年第 2 期。

274. 鄭顯文:《從敦煌吐魯番判文看唐代司法審判的效率和質量》,《西南大學學報》2018 年第 6 期。

275. (韓)金珍付:《京兆府杖殺——唐後期杖殺的活用與京兆府的角色》,載中國政法大學法律古籍整理研究所編:《中國古代法律文獻研究》(第十三輯),社會科學文獻出版社,2019 年版。

276. (日)白石將人:《〈江都集禮〉與隋代的制禮》,載中國政法大學法律古籍整理研究所編:《中國古代法律文獻研究》(第十三輯),社會科學文獻出版社,2019 年版。

277. (日)阪上康俊:《有關唐格的若干問題》,載趙晶主編:《法律文化研究·第十三輯:敦煌、吐魯番漢文法律文獻專題》,社會科學文獻出版社,2019 年版。

278. (日)大西磨希子:《奈良時代傳入日本的文物與〈唐關市令〉——以〈天聖令·關市令〉為中心》,載中國政法大學法律古籍整理研究所編:《中國古代法律文獻研究》(第十二輯),社會科學文獻出版社,2019 年版。

279. (日)岡野誠:《新介紹的吐魯番、敦煌本〈唐律〉〈律疏〉殘片——以旅順博物館以及中國國家圖書館所藏資料為中心》,載趙晶主編:《法律文化研究·第十三輯:敦煌、吐魯番漢文法律文獻專題》,社會科學文獻出版社,2019 年版。

280. (日)岡野誠:《有關唐代平關式的一個考察(下)——以對敦煌寫本〈唐天寶職官表〉的檢討為中心》,載中國政法大學法律古籍整理研究所編:《中國古代法律文獻研究》(第十二輯),社會科學文獻出版社,2019 年版。

281. （日）河野保博著，周東平、徐敬譯：《由唐代〈廄牧令〉復原所見的唐代交通體系》，載周東平、朱騰主編：《法律史譯評》（第七卷），中西書局，2019 年版。

282. （日）吉永匡史著，周東平、陳牧君譯：《日唐關市令的成立和特質——以關於關稅的法規為中心》，載周東平、朱騰主編：《法律史譯評》（第七卷），中西書局，2019 年版。

283. （日）山本孝子：《吉儀中是否有「三幅書」？——從通婚書說起》，載中國政法大學法律古籍整理研究所編：《中國古代法律文獻研究》（第十二輯），社會科學文獻出版社，2019 年版。

284. （日）辻正博：《俄羅斯科學院東方文獻研究所藏〈唐名例律〉殘片淺析——關於 Дx.08467 的考證為主》，載趙晶主編：《法律文化研究·第十三輯：敦煌、吐魯番漢文法律文獻專題》，社會科學文獻出版社，2019 年版。

285. （日）武井紀子著，周東平、肖秋蓮譯：《日本〈倉庫令〉復原研究之現狀》，載周東平、朱騰主編：《法律史譯評》（第七卷），中西書局，2019 年版。

286. 陳璽：《藏鏹壅塞：唐代私貯過限問題之法律規制》，載華東政法大學法律史研究中心編：《法律史研究》第 6 輯，法律出版社，2019 年版。

287. 陳璽：《絹帛與錢貫：唐代贓估規則之嬗變與運行》，《學術月刊》2019 年第 4 期。

288. 陳璽：《隋唐五代銅法之構建與運作》，《社會科學輯刊》2019 年第 1 期。

289. 陳燁軒：《新發現旅順博物館藏法制文書考釋（節本）》，載趙晶主編：《法律文化研究·第十三輯：敦煌、吐魯番漢文法律文獻專題》，社會科學文獻出版社，2019 年版。

290. 池田溫、岡野誠：《敦煌、吐魯番所發現的唐代法制文獻》，載趙晶主編：《法律文化研究·第十三輯：敦煌、吐魯番漢文法律文獻專題》，社會科學文獻出版社，2019 年版。

291. 戴建國：《唐代法律體系中「式」的緣起與功能演變》，《雲南社會科學》2019 年第 6 期。

292. 戴建國：《唐格條文體例考》，載趙晶主編：《法律文化研究·第十三輯：敦煌、吐魯番漢文法律文獻專題》，社會科學文獻出版社，2019 年版。

293. 党寶海：《唐兀人朵列禿與元刻本〈唐律疏議〉〈脈經〉》，載北京大學歷史學系、北京大學中國古代史研究中心編：《祝總斌先生九十華誕頌壽論文集》，中華書局，2019 年版。

294. 段知壯：《唐代巫術犯罪背後的善惡觀探析》，載華東政法大學法律史研究中心編：《法律史研究》第 6 輯，法律出版社，2019 年版。

295. 韓樹偉：《絲路沿線出土諸民族契約文書格式比較研究》，《敦煌學輯刊》2019 年第 2 期。

296. 胡興東：《周制想像下中國古代法典法體系的再造——基於唐朝「開元六典」的考察》，《廈門大學學報》2019 年第 5 期。

297. 黃婧：《唐朝和瓦盧瓦王朝父權比較研究》，載朱勇主編：《中華法系》（第十二卷），法律出版社，2019 年版。

298. 雷聞：《俄藏敦煌 Дx.06521〈格式律令事類〉殘卷考釋》，載趙晶主編：《法律文化研究·第十三輯：敦煌、吐魯番漢文法律文獻專題》，社會科學文獻出版社，2019 年版。

299. 雷聞：《吐魯番新出土唐開元〈禮部式〉殘卷考釋》，載趙晶主編：《法律文化研究·第十三輯：敦煌、吐魯番漢文法律文獻專題》，社會科學文獻出版社，2019 年版。

300. 李錦繡：《俄藏 Дx.03558 唐〈格式律令事類·祠部〉殘卷試考》，載趙晶主編：《法律文化研究·第十三輯：敦煌、吐魯番漢文法律文獻專題》，社會科學文獻出版社，2019 年版。

301. 李守良、時溪蔓：《唐代明法科管窺》，《青海民族大學學報》2019 年第 1 期。

302. 李效傑、陳長征：《唐代契約的動態考察——以〈趙江陰政事〉和〈李娃傳〉為中心》，《思想戰線》2019 年第 4 期。

303. 李志剛：《唐後期巡院的設置及其監察實踐》，《學習與實踐》2019 年第 2 期。

304. 劉安志：《「比古死刑，殆除其半」與唐貞觀年間的死刑減免問題》，《歷史研究》2019 年第 4 期。

305. 劉霓：《唐代假寧制度立法緣由分析》，載朱勇主編：《中華法系》（第十二卷），法律出版社，2019 年版。

306. 劉曉林：《傳統刑律中的死刑限制及其技術策略——以〈唐律疏議〉中的

「至死」為中心的考察〉，《四川大學學報》2019 年第 6 期。

307. 劉子凡：《大谷文書唐〈醫疾令〉〈喪葬令〉殘片研究》，載趙晶主編：《法律文化研究·第十三輯：敦煌、吐魯番漢文法律文獻專題》，社會科學文獻出版社，2019 年版。

308. 羅慕君、張湧泉：《敦煌殘片〈唐大順二年正月七日楊文盛出租地契〉的復原和研究》，《文史》2019 年第 2 期。

309. 馬德：《敦煌本〈天復八年吳安君分家遺書〉有關問題》，載中國政法大學法律古籍整理研究所編：《中國古代法律文獻研究》（第十二輯），社會科學文獻出版社，2019 年版。

310. 牛來穎：《「功限」、「料例」與唐宋工程管理——〈天聖營繕令〉和〈營造法式〉的比較》，《故宮博物院院刊》2019 年第 10 期。

311. 彭炳金：《唐代巡察使在廉政中的作用》，《蘭州學刊》2019 年第 6 期。

312. 榮新江、史睿：《俄藏敦煌寫本〈唐令〉殘卷（Дx.03558）考釋》，載趙晶主編：《法律文化研究·第十三輯：敦煌、吐魯番漢文法律文獻專題》，社會科學文獻出版社，2019 年版。

313. 辻正博：《敦煌、吐魯番出土唐代法制文獻研究之現狀》，載趙晶主編：《法律文化研究·第十三輯：敦煌、吐魯番漢文法律文獻專題》，社會科學文獻出版社，2019 年版。

314. 史睿：《新發現的敦煌吐魯番唐律、唐格殘片研究》，載趙晶主編：《法律文化研究·第十三輯：敦煌、吐魯番漢文法律文獻專題》，社會科學文獻出版社，2019 年版。

315. 孫宗龍：《唐代法官職業倫理芻議》，《北京社會科學》2019 年第 5 期。

316. 田衛衛：《旅順博物館藏唐戶令殘片考——以令文復原與年代比定為中心》，載趙晶主編：《法律文化研究·第十三輯：敦煌、吐魯番漢文法律文獻專題》，社會科學文獻出版社，2019 年版。

317. 王炳軍：《唐代華夷關係理想圖景下的「天下法」解析》，載里贊主編：《法律史評論》（2019 年第 2 卷），社會科學文獻出版社，2019 年版。

318. 王立民：《唐朝法律助力絲綢之路建設》，《法學雜誌》2019 年第 12 期。

319. 王立民：《唐律與絲綢之路》，《江海學刊》2019 年第 1 期。

320. 王旭：《中國傳統契約唐宋躍變初論：形式定型與精神轉換》，《法學》2019 年第 8 期。

321. 王義康：《因俗而治與一體化：唐代羈縻州與唐王朝的政令法令》,《中國歷史地理論叢》2019 年第 4 期。

322. 謝波：《亂世與法制：五代後晉的刑事立法、司法及其承啟性（上）》,《交大法學》2019 年第 1 期。

323. 謝波：《亂世與法制：五代後晉的刑事立法、司法及其承啟性（下）》,《交大法學》2019 年第 2 期。

324. 于曉雯：《唐判研讀舉隅（二）——以〈文苑英華・判〉「師學門」「為政門」為例》,載中國政法大學法律古籍整理研究所編：《中國古代法律文獻研究》（第十二輯）,社會科學文獻出版社,2019 年版。

325. 張淑雯：《唐宋無子立嗣制度與中庸思想》,載朱勇主編：《中華法系》（第十二卷）,法律出版社,2019 年版。

326. 張雨：《御史臺、奏彈式與唐前期中央司法政務運行》,載中國政法大學法律古籍整理研究所編：《中國古代法律文獻研究》（第十三輯）,社會科學文獻出版社,2019 年版。

327. 張玉興：《關於五代馬步獄的起源及演變》,《齊魯學刊》2019 年第 3 期。

328. 趙晶：《中國國家圖書館藏兩件敦煌法典殘片考略》,載趙晶主編：《法律文化研究・第十三輯：敦煌、吐魯番漢文法律文獻專題》,社會科學文獻出版社,2019 年版。

329. （日）岡野誠：《新介紹的吐魯番、敦煌本〈唐律〉〈律疏〉殘片——以旅順博物館以及中國國家圖書館所藏資料為中心》,載楊一凡、陳靈海主編：重述中國法律史（第一輯）,中國政法大學出版社,2020 年版。

330. 曹京徵：《唐前期法制文明探析》,載朱勇主編：《中華法系》（第十三卷）,法律出版社,2020 年版。

331. 曹旅寧：《漢唐時期律令法系中奴婢馬牛等大宗動產買賣過程研究——以新出益陽兔子山漢簡所見異地買賣私奴婢傳致文書為線索》,《社會科學》2020 年第 1 期。

332. 陳惠馨：《從比較法學觀點分析〈唐律疏議〉》,載陳俊強主編：《中國歷史文化新論：高明士教授八秩嵩壽文集》,元華文創股份有限公司,2020 年版。

333. 陳俊強：《唐代環境管理法律探析》,載陳俊強主編：《中國歷史文化新論：高明士教授八秩嵩壽文集》,元華文創股份有限公司,2020 年版。

334. 陳銳：《〈唐律疏議〉中的「比附」探究》，《華東政法大學學報》2020 年第 3 期。

335. 陳璽：《藏鏹壅塞：唐代私貯過限問題之法律規制》，載陳靈海主編：《法律史研究》（第 6 輯），法律出版社，2020 年版。

336. 陳璽：《唐代贖法規則及其當代啟示》，《法商研究》2020 年第 6 期。

337. 段知壯：《唐代巫術犯罪背後的善惡觀探析》，載陳靈海主編：《法律史研究》（第 6 輯），法律出版社，2020 年版。

338. 岡野誠：《唐令復原方法に關する一考察——唐獄官令第 22 條を中心として－》，載陳俊強主編：《中國歷史文化新論：高明士教授八秩嵩壽文集》，元華文創股份有限公司，2020 年版。

339. 顧成瑞：《唐代「勳官充雜任」考》，載鄭顯文主編：《絲綢之路沿線新發現的漢唐時期法律文書研究》，中國法制出版社，2020 年版。

340. 顧元：《論唐代無主物法律制度》，《中國法學》2020 年第 3 期。

341. 何君：《唐代盜贓法律文書中行為主義的探討》，載鄭顯文主編：《絲綢之路沿線新發現的漢唐時期法律文書研究》，中國法制出版社，2020 年版。墓誌所見唐代薦舉中的清白科彭炳金

342. 侯振兵：《日本靜嘉堂文庫藏松下見林〈唐令（集文）〉考述》，載中國政法大學法律古籍整理研究所編：《中國古代法律文獻研究》第 14 輯，社科文獻出版社，2020 年版。

343. 侯振兵：《以〈廄牧令〉為例論〈唐六典〉對唐令的徵引——兼論〈天聖令〉所附唐令的時代問題》，黃賢全、鄒芙都主編：《西部史學》第三輯，西南師範大學出版社，2020 年版。

344. 胡興東：《「開元六典」的繼受傳播及對中華法系的影響》，《中國法學》2020 年第 3 期。

345. 黃源盛：《唐律「不應得為」新詮》，載楊一凡、陳靈海主編：重述中國法律史（第一輯），中國政法大學出版社，2020 年版。

346. 黃正建：《從有關占星妖言左道的「判」看唐代文士對此類罪行的理解與應對》，載中國政法大學法律古籍整理研究所編：《中國古代法律文獻研究》第 14 輯，社科文獻出版社，2020 年版。

347. 雷聞：《唐宋牓子的類型及其功能——從敦煌文書 P.3449＋P.3864〈刺史書儀〉說起》，載陳俊強主編：《中國歷史文化新論：高明士教授八秩嵩

壽文集》，元華文創股份有限公司，2020 年版。

348. 李勤通：《唐律「逆」罪的形成及其原因辨析》，杜文玉主編：《唐史論叢》
　　　第三十一輯，三秦出版社，2020 年版。

349. 厲廣雷：《何以移風易俗——唐律教化功能研究之二》，《法律史評論》
　　　2020 年第 2 期。

350. 厲廣雷：《〈唐律疏議〉中的法律解釋問題——一種本土的分析視角》，
　　　《南大法學》2020 年第 2 期。

351. 劉安志：《〈唐會要〉清人補撰綜考》，載陳俊強主編：《中國歷史文化新
　　　論：高明士教授八秩嵩壽文集》，元華文創股份有限公司，2020 年版。

352. 劉浩：《論唐宋請射制度的適用對象》，《學術研究》2020 年第 5 期。

353. 劉軍平、劉劍鳴：《論〈唐律疏議〉目的解釋》，《湘潭大學學報（哲學社
　　　會科學版）》2020 年第 2 期。

354. 劉曉林：《唐律中的「殺」與「死」》，《政法論壇》2020 年第 3 期。

355. 劉曉林：《唐律中的「罪止」：通過立法技術表現的慎刑與官吏控制》，
　　　《法律科學（西北政法大學學報）》2020 年第 4 期。

356. 劉馨珺：《從唐代「擬判」論法律教育——以〈文苑英華〉為主》，載陳
　　　俊強主編：《中國歷史文化新論：高明士教授八秩嵩壽文集》，元華文創
　　　股份有限公司，2020 年版。

357. 盧勇：《論〈唐律疏議〉中「輕重相舉」的解釋方法》，《法律方法》2019
　　　年第 4 期。

358. 呂琳：《唐律殺人罪的結構與特徵——讀〈唐律「七殺」研究〉》，《法律
　　　史評論》2020 年第 2 期。

359. 馬光華、李莉、陳璿：《探中外最早的呈繳本及其制度與法律——以〈實
　　　錄〉〈時政記（紀）〉〈日曆〉及〈諸司應送史館事例〉為例》，《圖書館理
　　　論與實踐》2020 年第 1 期。

360. 彭炳金：《論〈唐律〉對主典職務犯罪的懲治》，《煙臺大學學報（哲學社
　　　會科學版）》2020 年第 5 期。

361. 彭麗華：《論唐代〈營繕令〉的形成》，載鄭顯文主編：《絲綢之路沿線新
　　　發現的漢唐時期法律文書研究》，中國法制出版社，2020 年版。

362. 沈瑋瑋、徐翼：《唐太宗縱囚歸獄案再評》，《法律適用》2020 年第 12
　　　期。

363. 辻正博：《P.4745〈永徽吏部式〉小考》，載陳俊強主編：《中國歷史文化新論：高明士教授八秩嵩壽文集》，元華文創股份有限公司，2020 年版。

364. 王保民、袁博：《監察人的「盔甲」：唐代監察制度對當今監察法治建設的啟示》，《暨南史學》2020 年第 1 期。

365. 王斐弘：《歸義軍時期敦煌疑難土地糾紛解決的法律智慧——以索懷義土地返還糾紛案為例》，載鄭顯文主編：《絲綢之路沿線新發現的漢唐時期法律文書研究》，中國法制出版社，2020 年版。

366. 吳海航、蔣宗言：《漢唐之際「私鑄錢」罪名法定化過程探究》，《寧夏社會科學》2020 年第 1 期。

367. 閆強樂：《〈唐律〉在東亞世界的傳播與影響考論》，載朱勇主編：《中華法系》（第十三卷），法律出版社，2020 年版。

368. 岳純之：《現存〈唐律疏議〉是〈永徽律疏〉嗎？》，載楊一凡、陳靈海主編：重述中國法律史（第一輯），中國政法大學出版社，2020 年版。

369. 張春海：《重法：唐在「守天下」階段的雙層架構立法》，《法律史評論》2020 年第 1 期。

370. 張慧芬：《〈唐開元年間西州交河縣帖鹽城為令入鄉巡貌事〉文書貌閱律令用語研究》，《西域研究》2020 年第 1 期。

371. 張雨：《吐魯番文書所見唐前期贓贖錢物管理中的地方政務運行——以府州法曹、倉曹為中心》，載鄭顯文主編：《絲綢之路沿線新發現的漢唐時期法律文書研究》，中國法制出版社，2020 年版。

372. 趙晶：《唐代律令關係再探究——以〈唐律疏議〉所引唐令為中心》，載陳俊強主編：《中國歷史文化新論：高明士教授八秩嵩壽文集》，元華文創股份有限公司，2020 年版。

373. 趙晶：《唐令復原所據史料檢證——以令式分辨為線索》，載楊一凡、陳靈海主編：重述中國法律史（第一輯），中國政法大學出版社，2020 年版。

374. 趙耀文：《司法異化與重建威權：唐宋「指斥乘輿」罪嬗變的政治意涵》，《南大法學》2020 年第 4 期。

375. 趙貞：《〈神龍散頒刑部格〉所見「宿宵行道」考》，載鄭顯文主編：《絲綢之路沿線新發現的漢唐時期法律文書研究》，中國法制出版社，2020 年版。

376. 鄭顯文:《從敦煌吐魯番判文看唐代司法審判的效率和質量》,載鄭顯文主編:《絲綢之路沿線新發現的漢唐時期法律文書研究》,中國法制出版社,2020 年版。

377. 鄭顯文:《現存的〈唐律疏議〉為〈永徽律疏〉之新證——以敦煌吐魯番出土的唐律、律疏殘卷為中心》,載楊一凡、陳靈海主編:重述中國法律史(第一輯),中國政法大學出版社,2020 年版。

(六)宋遼金西夏元

1. (日)岡野誠:《關於天聖令所依據唐令的年代》,載徐世虹主編:《中國古代法律文獻研究》(第四輯),法律出版社,2011 年版。

2. 陳銳:《宋代的法律方法論——以〈名公書判清明集〉為中心的考察》,《現代法學》2011 年第 2 期。

3. 董昊宇:《〈天盛律令〉中的比附制度——以〈天盛律令〉「盜竊法」為例》,《寧夏社會科學》2011 年第 5 期。

4. 高明士:《天聖令的發現及其歷史意義》,載徐世虹主編:《中國古代法律文獻研究》(第四輯),法律出版社,2011 年版。

5. 郭豔豔:《試析宋代敕書中的蠲減政策》,《中國農史》2011 年第 4 期。

6. 黎樺:《地方秩序中央化:北宋川峽地區的法制演變及其教訓》,《法學評論》2011 年第 2 期。

7. 樓菁晶:《「女合得男之半」——從〈名公書判清明集〉看南宋的女分法》,《浙江社會科學》2011 年第 10 期。

8. 牛來穎:《〈天聖令〉中的「別敕」》,載徐世虹主編:《中國古代法律文獻研究》(第四輯),法律出版社,2011 年版。

9. 任燕:《論宋代的版權保護》,《法學評論》2011 年第 4 期。

10. 邵方:《西夏法典對中華法系的傳承與創新——以〈天盛律令〉為視角》,《政法論壇》2011 年第 1 期。

11. 邵方:《西夏廄牧法簡議》,《法學評論》2011 年第 4 期。

12. 宋國華:《論西夏法典中的拘捕制度》,《寧夏社會科學》2011 年第 5 期。

13. 王雲裳:《宋代軍隊經營活動中所涉及的法律刑名與懲治手段》,《浙江社會科學》2011 年第 7 期。

14. 吳樹國:《中國古代專賣研究理論的考察——以北宋政和茶法改革性質為例》,《學術月刊》2011 年第 5 期。

15. 吳志堅：《〈至正條格〉的編纂特徵與元末政治——以〈至正條格・斷例・衛禁・蕭嚴宮禁〉為例》，《中國史研究》2011 年第 3 期。

16. 張本順：《宋代婦女奩產所有權探析及其意義》，《法制與社會發展》2011 年第 5 期，第 79～96 頁。

17. 趙晶：《宋代明法科登科人員綜考》，《華東政法大學學報》2011 年第 3 期。

18. （德）弗蘭克、岳海湧：《宋朝軍法研究》，《西夏研究》2012 年第 2 期。

19. （日）川村康著、趙晶譯：《宋令演變考（上）》，載徐世虹主編：《中國古代法律文獻研究》（第五輯），社科文獻出版社，2012 年版。

20. （日）川村康著、趙晶譯：《宋令演變考（下）》，載徐世虹主編：《中國古代法律文獻研究》（第六輯），社科文獻出版社，2012 年版。

21. （日）岩井茂樹著、王旭東譯：《元代行政訴訟與審判文書——以〈元典章〉附鈔案牘「都省通例」為材料》，載徐世虹主編：《中國古代法律文獻研究》（第五輯），社科文獻出版社，2012 年版。

22. 程民生：《宋代的詣闕上訴》，《文史哲》2012 年第 2 期。

23. 初曉旭：《從〈名公書判清明集〉看南宋女兒的財產繼承權》，《學術交流》2012 年第 2 期。

24. 高玉玲：《論宋代的民事息訟——以〈名公書判清明集〉為考察中心》，《安徽師範大學學報》2012 年第 6 期。

25. 辜夢子：《詔獄緣何涉新法：北宋祖無擇案芻議》，《學術研究》2012 年第 5 期。

26. 胡淑慧：《略論金朝習慣法的形成及沿革》，載范玉吉主編：《法律與文學研究》（第 1 輯），上海三聯書店，2012 年版。

27. 金眉：《宋代奩產的法律分析》，《政法論壇》2012 年第 6 期。

28. 李昌憲：《北宋前期官品令復原研究》，《河南大學學報》2012 年第 1 期。

29. 李全德：《再談天一閣藏明鈔本〈天聖令・關市令〉之「副白」與「案記」》，《西域研究》2012 年第 3 期。

30. 李莎：《試析元代的刑律優免政策》，《學術探索》2012 年第 1 期。

31. 劉篤才：《宋代法意之殤》，《政法論叢》2012 年第 5 期。

32. 劉曉：《〈大元通制〉到〈至正條格〉：論元代的法典編纂體系》，《文史哲》2012 年第 1 期。

33. 劉昕：《宋代政府對訟師教唆誣告行為的法律規制》，《湖南社會科學》2012 年第 3 期。

34. 柳立言：《〈名公書判清明集〉的無名書判——研究方法的探討》，載徐世虹主編：《中國古代法律文獻研究》（第五輯），社科文獻出版社，2012 年版。

35. 柳立言：《妾侍對上通仕：剖析南宋繼承案〈建昌縣劉氏訴立嗣事〉》，《中國史研究》2012 年第 2 期。

36. 欒時春：《宋代證據證明的基本原則》，《學術論壇》2012 年第 11 期。

37. 呂志興：《宋令的變化與律令法體系的完備》，《當代法學》2012 年第 2 期。

38. 邵方：《西夏的兵役制度論》，《中國政法大學學報》2012 年第 5 期。

39. 蘇麗娜：《元朝收繼婚的法律調整》，《江西社會科學》2012 年第 8 期。

40. 孫繼民、郭兆斌：《從黑水城出土文書看元代的肅政廉訪司刷案制度》，《寧夏社會科學》2012 年第 2 期。

41. 王曉龍、杜敬紅：《宋代監司對宋代法律文明建設的貢獻》，《河北大學學報》2012 年第 6 期。

42. 王軼英：《論北宋維護邊防安全的法律措施——以宋遼關係為背景》，《雲南社會科學》2012 年第 2 期。

43. 王元林：《試析黑水城遺址出土西夏軍事法制文書及其文化遺產價值》，載中國文化遺產研究院編：《出土文獻研究》第十一輯，中西書局，2012 年版。

44. 張本順：《變革與轉型：宋代「別籍異財」法的時代特色、成因及意義論析》，《法制與社會發展》2012 年第 2 期。

45. 張玉海：《西夏官吏「祿食」標準管窺——以〈天盛律令〉為中心》，《寧夏社會科學》2012 年第 5 期。

46. 趙晶：《〈天聖令〉與唐宋法典研究》，載徐世虹主編：《中國古代法律文獻研究》（第五輯），社科文獻出版社，2012 年版。

47. 趙晶：《唐宋令篇目研究》，載徐世虹主編：《中國古代法律文獻研究》（第六輯），社科文獻出版社，2012 年版。

48. 中國社會科學院歷史研究所《天聖令》讀書班：《〈天聖令‧賦役令〉譯注稿》，載徐世虹主編：《中國古代法律文獻研究》（第六輯），社科文獻

出版社，2012 年版。

49. （英）馬若斐著、陳煜譯：《南宋時期的司法推理》，載徐世虹主編：《中國古代法律文獻研究》（第七輯），社科文獻出版社，2013 年版。

50. 陳景良：《理論與實踐：宋代法官是如何審理田宅訴訟的——2010 年 11 月在中南財經政法大學「學術前沿」上的演講》，載霍存福主編：《法律文化論叢（第 1 輯）》，法律出版社，2013 年版。

51. 陳曉珊：《北宋保甲法制定與實施過程中的區域差異》，《史學月刊》2013 年第 6 期。

52. 初曉旭、王壹：《從〈名公書判清明集〉看南宋贅婿的財產繼承權》，《學術交流》2013 年第 10 期。

53. 戴建國：《熙豐詔獄與北宋政治》，《上海師範大學學報》2013 年第 1 期。

54. 戴羽、母雅妮：《〈天盛律令〉中的反坐制度探析》，《學術探索》2013 年第 9 期。

55. 戴羽：《〈天盛律令〉的告賞立法探析》，《社會科學家》2013 年第 11 期。

56. 戴羽：《〈天盛律令〉中的連坐制度探析》，《學術探索》2013 年第 11 期。

57. 董春林：《紹興冤獄與南宋初年的政治變奏》，《西南大學學報》2013 年第 3 期。

58. 賈燦燦：《兩宋刑部尚書人員結構考述——以判刑部、刑部尚書為中心》，《江西社會科學》2013 年第 9 期。

59. 李建東：《宋朝鞫讞分司制度及其現代啟示》，《學術探索》2013 年第 7 期。

60. 李俊豐：《論宋代官員的鬼神信仰對其司法實踐的影響——以殺人祭鬼案件為中心》，《法制與社會發展》2013 年第 4 期。

61. 梁松濤、張昊堃：《黑水城出土 ИHB. No.4794 號西夏文法典新譯及考釋》，載徐世虹主編：《中國古代法律文獻研究》（第七輯），社科文獻出版社，2013 年版。

62. 劉雙怡：《西夏與宋盜法比較研究——以〈天盛改舊新定律令〉和〈慶元條法事類〉為例》，《首都師範大學學報》2013 年第 5 期。

63. 盧瑋：《文官政治對宋代法制成熟期形成之影響評析》，《湖北社會科學》2013 年第 10 期。

64. 陸敏珍：《刑場畫圖：十一、十二世紀中國的人體解剖事件》，《歷史研究》

2013 年第 4 期。

65. 馬泓波：《〈宋會要刑法〉類、門、條、卷探析》，載徐世虹主編：《中國古代法律文獻研究》（第七輯），社科文獻出版社，2013 年版。

66. 倪彬：《「敵國」互市之「厲禁」──兩宋榷場相關法律、法規淺析》，《寧夏社會科學》2013 年第 3 期。

67. 彭炳金：《論元代對〈唐律〉姦罪立法的繼承與發展》，《河北法學》2013 年第 9 期。

68. 齊廉允：《宋朝社會救濟法律探析》，《蘭州學刊》2013 年第 10 期。

69. 喬惠全：《儒生與法吏的考試抉擇──宋代試刑法考論》，《中國政法大學學報》2013 年第 3 期。

70. 屈超立：《南宋理學家黃榦的法律觀與司法活動述論》，載四川大學歷史文化學院編：《吳天墀教授百年誕辰紀念文集（1913～2013）》，四川人民出版社，2013 年版。

71. 邵方：《略論西夏法典對契約的規制》，《法學評論》2013 年第 6 期。

72. 蘇潔：《宋代家法族規與基層社會治理》，《現代法學》2013 年第 3 期。

73. 孫健：《宋代行政法中的「例」、「法」關係──以封贈制度為例》，《雲南社會科學》2013 年第 3 期。

74. 謝波：《論五代後唐刑事法制之變化──兼駁五代「無法」、「刑重」說》，《甘肅政法學院學報》2013 年第 2 期。

75. 許光縣：《西夏耕地保護法律初探》，《寧夏社會科學》2013 年第 1 期。

76. 游彪：《宋代有關僧尼的法條初探》，《河南大學學報》2013 年第 3 期。

77. 張本順：《南宋親屬間財產訴訟的調解模式初探》，《天府新論》2013 年第 1 期。

78. 張本順：《宋代獄訟胥吏之弊及其成因探析》，《四川師範大學學報》2013 年第 4 期。

79. 張雨：《從〈天聖令〉食實封條看中古食封制度向俸給形式的轉變》，載徐世虹主編：《中國古代法律文獻研究》（第七輯），社科文獻出版社，2013 年版。

80. 張正印：《宋代「鞫讞分司」辨析》，《當代法學》2013 年第 1 期。

81. 趙勝男、王華：《〈名公書判清明集〉立嗣案件中的糾紛解決文化特質之探析》，《東南大學學報》2013 年第 S1 期。

82. 中國社會科學院歷史研究所《天聖令》讀書班：《〈天聖令‧倉庫令〉譯注稿》，載徐世虹主編：《中國古代法律文獻研究》（第七輯），社科文獻出版社，2013 年版。

83. 陳景良：《唐宋州縣治理的本土經驗：從宋代司法職業化的趨向說起》，《法制與社會發展》2014 年第 1 期。

84. 戴建國：《南宋基層社會的法律人——以私名貼書、訟師為中心的考察》，《史學月刊》2014 年第 2 期。

85. 戴羽：《西夏附加刑考探》，《蘭州學刊》2014 年第 4 期。

86. 杜路、馬治國：《宋代民間好訟之風的成因研究》，《人文雜誌》2014 年第 5 期。

87. 高玉玲、肖建新：《論宋代對官吏私權的法律限制》，《理論月刊》2014 年第 2 期。

88. 黃正建：《〈天聖令〉中宋令及〈養老令〉對唐令修改的比較》，載徐世虹主編：《中國古代法律文獻研究》（第八輯），社科文獻出版社，2014 年版。

89. 李清章、閻孟祥：《宋代行政法對唐制的傳承與變革》，《河北學刊》2014 年第 2 期。

90. 劉昕：《宋代訟師對宋代州縣審判的衝擊探析》，《湖南社會科學》2014 年第 1 期。

91. 柳立言：《吏理中的法理：宋代開國時的法制原則》，載徐世虹主編：《中國古代法律文獻研究》（第八輯），社科文獻出版社，2014 年版。

92. 茆巍：《宋慈卒年小考》，《中國司法鑒定》2014 年第 4 期，第 115～117 頁。

93. 苗潤博：《再論宋太宗即位大赦詔——詔令文書流傳變異的文獻學考察》，《中國史研究》2014 年第 2 期。

94. 汪慶紅：《結構與功能的背離：宋代州府司法中的長屬分職與長官專權》，《北方法學》2014 年第 5 期。

95. 汪慶紅：《宋代州府司法的理性化悖論》，《北方論叢》2014 年第 4 期。

96. 王豔：《宋代告賞立法探析》，《中州學刊》2014 年第 5 期。

97. 王志民、李玉君：《論元代收繼婚與中原婚制的衝突與融合》，載霍存福主編：《法律文化論叢（第 2 輯）》，法律出版社，2014 年版。

98. 薛磊：《元代州判官兼捕盜考述——從兩方「州判官兼捕盜印」說起》，《西北師大學報》2014 年第 6 期。

99. 岳純之：《論〈刑統賦疏〉及其法學價值》，《政法論叢》2014 年第 2 期。

100. 張本順：《反思傳統調解研究中的韋伯倫理「類型學」範式——以宋代親屬間財產訴訟調解為中心》，《甘肅政法學院學報》2014 年第 6 期。

101. 張本順：《論宋代親屬財產爭訟的司法藝術風格與精神》，《四川師範大學學報》2014 年第 4 期。

102. 張帆：《〈元典章〉本校舉例》，載徐世虹主編：《中國古代法律文獻研究》（第八輯），社科文獻出版社，2014 年版。

103. 趙宏、王曉龍：《宋代立法中的文明趨向》，《河北大學學報》2014 年第 2 期。

104. 趙璐璐：《從〈捕亡令〉看唐宋治安管理方式的轉變》，《史學月刊》2014 年第 3 期。

105. 鄭鵬：《元代大赦與政治關係論析》，《史學月刊》2014 年第 12 期。

106. 中國社會科學院歷史研究所《天聖令》讀書班：《〈天聖令·廄牧令〉譯注稿》，載徐世虹主編：《中國古代法律文獻研究》（第八輯），社科文獻出版社，2014 年版。

107. 朱文慧：《現實與觀念：南宋社會「民風好訟」現象再認識》，《中山大學學報》2014 年第 6 期。

108. （日）大原良通著、范一楠譯：《吐蕃的法律文書——以法國國立圖書館所藏 P.t.1073 文書為中心》，載徐世虹主編：《中國古代法律文獻研究》（第九輯），社科文獻出版社，2015 年版。

109. （日）大澤正昭著、吳承翰譯：《南宋判語所見的地方權勢地方權勢者、豪民》，載徐世虹主編：《中國古代法律文獻研究》（第九輯），社科文獻出版社，2015 年版。

110. （日）青木敦著、趙晶譯：《地方法的積聚及其法典化——以五代－宋的特別法為中心》，載徐世虹主編：《中國古代法律文獻研究》（第九輯），社科文獻出版社，2015 年版。

111. 陳景良、吳歡：《宋代司法公正的制度性保障及其近世化趨向》，《河南大學學報》2015 年第 1 期。

112. 賈文龍：《宋朝鞫讞分司制度的歷史浮沉》，載姜錫東主編：《宋史研究論

叢》（第十六輯），河北大學出版社，2015 年版。

113. 姜歆：《論西夏的起訴制度》，《寧夏社會科學》2015 年第 2 期。

114. 李雲龍：《宋代行政例芻議——以事例為中心的考察》，《求索》2015 年第 9 期。

115. 盧燕娟：《從熙寧變法看中國歷史中的理性法制訴求》，《中國政法大學學報》2015 年第 1 期。

116. 駱詳譯：《從〈天盛律令〉看西夏水利法與中原法的制度淵源關係——兼論西夏計田出役的制度淵源》，《中國農史》2015 年第 5 期。

117. 喬惠全：《世變與衛道：宋代「造祅書祅言」罪的演變與士大夫的司法應對》，載陳明主編：《原道（第 25 輯）》，東方出版社，2015 年版。

118. 譚黛麗、於光建：《從〈天盛律令〉看西夏的出工抵債問題——基於唐、宋、西夏律法的比較》，《寧夏社會科學》2015 年第 3 期。

119. 王曉龍、吳妙嬋：《宋代立法與司法技術的創新和進步》，《河北大學學報》2015 年第 2 期。

120. 王忠燦：《宋代法律與風俗的衝突及其化解：以「士庶喪葬法」為中心》，載陳明主編：《原道（第 25 輯）》，東方出版社，2015 年版。

121. 夏濤：《論宋代女性經濟犯罪問題》，《河北大學學報》2015 年第 5 期。

122. 張本順、陳景良：《宋代親屬財產訴訟中的「利益衡平」藝術及其當代借鑒》，《蘭州學刊》2015 年第 6 期。

123. 趙璐璐：《里正職掌與唐宋間差科徵發程序的變化——兼論〈天聖令·賦役令〉宋令第 9 條的復原》，《史學月刊》2015 年第 10 期。

124. 中國社會科學院歷史研究所《天聖令》讀書班：《〈天聖令？關市令〉譯注稿》，載徐世虹主編：《中國古代法律文獻研究》（第九輯），社科文獻出版社，2015 年版。

125. 中國社會科學院歷史研究所《天聖令》讀書班：《〈天聖令·捕亡令〉譯注稿》，載徐世虹主編：《中國古代法律文獻研究》（第九輯），社科文獻出版社，2015 年版。

126. 周思成：《元代刑法中的所謂「敲」刑與「有斬無絞」之說辨正》，《求索》2015 年第 2 期。

127. 安北江：《西夏法典的演變及緣由綜論》，《西夏研究》2016 年第 4 期。

128. 程豔：《宋代茶葉貿易的法律保護與歷史啟發》，《農業考古》2016 年第

2 期。

129. 鄧齊濱、李沖:《遼代官吏贓罪考》,《北方文物》2016 年第 3 期。

130. 龔延明:《宋代刑部建制述論——制度史的靜態研究》,《河北大學學報》2016 年第 5 期。

131. 胡興東:《宋朝對士大夫官僚法律知識改善措施、失敗及其影響研究》,《思想戰線》2016 年第 2 期。

132. 胡興東:《宋朝法律形式及其變遷問題研究》,《北方法學》2016 年第 1 期。

133. 胡興東:《宋代判例問題考辨》,《雲南師範大學學報》2016 年第 1 期。

134. 霍存福:《宋代「鞫讞分司」:「聽」「斷」合一與分立的體制機制考察》,《社會科學輯刊》2016 年第 6 期。

135. 霍存福:《宋代法官的職業操守——對府州司理參軍、司法參軍的履職考察》,《北方論叢》2016 年第 6 期。

136. 冀明武:《遼朝藩漢分治法制模式略論》,《北方文物》2016 年第 3 期。

137. 姜歆:《論唐宋司法制度對西夏司法制度的影響》,《西夏研究》2016 年第 2 期。

138. 李爽:《高句麗法律制度研究》,《北方文物》2016 年第 3 期。

139. 李雪梅:《公文中的動態司法:南宋〈給復學田公牒〉和〈給復學田省劄〉碑文考釋》,載徐世虹主編:《中國古代法律文獻研究》第十輯,社科文獻出版社,2016 年版。

140. 李玉君、崔健:《金代法制變革與民族文化認同》,《學習與探索》2016 年第 5 期。

141. 李玉君、何博:《從金朝法制倫理化構建看儒家文化的向心力》,《江漢論壇》2016 年第 3 期。

142. 梁松濤、李靈均:《西夏晚期庫局分磨勘、遷轉及恩蔭禁約制度》,《寧夏社會科學》2016 年第 5 期。

143. 柳立言:《「天理」在南宋審判中的作用》,載《清華法律評論》編委會:《清華法律評論》第九卷第一輯,清華大學出版社,2016 年版。

144. 柳立言:《從立法的角度重新考察宋代曾否禁巫》,載柳立言主編:《史料與法史學》,中央研究院歷史語言研究所 2016 年版。

145. 柳立言:《第十八層地獄的聲音:宗教與宋代法律史研究法》,載陳景

良、鄭祝君主編：《中西法律傳統》第 11 卷，中國政法大學出版社，2016
年版。

146. 駱詳譯、李天石：《從〈天盛律令〉看西夏轉運司與地方財政制度——兼
與宋代地方財政制度比較》，《中國經濟史研究》2016 年第 3 期。

147. 馬子政：《宋代女性財產繼承權初探》，載吳玉章、高旭晨主編：《中國法
律史研究》（2016 年卷），社會科學文獻出版社，2016 年版。

148. 喬志勇：《大蒙古國「斷案主」刑考辨》，《中國史研究》2016 年第 4 期。

149. 喬志勇：《元代逃奴問題與國家權力》，《中華文史論叢》2016 年第 1 期。

150. 屈超立：《宋代地方政府權力制衡機制研究》，《政法論叢》2016 年第 1
期。

151. 唐犀：《元代司法文明初探》，《江淮論壇》2016 年第 2 期。

152. 田振洪、祝熹：《大宋提刑官宋慈卒年新說》，載姜錫東主編：《宋史研究
論叢》第 18 輯，河北大學出版社，2016 年版。

153. 王嶠：《〈遺山文集〉與金朝黨獄研究》，《史學集刊》2016 年第 1 期。

154. 王曉龍：《論宋代的立法與司法文明——以民事領域為中心》，《社會科
學戰線》2016 年第 4 期。

155. 肖建新：《岳飛冤獄與監察制度的異化》，《中州學刊》2016 年第 1 期。

156. 許生根：《英藏〈天盛律令〉殘卷西夏製船條款考》，《寧夏社會科學》2016
年第 2 期。

157. 張晉藩：《宋人詩文中的法觀念》，《政法論壇》2016 年第 1 期。

158. 中國社會科學院歷史研究所《天聖令》讀書班：《〈天聖令·醫疾令〉譯
注稿》，載徐世虹主編：《中國古代法律文獻研究》第十輯，社科文獻出
版社，2016 年版。

159. 中國政法大學石刻法律文獻研讀班：《南宋〈給復學田公牒〉和〈給復學
田省劄〉碑文整理》，載徐世虹主編：《中國古代法律文獻研究》第十輯，
社科文獻出版社，2016 年版。

160. （日）川村康：《宋令演變考》，趙晶譯，載楊一凡、朱騰主編：《歷代令
考》，社會科學文獻出版社，2017 年版。

161. （日）舩田善之：《蒙古諸王、道士、地方官員——蒙古時代華北社會的
命令文書及其立碑意義探索》，於磊譯，載中國政法大學法律古籍整理
研究所編：《中國古代法律文獻研究》第十一輯，社會科學文獻出版社，

2017 年版。

162. （日）舩田善之：《蒙元時代公文制度初探——以蒙文直譯體的形成與石刻上的公文為中心》，載李雪梅主編：《法律文化研究（第十輯）：古代法律碑刻專題》，社科文獻出版社，2017 年版。

163. （日）稻田奈津子：《〈慶元條法事類〉與〈天聖令〉》，載楊一凡、朱騰主編：《歷代令考》，社會科學文獻出版社，2017 年版。

164. （日）德永洋介：《北宋時期的〈盜賊重法〉》，周東平、肖秋蓮譯，載周東平、朱騰主編：《法律史譯評（第四卷）》，中西書局，2017 年版。

165. （日）岡野誠，：《關於〈天聖令〉所依據唐令的年代》，李力譯，載楊一凡、朱騰主編：《歷代令考》，社會科學文獻出版社，2017 年版。

166. （日）宮崎聖明：《論宋代「對移」制度——兼論監司對地方官員的監察體制地方軍政與中央決策》，載鄧小南主編：《過程・空間——宋代政治史再探研》，北京大學出版社，2017 年版。

167. （日）吉永匡史：《天聖捕亡令與身份制——以與奴婢相關的規定為中心》，張明晶、周東平譯，載周東平、朱騰主編：《法律史譯評（第四卷）》，中西書局，2017 年版。

168. 白賢：《「禮」與「法」之間：試論兩宋士大夫的法律觀念》，《歷史教學問題》2017 年第 6 期。

169. 白賢：《兩宋士大夫法律素養之考慮——兼與「兩宋士大夫『文學法理，咸精其能』說」商榷》，《河北大學學報》2017 年第 5 期。

170. 柴榮：《宋朝未成年人「國家監護制度」——以「叔父謀吞幼侄財產案」判詞為引子》，《法律適用》2017 年第 4 期。

171. 陳佳佳：《宋代錄問制度考論》，《政法論壇》2017 年第 2 期。

172. 陳景良：《何種之私：宋代法律及司法對私有財產權的保護》，《華東政法大學學報》2017 年第 3 期。

173. 戴建國：《〈慶元條法事類〉法條源流考》，載龔延明主編：《宋學研究》第一輯，浙江大學出版社，2017 年版。

174. 戴建國：《從佃戶到田面主：宋代土地產權形態的演變》，《中國社會科學》2017 年第 3 期。

175. 戴建國：《從兩樁案件的審理看北宋前期的法制》，《歷史教學》2017 年第 4 期。

176. 戴建國：《宋〈天聖令〉「因其舊文，參以新制定之」再探》，《史學集刊》2017 年第 5 期。

177. 戴建國：《天一閣藏明抄本〈官品令〉考》，載楊一凡、朱騰主編：《歷代令考》，社會科學文獻出版社，2017 年版。

178. 党寶海：《巨野金山寺元代榜文八思巴字蒙古文考釋——兼論元朝榜文的雙語形式》，載中國政法大學法律古籍整理研究所編：《中國古代法律文獻研究》第十一輯，社會科學文獻出版社，2017 年版。

179. 丁慧敏：《遼代德法並重治國方略初探》，《河南社會科學》2017 年第 12 期。

180. 高明士：《「天聖令學」與唐宋變革》，載楊一凡、朱騰主編：《歷代令考》，社會科學文獻出版社，2017 年版。

181. 古戴、陳景良：《宋代疑難案件中的法學命題及其反思——以「阿雲案」為分析文本》，《河南大學學報》2017 年第 3 期。

182. 郭篤凌：《泰山谷山寺敕牒碑碑陰文考論》，載李雪梅主編：《法律文化研究（第十輯）：古代法律碑刻專題》，社科文獻出版社，2017 年版。

183. 何源源、胡平仁：《宋朝監察制度的地方機構設計及其運行特點》，《湖南科技學院學報》2017 年第 2 期。

184. 胡華僑：《淺析宋代遺囑繼承案件及其相關法理分析——以〈清明集〉中相關案例為視角》，載里贊主編：《法律史評論》（第 9 卷），法律出版社，2017 年版。

185. 胡孝忠：《北宋山東〈敕賜十方靈巖寺碑〉研究》，載李雪梅主編：《法律文化研究（第十輯）：古代法律碑刻專題》，社科文獻出版社，2017 年版。

186. 胡興東：《情重於物，則置物而責情：宋元司法中的一個雙面原則》，《人民法院報》2017 年 11 月 24 日。

187. 胡興東：《宋朝「格」的立法成果和性質問題考述》，《雲南大學學報》2017 年第 3 期。

188. 劉盈辛、沈瑋瑋：《俗訓與世範：南宋袁采治家與治世的「民法」規訓》，《理論探索》2017 年第 4 期。

189. 胡興東：《宋令篇名考》，載楊一凡、朱騰主編：《歷代令考》，社會科學文獻出版社，2017 年版。

190. 胡興東：《元朝斷例編撰與判例法問題再考》，載吳玉章主編：《中國法律

史研究》（2017 年卷），社會科學文獻出版社，2017 年版。

191. 胡興東：《元令考》，載楊一凡、朱騰主編：《歷代令考》，社會科學文獻
　　　出版社，2017 年版。

192. 胡耀飛：《五代的「通判」與「判」——從福州出土〈趙偓墓誌〉談起》，
　　　載杜文玉主編：《唐史論叢》第二十五輯，三秦出版社，2017 年版。

193. 黃正建：《〈天聖令〉中的律令格式敕》，載楊一凡、朱騰主編：《歷代令
　　　考》，社會科學文獻出版社，2017 年版。

194. 姜歆：《論西夏的司法觀念》，《寧夏社會科學》2017 年第 6 期。

195. 姜宇：《金代司法官員選任制度研究》，載姜冷主編：《編輯視域中的遼金
　　　元文化研究》，黑龍江人民出版社，2017 年版。

196. 李昌憲：《元豐官品令復原研究》，載龔延明主編：《宋學研究》第一輯，
　　　浙江大學出版社，2017 年版。

197. 李濤、陳淵：《宋代主僕關係與悚支介入》，《渭南師範學院學報》2017 年
　　　第 7 期。

198. 李溫：《西夏喪服制度及其立法》，《西夏研究》2017 年第 1 期。

199. 李雪梅：《行政授權：宋代法規之公文樣態——基於碑刻史料的研究》，
　　　《蘇州大學學報（法學版）》2017 年第 1 期。

200. 李永卉：《試論南宋地方官員的離任審計法律》，《中原文化研究》2017
　　　年第 4 期。

201. 李玉君：《金代法制變革與民族文化認同》，載劉寧、齊偉主編：《遼金史
　　　論集》（第十五集），科學出版社，2017 年版。

202. 劉暢：《試論宋代法律教育及其當代啟示》，《開封大學學報》2017 年第
　　　1 期。

203. 劉曉：《元代道教公文初探——以〈承天觀公據〉與〈靈應觀甲乙住持劄
　　　付碑〉為中心》，載李雪梅主編：《法律文化研究（第十輯）：古代法律碑
　　　刻專題》，社科文獻出版社，2017 年版。

204. 劉馨珺：《請求公事——宋代地方官犯罪探析》，載周東平、朱騰主編：
　　　《法律史譯評（第五卷）》，中西書局，2017 年版。

205. 柳立言、陳建志：《北宋司法參軍毛滂與饒州安太守的法律對決》，載周
　　　東平、朱騰主編：《法律史譯評（第四卷）》，中西書局，2017 年版。

206. 呂麗、王志民：《〈元史〉中官吏貪腐案考察》，《社會科學戰線》2017 年

第 3 期。

207. 呂志興、曾友林：《宋例新探》，《現代法學》2017 年第 3 期。

208. 孟凡港：《屏盜碑與五代地方賊患治理》，《齊魯學刊》2017 年第 2 期。

209. 孟憲實：《論現存〈天聖令〉非頒行文本》，《陝西師範大學學報》2017 年第 5 期。

210. 潘斌：《司馬光〈書儀〉的撰作及現代啟示》，載沈歸、彭林、丁鼎主編：《傳統禮治與當代軟法》，北京大學出版社，2017 年版。

211. 田源：《刑事附帶民事訴訟死亡賠償金問題研究：以元代燒埋銀制度為借鑒》，載朱勇主編：《中華法系》第九卷，中國政法大學 2017 年版。

212. 田志光：《宋朝對大理寺審判權的約束機制》，載田志光：《宋代政治制度史研究》，人民出版社，2017 年版。

213. 田志光：《宋朝士大夫「以法治國」觀論析》，載田志光：《宋代政治制度史研究》，人民出版社，2017 年版。

214. 田志光：《宋代大理寺審判制度探析》，載田志光：《宋代政治制度史研究》，人民出版社，2017 年版。

215. 田志光：《宋代大理寺諸職能論析》，載田志光：《宋代政治制度史研究》，人民出版社，2017 年版。

216. 王申：《穩態與變異：論北宋哲宗朝陝西鹽法中的官商角力》，《鹽業史研究》2017 年第 1 期。

217. 王文兵：《宋代商人非制度化行為分析》，《中州學刊》2017 年第 2 期。

218. 王玉璽：《「慎刑時代」中的「重法」：宋代懲治「盜賊」的立法研究》，《唐山師範學院學報》2017 年第 1 期。

219. 吳海航：《元「田令」形式構成考析》，載楊一凡、朱騰主編：《歷代令考》，社會科學文獻出版社，2017 年版。

220. 吳樹國：《北宋募役法改革前特殊戶役探析》，《山西大學學報》2017 年第 1 期。

221. 徐公喜、汪倫舉：《南宋士大夫司法程序正義意識》，《中共福建省委黨校學報》2017 年第 5 期。

222. 楊芹：《宋代敕榜研究》，《中華文史論叢》2017 年第 4 期。

223. 楊逸：《家禮與國法之際：宋元五服制度新探》，載里贊主編：《法律史評論》（第 9 卷），法律出版社，2017 年版。

224. 尹夢：《唐代流刑執行研究》，載陳煜主編：《新路集（第六集）——第六屆張晉藩法律史學基金會徵文大賽獲獎作品集》，中國政法大學出版社，2017 年版。

225. 張錦鵬：《交易費用視角下南宋「親鄰權」的演變及調適》，《廈門大學學報》2017 年第 1 期。

226. 張明：《宋代樞密院司法事權考述》，《歷史教學》2017 年第 2 期。

227. 張文勇：《傳統「經、權」觀與宋代司法》，載姜錫東：《宋史研究論叢》第十九輯，河北大學出版社，2017 年版。

228. 趙晶：《試論宋代法律體系的多元結構——以宋令為例》，《史林》2017 年第 4 期。

229. 趙晶：《唐宋〈倉庫令〉比較研究》，載楊一凡、朱騰主編：《歷代令考》，社會科學文獻出版社，2017 年版。

230. 鄭鵬：《元代民眾訴訟實踐中的「訴冤」與「告姦」》，《西北師大學報》2017 年第 4 期。

231. 鄭顯文：《宋代官物追償制度及其債法的變化》，《中國經濟史研究》2017 年第 6 期。

232. 中國社會科學院歷史研究所《天聖令》讀書班：《〈天聖令·田令〉譯注稿》，載中國政法大學法律古籍整理研究所編：《中國古代法律文獻研究》第十一輯，社會科學文獻出版社，2017 年版。

233. 周郢：《蒙古汗廷與全真道關係新證——新發現的蒙古國聖旨（懿旨、令旨）摩崖簡述》，載李雪梅主編：《法律文化研究（第十輯）：古代法律碑刻專題》，社科文獻出版社，2017 年版。

234. 朱仕金：《從「文學」到「吏事」——唐宋判文演變的法律文化探析》，載陳煜主編：《新路集（第六集）——第六屆張晉藩法律史學基金會徵文大賽獲獎作品集》，中國政法大學出版社，2017 年版。

235. 戴建國：《宋代鞫、讞、議審判機制研究——以大理寺、審刑院職權為中心》，《江西社會科學》2018 年第 1 期。

236. 戴建國：《宋代州府的法司與法司的駁正權》，《人文雜誌》2018 年第 4 期。

237. 韓慧：《宋代審判技術的歷史考察與當代審視》，《政法論叢》2018 年第 4 期。

238. 和智：《〈天盛改舊新定律令〉補考五則》，《中華文史論叢》2018 年第 1 期。

239. 胡興東：《宋朝死罪分類制度及對死刑適用的影響》，《鄭州大學學報》2018 年第 1 期。

240. 胡興東：《宋元斷例新考》，《思想戰線》2018 年第 1 期。

241. 李建明：《再論宋朝清官文化形成的歷史原因》，《北京行政學院學報》2018 年第 3 期。

242. 李雲龍：《〈天聖令〉與宋初流刑、配隸刑再探討——以對〈天聖令·獄官令〉幾條令文的解讀為中心》，《華東政法大學學報》2018 年第 5 期。

243. 李雲龍：《宋代條例考論》，《首都師範大學學報》2018 年第 3 期。

244. 潘萍：《宋代民事訴訟時效論略》，《古代文明》2018 年第 1 期。

245. 孫佳：《金熙宗以後多重路制的司法分工與互動》，《史學集刊》2018 年第 4 期。

246. 王海強：《權力制約視角下的宋代司法運行機制》，《中州學刊》2018 年第 6 期。

247. 魏道明：《南宋「女合得男之半」分產法探究》，《青海社會科學》2018 年第 5 期。

248. 魏淑霞：《〈天盛改舊新定律令〉卷一一「使來往門」譯證》，《中華文史論叢》2018 年第 1 期。

249. 張京凱：《以敷國用：宋代戶絕田流轉與規制問題研究》，《新疆大學學報》2018 年第 1 期。

250. 趙晶：《中國傳統司法文化定性的宋代維度——反思日本的〈名公書判清明集〉研究》，《學術月刊》2018 年第 9 期。

251. 趙天英：《俄藏黑水城文獻 No.5870 西夏文草書借貸契研究》，《中華文史論叢》2018 年第 1 期。

252. 鄭鵬：《文本、話語與現實——元代江南「好訟」考論》，《中國史研究》2018 年第 1 期。

253. 鄭鵬：《元代江南地區的司法秩序與地域社會——以湖田爭訟案件為中心的考察》，《北京社會科學》2018 年第 2 期。

254. 安洋：《紙石之間——宋代敕牒的文書與刻石》，載中國政法大學法律古籍整理研究所編：《中國古代法律文獻研究》（第十二輯），社會科學文獻

出版社，2019 年版。

255. 陳鵬：《遼代地方監察體制研究》，《史學集刊》2019 年第 4 期。

256. 陳重方：《洗冤錄》的文獻問題，載中國政法大學法律古籍整理研究所編：《中國古代法律文獻研究》（第十三輯），社會科學文獻出版社，2019 年版。

257. 戴建國：《「東坡烏臺詩案」諸問題再考析》，《福建師範大學學報》2019 年第 3 期。

258. 戴羽、朱立揚：《西夏罰金刑研究》，載杜建錄主編：《西夏學》十九輯，甘肅文化出版社，2019 年版。

259. 耿元驪：《宋代鄉村社會秩序與法律運行機制——〈清明集〉所見之鄉村訴訟》，《山西大學學報》2019 年第 6 期。

260. 顧浩：《情理法：南宋地方官的司法實踐——以范應鈴為例的討論》，載華東政法大學法律史研究中心編：《法律史研究》第 6 輯，法律出版社，2019 年版。

261. 韓健平：《〈洗冤集錄〉「監當官」考》，《自然科學史研究》2019 年第 2 期。

262. 郝振宇：《西夏民間穀物典當借貸的利率、期限與違約賠付研究》，《中國社會經濟史研究》2019 年第 3 期。

263. 何志文：《吐蕃統治敦煌時期的土地糾紛問題研究——以 S.2228 與 P.t. 1078B 古藏文訴訟文書為中心》，《西藏大學學報》2019 年第 3 期。

264. 賈安琪：《從〈名公書判清明集〉看南宋戶絕財產繼承制度》，載朱勇主編：《中華法系》（第十二卷），法律出版社，2019 年版。

265. 蔣楠楠：《論唐宋法律考試與法官職業化趨向》，《中山大學學報》2019 年第 1 期。

266. 孔祥輝：《西夏晚期黑水城地區寺院經濟研究——基於出土西夏文契約文書的考察》，《中國農史》2019 年第 3 期。

267. 李治濤、尤樺：《西夏水利立法研究——以〈天盛律令〉〈亥年新法〉為中心》，載杜建錄主編：《西夏學》十九輯，甘肅文化出版社，2019 年版。

268. 林憲亮：《元雜劇〈竇娥冤〉中盛夏處斬及其法理依據》，《中國典籍與文化》2019 年第 4 期。

269. 劉猛：《宋代司法的運行及其法理：以阿雲案為考察對象》，《史林》2019年第 5 期。

270. 劉雲：《國家、法令與地方社會：宋代財產檢校制度研究》，《中國社會經濟史研究》2019 年第 2 期。

271. 劉舟祺：《「酌情據法，以平其事」——從兩則立繼類書判論宋代士大夫民事司法的價值追求與實踐技藝》，載里贊主編：《法律史評論》（2019 年第 2 卷），社會科學文獻出版社，2019 年版。

272. 裴會濤：《論北宋敕之整理》，載華東政法大學法律史研究中心編：《法律史研究》第 6 輯，法律出版社，2019 年版。

273. 田曉霈：《黑水城出土 5147-1 號西夏文典身契研究》，《寧夏社會科學》2019 年第 4 期。

274. 田曉霈：《黑水城出土西夏文典地契研究》，《中國農史》2019 年第 4 期。

275. 王美華：《〈呂氏鄉約〉北宋鄉村社會禮教推行的理想與實踐》，《山西大學學報》2019 年第 6 期。

276. 王文濤：《論宋例之淵源、編纂及與法律體系之關係》，載華東政法大學法律史研究中心編：《法律史研究》第 6 輯，法律出版社，2019 年版。

277. 王陽：《黑水城元代法制文書校讀劄記》，《北方民族大學學報》2019 年第 6 期。

278. 肖建新：《宋代賦稅審計的基本法律規制》，《江西社會科學》2019 年第 6 期。

279. 肖建新：《宋代帳簿及其審計的法律規制》，《南昌大學學報》2019 年第 3 期。

280. 邢琳：《宋代地方官司法審判中的定罪原則探析》，《中州學刊》2019 年第 3 期。

281. 游彪：《宋代家法族規有多嚴》，《人民論壇》2019 年第 10 期。

282. 張本順：《宋代監察權運作的制衡法理及價值》，《安徽師範大學學報》2019 年第 5 期。

283. 張本順：《宋代商業法制近世化及其意義》，《社會科學輯刊》2019 年第 3 期。

284. 張京凱：《宋代戶絕財產的糾紛解決及其史鑒價值》，《法律適用》2019 年第 4 期。

285. 張京凱：《宋代戶絕田法制化管理及其史鑒價值》，《雲南社會科學》2019年第4期。

286. 張文勇：《從宋代田宅案件看中國古代法官對民事證據的審查判斷》，《法律適用》2019年第16期。

287. 趙晶：《論宋太宗的法律事功與法制困境——從〈宋史——刑法志〉說起》，載法律史研究室主編：《中華法理的產生、應用與轉變：刑法志、婚外情、生命刑》（中研院歷史語言研究所會議論文集之二十），2019年版。

288. 趙晶：《論宋太宗的法律事功與法制困境——從〈宋史——刑法志〉說起》，載中研院歷史語言研究所編：《史語所集刊》2019年第90本第2分。

289. 趙晶：《文書運作視角下的「東坡烏臺詩案」再探》，《福建師範大學學報》2019年第3期。

290. 鄭鵬：《「輕罪過」與「重罪過」：元代的訴訟分類與司法秩序》，《江西社會科學》2019年第1期。

291. 中國社會科學院歷史研究所《天聖令》讀書班：《天聖令·喪葬令》譯注稿，載中國政法大學法律古籍整理研究所編：《中國古代法律文獻研究》（第十三輯），社會科學文獻出版社，2019年版。

292. 中國社會科學院歷史研究所《天聖令》讀書班集體成果：《天聖令·獄官令》譯注稿、《天聖令·營繕令》譯注稿，載中國政法大學法律古籍整理研究所編：《中國古代法律文獻研究》（第十二輯），社會科學文獻出版社，2019年版。

293. 周名峰：《宋代法律價值衝突的整合——以「親鄰法」為例》，《北京社會科學》2019年第9期。

294. 周思成：《命令文書、沙裏亞法與習慣：阿耳迭必勒波斯文文書中所見伊利汗國法律淵源初探》，《西域研究》2019年第3期。

295. 陳佳臻：《「官法同構」視域下的元朝五府官》，《內蒙古社會科學》2020年第3期。

296. 陳佳臻：《元代法律中的「十惡」問題——兼論〈事林廣記〉中〈大元通制〉節文的真偽》，《元史及民族與邊疆研究集刊》2020年第1期。

297. 陳景良、王小康：《宋代司法中的事實認知與法律推理》，《學術月刊》2020年第2期。

298. 陳景良：《執政者務以民事為急給斷由：南宋司法公正的制度實踐》，《人民論壇》2020 年第 21 期。

299. 陳立軍：《刑政、婚姻身份與按問自首法：關於北宋阿雲案的幾個問題》，《北大法律評論》編輯委員會主編：《北大法律評論》（第 20 卷·第 2 輯），北京大學出版社，2020 年版。

300. 戴建國：《宋〈天聖令〉因唐舊文參修新制問題再探》，張劍光、鍾翀、孔妮妮主編：《文化典籍》（第二輯），中西書局，2020 年版。

301. 戴建國：《宋代特別法的形成及其與唐法典譜系的關係》，《上海師範大學學報（哲學社會科學版）》2020 年第 2 期。

302. 党寶海：《論元代罪囚的枷、鎖、散禁》，載中國政法大學法律古籍整理研究所編：《中國古代法律文獻研究》第 14 輯，社科文獻出版社，2020 年版。

303. 杜洪濤：《金代公共資源問題的一個側面》，載鄧慶平主編：《多元視域下的近世法律與中國社會》，中國政法大學出版社，2020 年版。

304. 高楠：《宋代聘財與聘財爭訟》，《河北學刊》2020 年第 6 期。

305. 耿元驤：《宋代官戶免役的政策調整、法律訴訟與限田折算》，《中國史研究》2020 年第 3 期。

306. 顧浩：《情理法：南宋地方官的司法實踐——以范應鈴為例的討論》，載陳靈海主編：《法律史研究》（第 6 輯），法律出版社，2020 年版。

307. 海丹：《訴冤與「健訟」：晚唐至宋元時期訴冤法律研究》，載鄧建鵬主編：《法制的歷史維度》，法律出版社，2020 年版。

308. 和智：《〈天盛改舊新定律令〉補考一則》，《文獻》2020 年第 5 期。

309. 柯稀雲：《宋代政治妖言的信息傳播及其應對——以慶曆七年李教「造妖案」為中心的考察》，姜錫東主編：《宋史研究論叢》（第二十六輯），科學出版社，2020 年版。

310. 李超：《宋代藥材管理的法律效益實現途徑研究》，《湖北社會科學》2020 年第 5 期。

311. 李雲龍：《〈天聖令〉與唐宋死刑奏報制度中的幾個問題》，載鄭顯文主編：《絲綢之路沿線新發現的漢唐時期法律文書研究》，中國法制出版社，2020 年版。

312. 柳正權、肖普燉：《北宋瘟疫治理的法律制度探研——以開封為視域》，

《中國政法大學學報》2020 年第 6 期。

313. 馬里揚：《秦少游獄事始末考》，趙龍、劉江主編：《中古文明研究》第一輯，上海人民出版社，2020 年版。

314. 馬子政：《從〈建昌縣劉氏訴立嗣事〉分析南宋遺產繼承的法律適用》，《法律適用》2020 年第 10 期。

315. 聶雯：《宋代「常赦不免」考述》，載陳景良、鄭祝君主編、李棟執行主編：《中西法律傳統》第 15 卷，中國政法大學出版社，2020 年版。

316. 裴會濤：《論北宋敕之整理》，載陳靈海主編：《法律史研究》（第 6 輯），法律出版社，2020 年版。

317. 孫婧婍、戴建國：《民逋與官欠——宋代田賦逋欠問題及其法律處置》，《青海社會科學》2020 年第 2 期。

318. 王思玉：《金代提刑司研究》，賈淑榮、韓世明主編：《遼金史論集》（第十七輯），中國社會科學出版社，2019 年版。

319. 王文濤：《論宋例之淵源、編纂及與法律體系之關係》，載陳靈海主編：《法律史研究》（第 6 輯），法律出版社，2020 年版。

320. 王曉驪：《宋代書判的散體化及其文體重構》，《哈爾濱工業大學學報（社會科學版）》2020 年第 5 期。

321. 王旭傑：《宋代編例性質考論》，《北方民族大學學報》2020 年第 1 期。

322. 肖建新、譚書龍：《論宋代軍隊的審計法律》，《中州學刊》2020 年第 9 期。

323. 謝紅星：《「典例法律體系」形成之前夜：元代「棄律用格例」及其法律史地位》，《江西社會科學》2020 年第 3 期。

324. 余輝：《宋代「妄訴」研究》，陳峰主編：《中國古代軍政研究》，社會科學文獻出版社，2020 年版。

325. 張春海：《變動下高麗的二元化法制體系》，載中國政法大學法律古籍整理研究所編：《中國古代法律文獻研究》第 14 輯，社科文獻出版社，2020 年版。

326. 張林：《元朝治理西藏的法律體系研究——以詔令為中心》，劉迎勝、廉亞明主編：《元史及民族與邊疆研究集刊》（第三十八輯），上海古籍出版社，2020 年版。

327. 張龍成：《宋代司法符號中衙門、城隍廟及其互動的司法效果》，《西藏民

族大學學報（哲學社會科學版）》2020 年第 1 期。

328. 張明：《宋代軍法中的治軍原則》，陳峰主編：《中國古代軍政研究》，社
　　　會科學文獻出版社，2020 年版。

329. 張田田：《宋人如何論「法意」——以〈宋會要輯稿〉為中心》，載陳景
　　　良、鄭祝君主編、李棟執行主編：《中西法律傳統》第 15 卷，中國政法
　　　大學出版社，2020 年版。

330. 張穎：《宋代不動產交易雙合同案折射出的田制之困》，《中國不動產法研
　　　究》2020 年第 1 期。

331. 趙晶：《「三蘇」的傳統刑事法律觀述略》，載趙曉耕主編：《北宋士大夫
　　　的法律觀——蘇洵、蘇軾、蘇轍法治理念與傳統法律文化》，北京大學出
　　　版社，2020 年版。

332. 中國社會科學院歷史研究所《天聖令》讀書班：《〈天聖令‧雜令〉注稿》，
　　　載中國政法大學法律古籍整理研究所編：《中國古代法律文獻研究》第 14
　　　輯，社科文獻出版社，2020 年版。

333. 鍾文榮：《宋代文書檔案違法的行政處罰研究》，《檔案學研究》2020 年
　　　第 2 期。

（七）明清

1. 柏樺、劉延宇：《清代抄家案件與抄沒法律》，《西南大學學報》2011 年
　　第 4 期。

2. 柏樺：《明清州縣的獄囚衣糧》，《貴州社會科學》2011 年第 8 期。

3. 柏樺：《清代的上控、直訴與京控》，《史學集刊》2011 年第 2 期。

4. 卜永堅：《從「葬實僕真」到「一體開豁」——以徽州婺源余姓的〈欽定
　　例案〉為中心》，載徐世虹主編：《中國古代法律文獻研究》（第四輯），
　　法律出版社，2011 年版。

5. 曾哲、高珂：《清代省例：地方法對中央法的分權》，《武漢大學學報》
　　2011 年第 3 期。

6. 陳寶良：《從「無訟」到「好訟」：明清時期的法律觀念及其司法實踐》，
　　《安徽史學》2011 年第 4 期。

7. 陳煜：《論〈大清律例〉中的「不確定條款」》，《中國刑事法雜誌》2011
　　年第 11 期。

8. 春楊：《明清時期田土買賣中的找價回贖糾紛及其解決》，《法學研究》

2011 年第 3 期。

9. 杜金：《清代高層官員推動下的「官箴書」傳播——以陳宏謀、丁日昌為例》，《華東政法大學學報》2011 年第 6 期。

10. 杜曉田：《明代都察院運行機制考略》，《河南師範大學學報》2011 年第 3 期。

11. 段文豔：《死屍的威逼：清代自殺圖賴現象中的法與「刁民」》，《學術研究》2011 年第 5 期。

12. 段自成：《清代鄉約基層行政管理職能的強化》，《河南師範大學學報》2011 年第 2 期。

13. 付春楊：《從清代自理詞訟規則看傳統吏治》，《求索》2011 年第 5 期。

14. 高進：《清代懲治朋黨律例探析》，《社會科學輯刊》2011 年第 5 期。

15. 高進：《清代的吏弊與律例懲治》，《西南大學學報》2011 年第 1 期。

16. 胡瓷紅：《中國古代「訟師」正名論——以明清時期為例》，《中共中央黨校學報》2011 年第 1 期。

17. 黃延廷：《清代侵佔罪之認定與盜竊罪之認定的糾纏——兼與現代侵佔罪與盜竊罪的認定比較》，《中國刑事法雜誌》2011 年第 3 期。

18. 黃延廷：《清代刑事司法中的比附》，《北方法學》2011 年第 4 期。

19. 霍存福、張靖翊、馮學偉：《以〈大明令〉為樞紐看中國古代律令制體系》，《法制與社會發展》2011 年第 5 期。

20. 姜瑋、夏漢寧：《論明代仁宣時期對都察院的整治》，《江西社會科學》2011 年第 5 期。

21. 蔣鐵初：《清代刑事人證的制度與實踐》，《甘肅政法學院學報》2011 年第 2 期。

22. 賴惠敏：《從法律看清朝的旗籍政策》，《清史研究》2011 年第 1 期。

23. 雷炳炎：《論明代宗室犯罪的察勘取證與議罪方式》，《雲南社會科學》2011 年第 5 期。

24. 雷炳炎：《論祖訓對明代宗室犯罪判罰的影響》，《求索》2011 年第 11 期。

25. 雷炳炎：《明代祖訓與宗室犯罪的量罰問題》，《江蘇社會科學》2011 年第 4 期。

26. 李典蓉：《滿文與清代司法制度研究——以「刑科史書」為例》，《政法論

壇》2011 年第 3 期。

27. 李麒：《觀念、制度與技術：從水案透視清代地方司法——以山西河東水利碑刻為中心的討論》，《政法論壇》2011 年第 5 期。

28. 李麒：《民間水規的法文化解讀——以明清山西河東地區水利碑刻為中心的討論》，《比較法研究》2011 年第 4 期。

29. 李青：《清代民事訴訟制度探析（1840 年前）》，《貴州社會科學》2011 年第 10 期。

30. 李祐英、高林林、朱琳、張懷才、黃震烈：《清代遺骸 Y～STR 檢驗 1 例》，《中國法醫學雜誌》2011 年第 2 期。

31. 廖斌：《論清代刑事案件裁判事實的獲得路徑——以巴縣衙門司法檔案為基礎的分析》，《甘肅政法學院學報》2011 年第 2 期。

32. 廖斌：《清代州縣官司法策略的制度誘因》，《法制與社會發展》2011 年第 4 期。

33. 劉志勇：《清代對高級官員貪腐犯罪的懲治力度與政治控制——以〈清實錄〉載一、二品官員貪腐犯罪案件為視角》，《貴州社會科學》2011 年第 8 期。

34. 劉志勇：《清代高級官員貪腐犯罪案件的審斷》，《北方法學》2011 年第 1 期。

35. 呂麗：《例與清代的法源體系》，《當代法學》2011 年第 6 期。

36. 茆巍：《萬事胚胎始於州縣乎？——從命案之代驗再論清代佐雜審理權限》，《法制與社會發展》2011 年第 4 期。

37. 閔冬芳：《清代法律和司法實踐對共同謀殺之首犯與從犯的認定》，《北方法學》2011 年第 4 期。

38. 潘宇：《明清州縣司法審判中的「人情」因素——以「一女二嫁」、「典雇妻女」、「買休賣休」案件為中心》，《法制與社會發展》2011 年第 1 期。

39. 錢泳宏：《清代夫妻相犯的法律適用——兼論〈大清律例〉有治罪明文時律與例的關係》，《南通大學學報》2011 年第 6 期。

40. 錢泳宏：《清代夫權的法定與恣意——基於〈大清律例〉與刑科檔案的考察》，《北方法學》2011 年第 3 期。

41. 任曉蘭：《論清代「鹽法」律例實施中貧民的困境》，《西南大學學報》2011 年第 1 期。

42. 史志強：《伏惟尚饗：清代中期立嗣繼承研究》，載常建華主編：《中國社會歷史評論》第 12 卷，天津古籍出版社，2011 年版。

43. 譚悅：《清代逆倫行為的認定及量刑》，《中山大學學報》2011 年第 2 期。

44. 田瑤：《清初的土地政策及其影響》，《法學》2011 年第 12 期。

45. 童珊：《從〈紅樓夢〉看清代法制》，《學習與探索》2011 年第 1 期。

46. 王紅梅：《論清朝多元化的商事糾紛處理機制及其弊端》，《西北大學學報》2011 年第 2 期。

47. 王洪兵：《清代順天府與京畿司法審判體制研究》，載常建華主編：《中國社會歷史評論》第 12 卷，天津古籍出版社，2011 年版。

48. 王燕傑：《試析乾隆二十九年的盛京會審——兼論盛京會審與鳳凰城會審的差異》，《社會科學輯刊》2011 年第 4 期。

49. 吳衛軍、楊傑：《清代田土訴訟中的勘丈制度——基於立法、理論與實踐的對比分析》，《甘肅政法學院學報》2011 年第 2 期。

50. 徐偉、馮亞平：《清代的監候制度及其借鑒意義》，《東南大學學報》2011 年第 S1 期。

51. 徐祖瀾：《法社會學視野下的明代行政法與吏治腐敗研究》，《廣西社會科學》2011 年第 10 期。

52. 續曉梅：《傳統法律中「罪家長」制度研究——以〈大清律例〉為視角》，《現代法學》2011 年第 1 期。

53. 楊琦、張法瑞：《從〈大明會典〉看明代畜牧律令制度及特點》，《中國農史》2011 年第 1 期。

54. 楊曉輝：《規範與失範——清代平民家庭夫妻衝突問題研究》，《河北大學學報》2011 年第 5 期。

55. 姚暘：《「理解性差異」與清代刑案律例施用矛盾——以刑部與督撫爭議為中心的研究》，載常建華主編：《中國社會歷史評論》第 12 卷，天津古籍出版社，2011 年版。

56. 姚志偉：《清代婦女抱告探析》，《法學雜誌》2011 年第 8 期。

57. 張春海：《論明亡後〈大明律〉在朝鮮地位的動搖——以「禮訟」為中心的考察》，《暨南學報》2011 年第 6 期。

58. 張德建：《明代嘉靖間刑部的文學活動》，《中國文化研究》2011 年第 4 期。

59. 張洪林：《清代四川井鹽引岸法制的運行》，《現代法學》2011 年第 6 期。

60. 張晉藩：《明清律「講讀律令」的啟示》，《比較法研究》2011 年第 1 期。

61. 張晉藩：《清代律學興起緣由探析》，《中國法學》2011 年第 4 期。

62. 張俊峰：《「泉域社會」的紛爭與秩序——基於洪洞廣勝寺泉的個案考察》，載徐世虹主編：《中國古代法律文獻研究》（第四輯），法律出版社，2011 年版。

63. 張群：《明清外貿立法的正當性研究——以海上貿易為中心》，《北方法學》2011 年第 5 期。

64. 張生：《〈大清刑律〉百年回眸：國家主義立法的力量與困難》，《比較法研究》2011 年第 1 期。

65. 張正印：《還原與反思：清代情理法判案實踐的「民、刑」差異》，《甘肅政法學院學報》2011 年第 2 期。

66. 趙曉華：《清代救災法規的文獻載體》，《華南師範大學學報》2011 年第 3 期。

67. 鄭智航：《清代法律教育的近代轉型》，《當代法學》2011 年第 5 期。

68. 周琳：《城市商人團體與商業秩序——以清代重慶八省客長調處商業糾紛活動為中心》，《南京大學學報》2011 年第 2 期。

69. 阿風：《〈明成化年間徽州府祁門縣〈強佔山土印阻木植等事〉文卷抄白〉探析》，載徐世虹主編：《中國古代法律文獻研究》（第六輯），社科文獻出版社，2012 年版。

70. 柏樺、盧紅妍：《洪武年間〈大明律〉編纂與適用》，《現代法學》2012 年第 2 期。

71. 陳煜：《略論〈大清律例〉的「確定化」》，《中國政法大學學報》2012 年第 4 期。

72. 陳兆肆：《清代永遠枷號刑考論》，《清史研究》2012 年第 4 期。

73. 鄧建鵬：《詞訟與案件：清代的訴訟分類及其實踐》，《法學家》2012 年第 5 期。

74. 杜金、徐忠明：《讀律生涯：清代刑部官員的職業素養》，《法制與社會發展》2012 年第 3 期。

75. 高濤：《文字獄的另一面——解讀清朝文字獄中的誣陷案》，載謝進傑主編：《中山大學法律評論》第 10 卷第 1 輯，法律出版社，2012 年版。

76. 苟曉敏、鄧前程：《清前期官員貪污犯罪及其成因論析》，《中華文化論壇》2012 年第 3 期。

77. 胡祥雨：《「逃人法」入「順治律」考——兼談「逃人法」的應用》，《清史研究》2012 年第 3 期。

78. 黃春燕：《清末法律改革何以如此艱難》，《法學論壇》2012 年第 1 期。

79. 李典蓉：《〈清史稿·刑法志〉史源問題探析》，《清史研究》2012 年第 4 期。

80. 李青：《中國古代繼承法制的最後形態——清代繼承制度解析》，《當代法學》2012 年第 3 期。

81. 李守良：《明代私家律學的法律解釋》，載徐世虹主編：《中國古代法律文獻研究》（第六輯），社科文獻出版社，2012 年版。

82. 劉冰雪：《清代風水爭訟研究——以墳葬糾紛為例》，《政法論壇》2012 年第 4 期。

83. 呂麗、張金平：《〈大清通禮〉的法律地位》，《當代法學》2012 年第 4 期。

84. 毛立平：《「婦愚無知」：嘉道時期民事案件審理中的縣官與下層婦女》，《清史研究》2012 年第 3 期。

85. 錢泳宏：防控與失控：清代重懲姦罪與「因姦殺夫」》，《華東政法大學學報》2012 年第 1 期。

86. 任海濤：《清代基層法官的綜合素質及啟示——以司法判牘為材料》，《法學雜誌》2012 年第 3 期。

87. 任海濤：《儒家「忠恕」思想對清代基層司法的影響——以清代基層判牘為例》，《江西社會科學》2012 年第 4 期。

88. 任海濤：《中國古代「禮情司法」模式及啟示——以清代基層司法判牘為材料》，《蘭州大學學報》2012 年第 6 期。

89. 沈嵐：《〈大清違警律〉立法源流探析》，《法學雜誌》2012 年第 2 期，第 15～18 頁。

90. 沈瑋瑋：《文若其人：趙舒翹與〈提牢備考〉互證——兼論中國法律史的研究方法》，《政法論壇》2012 年第 1 期。

91. 宋國華：《論清代的緝捕制度》，《當代法學》2012 年第 3 期。

92. 孫旭：《從〈好逑傳〉看明代民事訴訟中的程序意識》，載徐世虹主編：《中國古代法律文獻研究》（第六輯），社科文獻出版社，2012 年版。

93. 孫旭：《明代人法律知識的接受途徑及實效》，載徐世虹主編：《中國古代法律文獻研究》（第五輯），社科文獻出版社，2012 年版。

94. 田平安、王閣：《論清代官批民調及其對現行委託調解的啟示》，《現代法學》2012 年第 4 期。

95. 汪雄濤：《明清交往禮俗中的利益平衡》，《政法論壇》2012 年第 5 期。

96. 王聰聰：《清代集體抗租與法律調控》，《蘭州學刊》2012 年第 6 期。

97. 王新霞、任海濤：《清代基層司法的價值追求及啟示——以清代州縣判牘為材料》，《蘭州大學學報》2012 年第 6 期。

98. 王亞軍：《論徽商「好訟」的弊害》，《學術論壇》2012 年第 1 期。

99. 王雲紅：《論清代軍流〈道里表〉》，《歷史檔案》2012 年第 2 期。

100. 魏淑民：《君臣之間：清代乾隆朝秋審諭旨的政治史解讀》，《中州學刊》2012 年第 6 期。

101. 吳佩林：《從〈南部檔案〉看清代縣審民事訴訟大樣側重於戶婚案件的考察》，《中外法學》2012 年第 6 期。

102. 吳豔紅：《明代法律領域中的游民》，《南京大學學報》2012 年第 2 期。

103. 徐忠明：《讀律與哀矜：清代中國聽審的核心概念》，《吉林大學社會科學學報》2012 年第 1 期。

104. 許燕婢：《清朝旗人的法律特權及其影響》，《湖北社會科學》2012 年第 1 期。

105. 許穎、馬駿：《清代欽差大臣之司法權》，《河北大學學報》2012 年第 2 期。

106. 顏麗媛：《清代性侵害案件中男性受害者的法律保護——以清代法律實踐為中心》，《中國刑事法雜誌》2012 年第 10 期。

107. 姚上怡：《清代學政、教官司法職能探析》，《雲南社會科學》2012 年第 4 期。

108. 尤陳俊：《「厭訟」幻象之下的「健訟」實相？重思明清中國的訴訟與社會》，《中外法學》2012 年第 4 期。

109. 尤陳俊：《清代簡約型司法體制下的「健訟」問題研究——從財政制約的角度切入》，《法商研究》2012 年第 2 期。

110. 俞江：《清代合同類型的初步研究——基於徽州合同文書的實證分析》，載徐世虹主編：《中國古代法律文獻研究》（第五輯），社科文獻出版社，

2012 年版。

111. 原美林：《明清家族司法探析》，《法學研究》2012 年第 3 期，第 181～194 頁。

112. 張洪林：《清代四川鹽法綜論》，《法學評論》2012 年第 1 期。

113. 張晉藩：《清開國肇基時期法制概論》，《政法論壇》2012 年第 1 期。

114. 張宜：《明代文官犯罪檢舉路徑初探》，《法學雜誌》2012 年第 6 期。

115. 趙雲田：《關於乾隆朝內府抄本〈理藩院則例〉》，《清史研究》2012 年第 4 期。

116. 鄭小春：《清代的基層司法審判實踐：蘇氏訴訟案所見》，《清史研究》2012 年第 2 期。

117. 周積明：《〈皇朝經世文編〉「刑政」門中的法律文獻》，載徐世虹主編：《中國古代法律文獻研究》（第五輯），社科文獻出版社，2012 年版。

118. （法）陸康著、郭瑞卿譯：《清代法律文獻視野中的精神病與殺父母》，載徐世虹主編：《中國古代法律文獻研究》（第七輯），社科文獻出版社，2013 年版。

119. 陳會林：《傳統中國基層解紛中的官民互動機制——以清代地緣社會為中心的考察》，《湖北大學學報》2013 年第 3 期。

120. 陳學文：《明清時期維護生態的條令和民約》，《浙江學刊》2013 年第 4 期。

121. 程天權、袁璨：《清道咸時期的官場腐敗與吏治整飭》，《法學雜誌》2013 年第 8 期，第 50～57 頁。

122. 程澤時：《清代刑科題本中的民間「向例」及其成長邏輯——以清嘉慶朝 7 個爭水灌溉糾紛命案為中心》，《甘肅政法學院學報》2013 年第 4 期。

123. 黃阿明：《明初磨勘司考論》，《社會科學輯刊》2013 年第 4 期。

124. 雷炳炎、趙月耀：《清代八旗貴族世家的死罪豁免特權及其演變》，《湘潭大學學報》2013 年第 3 期。

125. 李棟：《訟師在明清時期的評價及解析》，《中國法學》2013 年第 2 期，第 115～127 頁。

126. 李青：《清代民事訴訟意識的萌發——以清代檔案為視角》，《政法論壇》2013 年第 4 期，第 101～112 頁。

127. 劉盈皎、張生：《無財不能立身——清代婦女財產權保障研究》，《湖北大

學學報》2013 年第 4 期。

128. 陸娓：《清代鄉里調解制度研究——以「黃岩檔案」與「巴縣檔案」為例》，《求索》2013 年第 11 期。

129. 駱威：《清代犯姦案件的審理依據及原則——基於司法判例的考察》，《社會科學家》2013 年第 5 期。

130. 茆巍：《論清代命案檢驗錯誤之處分》，《安徽大學學報》2013 年第 4 期。

131. 茆巍：《清代司法檢驗制度中的洗冤與檢骨》，《中國社會科學》2013 年第 7 期。

132. 宋玲：《論清代東北地區土地的特殊保護》，《法學》2013 年第 3 期。

133. 蘇亦工：《官制、語言與司法——清代刑部滿漢官權力之消長》，《法學家》2013 年第 2 期。

134. 唐冶澤：《重慶出土清代〈沿河查盜章程〉碑考》，《中華文化論壇》2013 年第 1 期。

135. 唐瑩玲：《論明代婦女財產之司法保障及其啟示》，《求索》2013 年第 12 期。

136. 田歡：《清代吐魯番廳法律文書所見「租賣」土地交易》，《深圳大學學報》2013 年第 5 期。

137. 童漢明：《〈儒林外史〉中的清代妻妾關係》，載謝進傑主編：《中山大學法律評論》第 10 卷第 2 輯，法律出版社，2013 年版。

138. 萬明：《明代浙江均平法考》，《中國史研究》2013 年第 2 期。

139. 汪紅亮、陳剛俊：《論明成化「妖言例」——兼論成化時期的國家控制力》，《江西社會科學》2013 年第 7 期。

140. 汪雄濤：《中國法律史研究的三種神話——基於明清社會的反思》，《法學評論》2013 年第 4 期。

141. 王偉、高若辰：《清朝秋審與當前死刑覆核程序的比較研究》，《法學雜誌》2013 年第 9 期。

142. 魏順光：《從清代墳山風水爭訟透視中國法律文化之殊相》，《江西社會科學》2013 年第 3 期。

143. 魏順光：《清代地權變動中的「賣地留墳」問題研究——側重於巴縣檔案的考察》，《河北法學》2013 年第 9 期。

144. 魏順光：《清代墳產爭訟中的「民間調處」——以巴縣檔案為中心的考

察》,《江漢論壇》2013 年第 4 期。

145. 魏順光:《清代土地權利中的「墳禁」習俗探析——基於巴縣檔案為中心的考察》,《甘肅政法學院學報》2013 年第 3 期。

146. 魏順光:《清代政府關於墳產的法律規定》,《求索》2013 年第 1 期。

147. 吳琦、杜維霞:《訟師與訟棍:明清訟師的社會形象探析》,《學習與探索》2013 年第 7 期。

148. 伍躍:《必也使有訟乎——巴縣檔案所見清末四川州縣司法環境的一個側面》,載徐世虹主編:《中國古代法律文獻研究》(第七輯),社科文獻出版社,2013 年版。

149. 武乾:《官治夾縫中的自治:明清江南市鎮的非正式政體》,《法學》2013 年第 12 期。

150. 徐進:《論清代民事習慣中的兼祧規則——以〈民事習慣調查報告錄〉為基礎的考察》,《甘肅政法學院學報》2013 年第 5 期。

151. 徐忠明:《臺前與幕後:一起清代命案的真相》,《法學家》2013 年第 1 期。

152. 薛建蘭、趙亮:《山西票號商事習慣法的興衰——以熟人社會為視角》,《法學雜誌》2013 年第 2 期。

153. 楊立民:《清代涉墳土地的類型及流轉原因辨析》,《甘肅政法學院學報》2013 年第 3 期。

154. 尤陳俊:《「案多人少」的應對之道:清代、民國與當代的比較研究》,《法商研究》2013 年第 3 期。

155. 俞江:《論清代「細事」類案件的投鳴與鄉里調處——以新出徽州投狀文書為線索》,《法學》2013 年第 6 期。

156. 展龍:《明代官員久任法研究》,《清華大學學報》2013 年第 4 期。

157. 張本照:《論〈大清律例〉「比照」與「照」的區別》,《歷史檔案》2013 年第 2 期。

158. 張亮:《清代犯罪存留養親制度之結構與理念新探》,《河南師範大學學報》2013 年第 2 期。

159. 張敏、許光縣:《清代人身典權的法律規制——以白契制度為中心的考察》,《政法論壇》2013 年第 5 期。

160. 張田田:《〈大清律例〉條文標題的功能考察》,載霍存福主編:《法律文

化論叢（第 1 輯）》，北京：法律出版社，2013 年。

161. 張文德：《明代西域來華使臣的違法與違禁》，《新疆師範大學學報》2013 年第 6 期。

162. 張小也：《清代司法檔案中的「行姦復拒姦」》，載徐世虹主編：《中國古代法律文獻研究》（第七輯），社科文獻出版社，2013 年版。

163. 張曉霞：《清代巴縣檔案中的 54 例犯姦案件分析》，《中華文化論壇》2013 年第 8 期。

164. 趙娓妮、里贊：《城隍崇拜在清代知縣司法中的影響》，《四川大學學報》2013 年第 6 期。

165. 鄭小春：《徽州訴訟文書所見清代縣衙門判詞的製作——兼評清代州縣不單獨製作判詞》，《社會科學》2013 年第 10 期。

166. 周蓓：《清代社會控制機制的立法考察——以基層社會聚眾案件為中心》，《中州學刊》2013 年第 8 期。

167. 朱聲敏：《法經濟學視角下的明代老人理訟制度》，《理論月刊》2013 年第 7 期。

168. （日）岸本美緒著、顧其莎譯：《清代前期定例集的利用》，載徐世虹主編：《中國古代法律文獻研究》（第八輯），社科文獻出版社，2014 年版。

169. 阿風：《明代府的司法地位初探——以徽州訴訟文書為中心》，載徐世虹主編：《中國古代法律文獻研究》（第八輯），北京：社科文獻出版社，2014 年。

170. 阿風：《清朝的京控——以嘉慶朝為中心》，載常建華主編：《中國社會歷史評論》第 15 卷，天津古籍出版社，2014 年版。

171. 柏樺、李倩：《論明代〈諸司職掌〉》，《西南大學學報》2014 年第 4 期。

172. 陳支平：《從易氏家族文書看明代福建的「投獻」與族產糾紛》，《中國史研究》2014 年第 3 期。

173. 程澤時：《管制與恤民：清代典當業省例》，《中國政法大學學報》2014 年第 3 期。

174. 鄧建鵬：《清帝國司法的時間、空間和參與者》，《華東政法大學學報》2014 年第 4 期。

175. 杜軍強：《法律原則、修辭論證與情理——對清代司法判決中「情理」的一種解釋》，《華東政法大學學報》2014 年第 6 期。

176. 方瀟：《現代性抑或中國性：曆法在明末以來的法律命運》，《中外法學》2014 年第 5 期。

177. 高進：《談清代的司法成案》，《歷史檔案》2014 年第 1 期。

178. 高若辰：《清朝保辜制度與當前刑事和解制度的比較研究》，《法學雜誌》2014 年第 5 期。

179. 郭學勤、周致元：《明清徽州的自殺糾紛及法律解決》，《歷史檔案》2014 年第 1 期。

180. 胡祥雨：《清代「家長姦家下人有夫之婦」例考論——滿、漢法律融合的一個例證》，《法學家》2014 年第 3 期。

181. 李棟：《鴉片戰爭前後英美法知識在中國的輸入與影響》，《政法論壇》2014 年第 1 期。

182. 林乾：《一個訟師家庭的兩代上訴史》，載徐世虹主編：《中國古代法律文獻研究》（第八輯），社科文獻出版社，2014 年版。

183. 劉廣安：《〈大清會典〉三問》，《華東政法大學學報》2014 年第 6 期。

184. 劉盈皎：《清代生員告呈資格新探》，《政法論壇》2014 年第 2 期。

185. 呂寬慶：《清代州縣官司法問題探析》，《中州學刊》2014 年第 3 期。

186. 娜鶴雅：《清朝末年的刑事審判程序——以審級制度為視角》，《中州學刊》2014 年第 4 期。

187. 錢泳宏：《〈大清律例〉「夫尊妻卑」對夫犯妻的影響——以「夫因生活瑣事殺妻」案為考察中心》，《北方法學》2014 年第 4 期。

188. 錢泳宏：《清代刑科檔案中「妻犯夫」現象的考察》，《南通大學學報》2014 年第 2 期。

189. 孫旭：《明代白話小說的法律文獻價值——以對請託罪法的反映為例》，《政法論壇》2014 年第 4 期。

190. 汪雄濤：《清代司法的中層影像：一個官員的知府與臬司經歷》，《政法論壇》2014 年第 6 期。

191. 王聰聰：《市場‧契約‧法律——對清中期鄉村租佃的另一種思考》，《北方論叢》2014 年第 5 期。

192. 王兆輝、劉志松：《清代州縣佐貳官司法權探析》，《西南大學學報》2014 年第 4 期。

193. 王志林：《中國傳統法律解釋的技術與意蘊——以清代典型的注釋律學

文本為視域》，《法學家》2014 年第 3 期。

194. 王志強：《清代刑事司法事實判定中的程序規則：比較法視角下的功能分析》，《中外法學》2014 年第 3 期。

195. 魏順光：《清代中期的「藉墳滋訟」現象研究——基於巴縣檔案為中心的考察》，《求索》2014 年第 4 期。

196. 熊藝鈞：《清代軍流犯與小押》，《安徽史學》2014 年第 1 期。

197. 徐忠明：《內結與外結：清代司法場域的權力遊戲》，《政法論壇》2014 年第 1 期。

198. 姚志偉：《十告九誣：清代誣告盛行之原因剖析》，《北方法學》2014 年第 1 期。

199. 俞江、陳雲朝：論清代合同的類型——基於徽州合同文書的實證分析》，《法學》2014 年第 6 期。

200. 俞江：《明清州縣細故案件審理的法律史重構》，《歷史研究》2014 年第 2 期。

201. 張松梅、王洪兵：《清代京畿旗人司法審判體制探析》，《東嶽論叢》2014 年第 11 期。

202. 周雪光：《從「黃宗羲定律」到帝國的邏輯：中國國家治理邏輯的歷史線索》，《開放時代》2014 年第 4 期。

203. 朱珺：《明清之際法吏觀念的轉變以及能吏的出現》，載謝進傑主編：《中山大學法律評論》第 12 卷第 2 輯，廣西師範大學出版社，2014 年版。

204. 朱聲敏：《鬼神籠罩下的「明鏡高懸」——鬼神報應與明代司法吏治》，《雲南社會科學》2014 年第 4 期。

205. 朱聲敏：《清代州縣司法實踐中的門丁之弊》，《學術論壇》2014 年第 7 期。

206. 鄒亞莎：《清代物權關係構建的基本路徑與價值追求——以「業」的概念的再解讀為起點》，《法學雜誌》2014 年第 3 期。

207. （美）馬禮彬：《清代冒充捕役問題研究》，陳煜譯，載周東平、朱騰主編：《法律史譯評（2014 年卷）》，中國政法大學出版社，2015 年版。

208. （美）鍾威廉：《〈大清律例〉中的賊盜篇研究》，楊敏、陳長寧譯，載里贊主編：《法律史評論（第 7 卷）》，法律出版社，2015 年版。

209. （日）高橋亨：《明代內閣職務形成過程之研究——以經筵制度的成立

為分析焦點》，周東平、王韻茜譯，載周東平、朱騰主編：《法律史譯評（2014 年卷）》，中國政法大學出版社，2015 年版。

210. （日）高遠拓兒著、石洋譯：《關於清初坊刻則例集的考察——以嵇永仁輯〈集政備考〉為中心》，載徐世虹主編：《中國古代法律文獻研究》（第九輯），社科文獻出版社，2015 年版。

211. （日）鈴木秀光：《關於清代刑事裁判中州縣官的應對方式的考察——以淡新檔案中的盜案科刑案件為例》，孟燁譯，載周東平、朱騰主編：《法律史譯評（2014 年卷）》，中國政法大學出版社，2015 年版。

212. （日）山本英史：《光棍律的成立及其背景——清初秩序形成的過程》，熊紹惟譯，載周東平、朱騰主編：《法律史譯評（2014 年卷）》，中國政法大學出版社，2015 年版。

213. （英）小斯當東：《小斯當東論中國與中國法——小斯當東〈大清律例〉譯者序（1810 年）》，載張仁善主編：《南京大學法律評論（2015 年春季卷）》，法律出版社，2015 年版。

214. 陳岑：《清代死刑法：在儒家體系與復仇觀念之間》，載謝進傑主編：《中山大學法律評論》第 13 卷第 2 輯，廣西師範大學出版社，2015 年版。

215. 陳寒非：《清代的男風犯罪》，載蘇力主編：《法律和社會科學》第 14 卷第 1 輯，法律出版社，2015 年版。

216. 陳惠馨：《從清朝有關旗人與民人戶口法規範談清朝法制的變遷》，載周東平、朱騰主編：《法律史譯評（2014 年卷）》，中國政法大學出版社，2015 年版。

217. 陳利：《知識的力量：清代幕友秘本和公開出版的律學著作對清代司法場域的影響》，《浙江大學學報》2015 年第 1 期。

218. 陳小潔：《中國傳統司法判例情理表達的方式——以〈刑案匯覽〉中裁判依據的選取為視角》，《政法論壇》2015 年第 3 期。

219. 范金民：《從「分立各契」到「總書一契」申論——清代杭州城田宅交易文契的書立》，《史林》2015 年第 3 期。

220. 方華玲：《乾嘉時期新疆官犯的「捐資贖罪」》，《歷史檔案》2015 年第 2 期。

221. 方宇：《清代國家法與民間法的衝突與融合——以旗民交產為視角》，載

謝暉、陳金釗、蔣傳光主編：《民間法》第 15 卷，廈門大學出版社，2015
年版。

222. 馮海洋：《倫理道德在清代借貸契約中的約束力》，載里贊主編：《法律史
評論（第 8 卷）》，法律出版社，2015 年版。

223. 馮賢亮：《清代江南命案屍場勘驗的整頓與社會變遷》，《史林》2015 年
第 3 期。

224. 高漢成：《大清刑律草案簽注考論》，《法學研究》2015 年第 1 期。

225. 郭瑞卿：《清代逼妻賣姦案中妻殺夫現象研究——以丈夫抑勒妻妾與人
通姦為中心的考察》，載徐世虹主編：《中國古代法律文獻研究》（第九
輯），社科文獻出版社，2015 年版。

226. 黃鴻山：《善堂與惡政：清代江浙地區的命案相驗問題及其應對》，《清
史研究》2015 年第 1 期。

227. 姜翰：《以理服人：理作為清代州縣糾紛解決依據的統一》，載陳煜主編：
《新路集——第五屆張晉藩法律史學基金會徵文大賽獲獎作品集》（第
五集），中國政法大學出版社，2015 年版。

228. 康建勝：《汪輝祖的司法實踐及「情理法」觀》，《蘭州學刊》2015 年第
7 期。

229. 康寧：《國法·情理·利益——從〈平平言〉再議清代民事法源》，載里
贊主編：《法律史評論（第 7 卷）》，法律出版社，2015 年版。

230. 李相森：《清代地方社會治理中的司法整合——以徐士林〈守皖讞詞〉為
中心》，載陳煜主編：《新路集——第五屆張晉藩法律史學基金會徵文大
賽獲獎作品集》（第五集），中國政法大學出版社，2015 年版。

231. 林乾：《新喻漕案與包世臣罷官——探究文獻背後的真相》，載徐世虹
主編：《中國古代法律文獻研究》（第九輯），社科文獻出版社，2015 年
版。

232. 林乾：《刑部郎中成「訟棍」——嘉、道嚴懲「訟師」的擴張解釋》，載
張仁善主編：《南京大學法律評論（2015 年秋季卷）》，法律出版社，2015
年版。

233. 林乾：《因災致變——乾隆朝群體性事件高發的「災害」誘因》，載朱勇
主編：《中華法系》（第六卷），法律出版社，2015 年版。

234. 陸娓：《必也使無訟乎：清代鄉里調解中的理性與經驗——以巴縣檔案

為素材》，載陳明主編：《原道（第 25 輯）》，東方出版社，2015 年版。

235. 毛立平：《檔案與性別——從〈南部縣衙門檔案〉看州縣司法檔案中女性形象的建構》，《北京社會科學》2015 年第 2 期。

236. 牛傳勇：《清代幼小犯罪赦宥制度之侷限性——以〈刑案匯覽三編〉等判案為視角》，載朱勇主編：《中華法系》（第六卷），法律出版社，2015 年版。

237. 秦寶琦、孟超：《清代懲處秘密會黨律例的制定與實施》，《清史研究》2015 年第 3 期。

238. 石怡、羅冬陽：《昂貴的京控——嘉慶朝徐姓自戕案分析》，《西南大學學報》2015 年第 4 期。

239. 王志強：《試析清律中「故勘平人」條》，載徐世虹主編：《中國古代法律文獻研究》（第九輯），社科文獻出版社，2015 年版。

240. 魏淑民：《清代司法實踐中督撫和按察使的差異化行為特徵》，《中州學刊》2015 年第 6 期。

241. 吳歡：《明清律典「例分八字」源流述略》，載陳煜主編：《新路集——第五屆張晉藩法律史學基金會徵文大賽獲獎作品集》（第五集），中國政法大學出版社，2015 年版。

242. 吳豔紅：《明清法律制度研究》，《浙江大學學報》2015 年第 1 期。

243. 吳豔紅：《制度與明代推官的法律知識》，《浙江大學學報》2015 年第 1 期。

244. 謝晶：《邏輯之外的「理」——古今比較下的清代「盜賊自首」研究》，《現代法學》2015 年第 6 期。

245. 徐彬、祝虻：《徽州家譜中的清代涉墓訴訟論略》，《安徽大學學報》2015 年第 6 期。

246. 徐忠明：《明清時期法律知識的生產、傳播與接受——以法律書籍的「序跋」為中心》，《華南師範大學學報》2015 年第 1 期。

247. 顏麗媛：《對清代因與人通姦後殺死本夫案中妻子的量刑例外的考察》，《中國刑事法雜誌》2015 年第 1 期。

248. 楊揚：《論清代「訟師歇家」與基層政府的互動關係——以訴訟領域為視角的考察》，載里贊主編：《法律史評論（第 8 卷）》，法律出版社，2015 年版。

249. 姚志偉：《控制與反抗：清代抱告制度的實踐》，《北方法學》2015 年第 2 期。

250. 尤陳俊：《清代訟師貪利形象的多重建構》，《法學研究》2015 年第 5 期。

251. 張斌：《從錦屏文書看清代基層社會的解紛機制》，載里贊主編：《法律史評論（第 7 卷）》，法律出版社，2015 年版。

252. 張春海：《「一遵華制」語境下的〈大明律〉——論朝鮮太宗時期〈大明律〉的適用》，《暨南學報》2015 年第 4 期。

253. 張世闖、程天權：《清代「科道合一」得失之再認識》，《北方法學》2015 年第 5 期。

254. 張婷：《法典、幕友與書商——論清代江南法律書籍的出版與流通》，《浙江大學學報》2015 年第 1 期。

255. 鄭小悠：《「吏無臉」——清代刑部書吏研究》，《河北法學》2015 年第 2 期。

256. 鄭小悠：《清代刑部官員的形象：自我期許與外部評價》，《北京師範大學學報》2015 年第 1 期。

257. 鄭小悠：《清代刑部司官的選任、補缺與差委》，《清史研究》2015 年第 4 期。

258. 鄭小悠：《清代刑部堂官的權力分配》，《北京社會科學》2015 年第 12 期。

259. 周飛：《清代雲南禁伐碑刻與環境史研究》，《中國農史》2015 年第 3 期。

260. 周天越：《中國古代法官判案文化解析——從明清官箴切入》，載霍存福主編：《法律文化論叢（第 3 輯）》，法律出版社，2015 年版。

261. 朱玉麒：《徐松遣戍新疆案過程新證》，《西域研究》2015 年第 4 期。

262. 朱喆琳：《中國古代食鹽專賣制度的法律問題探析——以清代「鹽引」制度下河東鹽商活動為例》，《法學雜誌》2015 年第 10 期。

263. （日）夫馬進著、瞿豔丹譯：《清末巴縣「健訟棍徒」何輝山與裁判式調解「憑團理剖」》，載徐世虹主編：《中國古代法律文獻研究》第十輯，社科文獻出版社，2016 年版。

264. （日）山本英史：《光棍例的成立及其背景——清初秩序形成的一個過程》，謝晶譯、阿風譯校，載蘇亦工、謝晶等編：《舊律新詮——〈大清律例〉國際研討會論文集（第一卷）》，清華大學出版社，2016 年版。

265. 阿風：《〈大清律例〉中婦女「不准收贖」條例考》，載蘇亦工、謝晶等編：《舊律新詮——〈大清律例〉國際研討會論文集（第一卷）》，清華大學出版社，2016 年版。

266. 常建華：《清代乾嘉時期的四川趕場——以刑科題本、巴縣檔案為基本資料》，《四川大學學報》2016 年第 5 期。

267. 常建華：《清中葉山西的日常生活——以 118 件嘉慶朝刑科題本為基本資料》，《史學集刊》2016 年第 4 期。

268. 常建華：《生命·生計·生態：清代中葉江西的日常生活——以 108 件嘉慶朝刑科題本為基本資料》，《上海師範大學學報》2016 年第 5 期。

269. 常文相：《明代鹽法運行中的官商合作》，《求是學刊》2016 年第 2 期。

270. 陳會林：《論傳統訴告中「小事鬧大」的司法應對方式——以清代司法文書、訴訟檔案為中心的考察》，《湖北大學學報》2016 年第 5 期。

271. 陳惠馨：《從〈大清律例〉與〈吏部則例〉看清朝官吏的懲處與控制》，載蘇亦工、謝晶等編：《舊律新詮——〈大清律例〉國際研討會論文集（第一卷）》，清華大學出版社，2016 年版。

272. 陳晶：《乾嘉時期「人戶以籍為定」律增修條例研究》，載朱勇主編：《中華法系》（第八卷），法律出版社，2016 年版。

273. 陳靈海：《記憶與遺忘的競賽：清代律學史中的「箭垛」和「失蹤者」》，《學術月刊》2016 年第 11 期。

274. 陳銳：《論〈大清律輯注〉的注律特色及創新》，《政法論叢》2016 年第 6 期。

275. 陳小潔：《清代司法判例情理表達的內在價值及現代啟示》，《法學》2016 年第 11 期。

276. 陳煜：《「殊為具文」？——淺論〈大清律例〉中的「宣示性條款」》，《東南大學學報》2016 年第 6 期。

277. 陳煜：《論〈大請律例〉與各部院則例的銜接》，《法制史研究》（臺）2016 年第 29 輯。

278. 陳煜：《論〈大清律例〉與各部院則例的銜接》，載蘇亦工、謝晶等編：《舊律新詮——〈大清律例〉國際研討會論文集（第一卷）》，清華大學出版社，2016 年版。

279. 陳重方：《乾隆八年〈大清律例〉的頒行》，《法制史研究》（臺）2016 年

第 29 輯。

280. 陳重方：《乾隆八年〈大清律例〉的頒行》，載蘇亦工、謝晶等編：《舊律新詮——〈大清律例〉國際研討會論文集（第二卷）》，清華大學出版社，2016 年版。

281. 杜軍強：《法律原則、修辭論證與清代判決中的「清理」——基於比較裁判方法的考察》，載高鴻鈞主編：《中國比較法學・比較法治文化：2015 年卷》，中國政法大學出版社，2016 年版。

282. 高松：《清代刑案資料在社會生活史研究中的價值——以乞丐案件為例》，《學習與探索》2016 年第 3 期。

283. 龔金鐳：《清朝「父祖被毆」律例研究》，載陳景良、鄭祝君主編：《中西法律傳統（第 12 卷）》，中國政法大學出版社，2016 年版。

284. 黃丹：《清代嘉道年間（1796～1850 年）自首制度研究》，載朱勇主編：《中華法系》（第八卷），法律出版社，2016 年版。

285. 黃源盛：《情慾、規範、歷史——從〈大清律例〉到〈民國刑法〉的親屬相姦罪》，載蘇亦工、謝晶等編：《舊律新詮——〈大清律例〉國際研討會論文集（第一卷）》，清華大學出版社，2016 年版。

286. 姜翰：《陽奉與陰違：清代地方官審轉制度下的規避策略》，載霍存福主編：《法律文化論叢》第 5 輯，知識產權出版社，2016 年版。

287. 蔣鐵初：《巴縣檔案所見賊案開花與清代吏治》，載陳林林主編：《浙大法律評論》（第 3 卷），浙江大學出版社，2016 年版。

288. 李典蓉：《棍徒、奴僕與流氓：對清前期旗下人與光棍例發展的推想》，載蘇亦工、謝晶等編：《舊律新詮——〈大清律例〉國際研討會論文集（第一卷）》，清華大學出版社，2016 年版。

289. 李典蓉：《清入關前「法」「例」問題初探——以滿文文獻為中心》，載蘇亦工、謝晶等編：《舊律新詮——〈大清律例〉國際研討會論文集（第一卷）》，清華大學出版社，2016 年版。

290. 李亮瑩：《從法規範論清代之開墾制度——以乾隆朝《欽定戶部則例》為中心》，載朱勇主編：《中華法系》（第八卷），法律出版社，2016 年版。

291. 李明：《清代律例館考述》，《清史研究》2016 年第 2 期。

292. 李明：《清代命案中的「追埋葬銀」——從立法到司法的歷史考察》，載

吳玉章、高旭晨主編：《中國法律史研究》（2016 年卷），社會科學文獻出版社，2016 年版。

293. 李明：《清代人犯遞解中的空間難題》，載霍存福主編：《法律文化論叢》第 5 輯，知識產權出版社，2016 年版。

294. 李明：《為愛鬼頭銀，命比鴻毛輕——清代命案中的賄買頂凶》，《法制史研究》（臺）2016 年第 29 輯。

295. 李守良：《明代私家注律家管見》，載徐世虹主編：《中國古代法律文獻研究》第十輯，社科文獻出版社，2016 年版。

296. 李萬晉：《清代武職人員所得之探討——以乾隆朝《欽定戶部則例》「廩祿」與「兵餉」二門為例》，載朱勇主編：《中華法系》（第八卷），法律出版社，2016 年版。

297. 栗銘徽：《從〈戶部則例〉探討〈大清律例〉與部門則例的關係》，載蘇亦工、謝晶等編：《舊律新詮——〈大清律例〉國際研討會論文集（第一卷）》，清華大學出版社，2016 年版。

298. 梁鳳榮、楊鯤鵬：《清代州縣官的司法追求與躬踐》，《北方法學》2016 年第 2 期。

299. 林乾：《聚眾定例：清代法律重刑化的轉折》，載蘇亦工、謝晶等編：《舊律新詮——〈大清律例〉國際研討會論文集（第二卷）》，清華大學出版社，2016 年版。

300. 林文凱：《清代法律史研究的方法論檢討——「地方法律社會史」研究提出的對話》，載柳立言主編：《史料與法史學》，中央研究院歷史語言研究所 2016 年版。

301. 林展、陳志武、彭凱翔：《乾隆中期和道光中後期債務命案研究》，《清史研究》2016 年第 2 期。

302. 凌鵬：《清代巴縣農村的租佃實態——「抗租」、「騙租」與「主客關係」》，載徐世虹主編：《中國古代法律文獻研究》第十輯，社科文獻出版社，2016 年版。

303. 陸昕：《清代官制判的刑名師爺》，《讀書》2016 年第 7 期。

304. 馬青連：《清代非直省民族地區的司法制度研究——以理藩院為中心的考察》，《中央民族大學學報》2016 年第 2 期。

305. 馬維熙：《嘉慶二十四年朝政失密案研究》，《歷史檔案》2016 年第 4 期。

306. 茆巍：《清代命案私和中的法律與權力》，《社會科學研究》2016 年第 4 期。

307. 梅凌寒：《清代流放地與法律空間》，載蘇亦工、謝晶等編：《舊律新詮——〈大清律例〉國際研討會論文集（第二卷）》，清華大學出版社，2016 年版。

308. 孟繁勇：《清代宗室覺羅發遣東北述略》，《社會科學戰線》2016 年第 8 期。

309. 邱澎生：《〈大清律例〉如何影響商業習慣——試析 18、19 世紀蘇州的度量衡訴訟》，載蘇亦工、謝晶等編：《舊律新詮——〈大清律例〉國際研討會論文集（第二卷）》，清華大學出版社，2016 年版。

310. 邱唐：《旗民不婚？——清代族群通婚的法律規範、實踐與意識》，《清華法學》2016 年第 1 期。

311. 邱唐：《旗民不婚？——清代族群通婚的法律規範、實踐與意識》，載蘇亦工、謝晶等編：《舊律新詮——〈大清律例〉國際研討會論文集（第二卷）》，清華大學出版社，2016 年版。

312. 曲長海：《明代官箴研究》，《學術探索》2016 年第 5 期。

313. 沈欣：《清乾隆初年律例官學小考》，《故宮博物院院刊》2016 年第 3 期。

314. 蘇亦工：《清律「光棍例」之由來及其立法瑕疵》，載蘇亦工、謝晶等編：《舊律新詮——〈大清律例〉國際研討會論文集（第一卷）》，清華大學出版社，2016 年版。

315. 蘇亦工：《清律回民相關條例及其影響》，《政法論壇》2016 年第 3 期。

316. 孫家紅：《清代秋審之前奏：補論明代秋審》，載吳玉章、高旭晨主編：《中國法律史研究》（2016 年卷），社會科學文獻出版社，2016 年版。

317. 孫一鍇：《「論心定罪」的概括性研究——以清代的故殺、誤殺的研究為中心》，載朱勇主編：《中華法系》（第七卷），法律出版社，2016 年版。

318. 譚家齊：《從「故禁故勘平人」律例的修訂看有清一代刑訊制度的變化》，載蘇亦工、謝晶等編：《舊律新詮——〈大清律例〉國際研討會論文集（第二卷）》，清華大學出版社，2016 年版。

319. 汪鋒華：《生命的畸形博弈：清代命案中的頂凶現象新考》，《安徽史學》2016 年第 5 期。

320. 王承山：《明清白晝搶奪律例初探》，載蘇亦工、謝晶等編：《舊律新詮
——〈大清律例〉國際研討會論文集（第一卷）》，清華大學出版社，2016
年版。

321. 王榮堂：《清代「略人略賣人」的司法探析》，載蘇亦工、謝晶等編：《舊
律新詮——〈大清律例〉國際研討會論文集（第一卷）》，清華大學出版
社，2016 年版。

322. 王若時：《歷代成案沿革初考——兼駁清代成案「司法判例」說》，載吳
玉章、高旭晨主編：《中國法律史研究》（2016 年卷），社會科學文獻出
版社，2016 年版。

323. 王帥一：《明清時代的「中人」與契約秩序》，《政法論壇》2016 年第 2
期。

324. 王帥一：《明清時代官方對於契約的干預：通過「稅契」方式的介入》，
載蘇亦工、謝晶等編：《舊律新詮——〈大清律例〉國際研討會論文集
（第二卷）》，清華大學出版社，2016 年版。

325. 王泰升、曾文亮、吳俊瑩：《論清朝地方衙門審案機制的運作——以〈淡
新檔案〉為中心》，載柳立言主編：《史料與法史學》，中央研究院歷史語
言研究所 2016 年版。

326. 王小康：《中國法律傳統黃宗羲式法政秩序原論——基於〈明夷待訪錄〉
文本的分析》，載陳景良、鄭祝君主編：《中西法律傳統》第 11 卷，中國
政法大學出版社，2016 年。

327. 王新霞、任海濤：《清代法官司法智慧研究——古代司法文化的現代審
視》，《蘭州大學學報》2016 年第 1 期。

328. 王雁：《薛允升降職問題考辨》，《史林》2016 年第 2 期。

329. 王躍生：《清代立嗣過繼制度考察——以法律、宗族規則和慣習為中心》，
《清史研究》2016 年第 2 期。

330. 王志強：《試析清律中「故勘平人」條》，載蘇亦工、謝晶等編：《舊律新
詮——〈大清律例〉國際研討會論文集（第二卷）》，清華大學出版社，
2016 年版。

331. 魏敏：《「治人」「法治」之博弈——清初官員管理觀念芻議》，載高鴻鈞
主編：《中國比較法學·比較法治文化：2015 年卷》，中國政法大學出版
社，2016 年版。

332. 吳傑：《微觀清代服制內「殺一家多人」例的纂定與適用——兼談清代服制立法的擴張》，載蘇亦工、謝晶等編：《舊律新詮——〈大清律例〉國際研討會論文集（第一卷）》，清華大學出版社，2016 年版。

333. 吳佩林：《〈南部檔案〉所見清代民間社會的嫁賣生妻》，載李在全執行主編：《近代中國的法律與政治》，社會科學文獻出版社，2016 年版。

334. 吳豔紅、姜永琳：《布政司與明代司法——以明代〈四川地方司法檔案〉為中心的研究》，《南京大學學報》2016 年第 4 期。

335. 吳正茂：《「幼嫁從親，再嫁由身」？——試論清代婦女改嫁的自主權》，載吳玉章、高旭晨主編：《中國法律史研究》（2016 年卷），社會科學文獻出版社，2016 年版。

336. 伍躍：《「在民之役」：巴縣檔案中的鄉約群像——近代以前中國國家統治社會的一個場景》，載徐世虹主編：《中國古代法律文獻研究》第十輯，社科文獻出版社，2016 年版。

337. 武幹：《清代江南民間慈善習慣法與傳統法源結構》，《法學》2016 年第 12 期。

338. 謝晶：《中西文化與古今刑法之間——清代盜律中的時空因素》，載蘇亦工、謝晶等編：《舊律新詮——〈大清律例〉國際研討會論文集（第一卷）》，清華大學出版社，2016 年版。

339. 徐琪：《明代萬曆年間「兩湖」地區強盜案件探究》，載華東政法大學研究主編：《鹿鳴集：華東政法大學優秀學位論文選（2016 年卷）》，法律出版社，2016 年。

340. 徐琪：《明代萬曆年間「兩湖」地區強盜案件探究》，載華東政法大學研究主編：《鹿鳴集：華東政法大學優秀學位論文選（2016 年卷）》，法律出版社，2016 年版。

341. 楊虎得、柏樺：《論清代青海司法的「因俗而治」》，《青海民族研究》2016 年第 3 期。

342. 楊立民：《論清代「違制律」的功能及其轉》，《蘇州大學學報（法學版）》2016 年第 3 期。

343. 楊揚：《「歇家」在明清訟事中的地位》，載朱勇主編：《中華法系》（第七卷），法律出版社，2016 年版。

344. 楊一凡：《明代典例法律體系的確立與事例的功能》，載吳玉章、高旭晨

主編：《中國法律史研究》（2016 年卷），社會科學文獻出版社，2016 年版。

345. 楊玉明：《政治視野中的明代公罪制度》，《求索》2016 年第 7 期。

346. 楊珍：《康熙朝鼇拜罪案辨析》，《歷史檔案》2016 年第 3 期。

347. 楊宗紅：《明清之際擬話本公案故事的「天理」原則》，《社會科學家》2016 年第 1 期。

348. 姚宇：《草線暗伏：清代「二罪俱發以重論」律例發微》，載蘇亦工、謝晶等編：《舊律新詮──〈大清律例〉國際研討會論文集（第二卷）》，清華大學出版社，2016 年版。

349. 姚志偉：《訴訟代理抑或訴訟代替──清代抱告制度的表達與實踐》，《湖北社會科學》2016 年第 8 期。

350. 張朝陽：《公眾權益與 17～18 世紀江南官河、官湖糾紛》，《中國農史》2016 年第 3 期。

351. 張光輝：《明、清朝的「光棍罪」》，載蘇亦工、謝晶等編：《舊律新詮──〈大清律例〉國際研討會論文集（第一卷）》，清華大學出版社，2016 年版。

352. 張晉藩：《明末清初的實學與進步的法律觀》，《法制與社會發展》2016 年第 2 期。

353. 張亮：《清代的戶絕財產繼承制度及其法文化分析》，《歷史教學（下半月刊）》2016 年第 3 期。

354. 張寧：《清代的大赦與死刑：制度及實踐中的法與「法外之仁」》，載蘇亦工、謝晶等編：《舊律新詮──〈大清律例〉國際研討會論文集（第二卷）》，清華大學出版社，2016 年版。

355. 張仁善：《論清代宗族的糾紛化解功能》，《法制史研究》（臺）2016 年第 29 輯。

356. 張世慧：《秩序變動與律令增訂：19 世紀前中期的「京城錢鋪關閉例」》，《史林》2016 年第 6 期。

357. 張田田：《〈大清律例「律目」功能再探》，載蘇亦工、謝晶等編：《舊律新詮──〈大清律例〉國際研討會論文集（第二卷）》，清華大學出版社，2016 年版。

358. 張田田：《〈大清律例〉條目功能再探》，載霍存福主編：《法律文化論叢》

第 6 輯，知識產權出版社，2016 年版。

359. 張萬軍：《清代薩拉齊廳通判刑事司法職能研究》，《中央民族大學學報》2016 年第 5 期。

360. 張曉慶：《懷柔遠人——從蘇祿國貢使案看清代中期化外人司法模式》，載蘇亦工、謝晶等編：《舊律新詮——〈大清律例〉國際研討會論文集（第二卷）》，清華大學出版社，2016 年版。

361. 張一楠、秦暉：《「清語騎射」與「杜漸防微」——清代北京戲園相關禁令的考察》，《天津大學學報》2016 年第 3 期。

362. 章燕：《從衙蠹「嚇詐致斃人命」罪看清代嚴胥吏思想》，載霍存福主編：《法律文化論叢》第 5 輯，知識產權出版社，2016 年版。

363. 鄭小悠：《清代刑部官員的法律素養》，《史林》2016 年第 3 期。

364. 周琳：《產何以存？——清代〈巴縣檔案〉中的行幫公產糾紛》，《文史哲》2016 年第 6 期。

365. （法）梅凌寒：《刑科題本的擬成：以寶坻縣檔案與刑科題本的比較為依據》，載中國政法大學法律古籍整理研究所編：《中國古代法律文獻研究》第十一輯，社會科學文獻出版社，2017 年版。

366. （美）步德茂（Thomas Buoye）著、宋保振譯、高珣、方強校：《清代的寬宥與法律推理理論》，載華東政法大學法律史研究中心編：《法律史研究》第 5 輯（歐美學者研究中國法律史論文選譯專號），法律出版社，2017 年版。

367. （美）多米尼克·德爾波特（Dominiek Delporte）著、楊安舒、楊焯譯、陳靈海、方強校：《明代中國（1368～1644 年）的條例與婚約解除——對〈皇明條法事類纂〉卷一三的深度解讀》，載華東政法大學法律史研究中心編：《法律史研究》第 5 輯（歐美學者研究中國法律史論文選譯專號），法律出版社，2017 年版。

368. （美）蓋博堅（R. Kent Guy）著、余璐、宋麟譯、楊焯統譯、陳靈海方強校：《中國的人治和法治——清代政府對地方官員的懲處》，載華東政法大學法律史研究中心編：《法律史研究》第 5 輯（歐美學者研究中國法律史論文選譯專號），法律出版社，2017 年版。

369. （美）胡宗綺（Jennifer M. Neighbors）著、朱琳譯、陳靈海、方強校：《清代法的「長臂」——清代殺人罪規範在民國法院中的影響》，載華東

政法大學法律史研究中心編：《法律史研究》第 5 輯（歐美學者研究中國法律史論文選譯專號），法律出版社，2017 年版。

370. （美）姜永琳著、袁也、闞劍譯、楊焯統譯、高珣方強校：《以太祖之名——〈明太祖實錄〉對朱元璋法哲學與中國文化認同的構建》，載華東政法大學法律史研究中心編：《法律史研究》第 5 輯（歐美學者研究中國法律史論文選譯專號），法律出版社，2017 年版。

371. （美）蘇成捷（Matthew H. Sommer）著、黃樺譯、高珣、方強校：《晚期中華帝國的墮胎——例行節育還是危機處置？》，載華東政法大學法律史研究中心編：《法律史研究》第 5 輯（歐美學者研究中國法律史論文選譯專號），法律出版社，2017 年版。

372. （日）奧村郁三：《〈新律綱領〉與〈明律〉》，陳傑中、周東平譯，載周東平、朱騰主編：《法律史譯評（第四卷）》，中西書局，2017 年版。

373. （日）鈴木秀光：《「治人」之下的制度：再論清代複審制》，魏敏譯，載周東平、朱騰主編：《法律史譯評（第五卷）》，中西書局，2017 年版。

374. （日）水越知：《清代後期的夫婦訴訟與離婚——以同治年〈巴縣檔案〉為中心的研究》，海丹譯，載周東平、朱騰主編：《法律史譯評（第五卷）》，中西書局，2017 年版。

375. （日）小川快之：《清代江西、福建的「溺女」習俗與法——以與「厚嫁」、「童養媳」等習俗的關係為中心》，趙晶譯，載周東平、朱騰主編：《法律史譯評（第四卷）》，中西書局，2017 年版。

376. 柏樺、周圍杉：《明代職官有犯之訴訟》，《河北學刊》2017 年第 4 期。

377. 柏樺：《清王朝罪犯發遣新疆制度》，《社會科學輯刊》2017 年第 2 期。

378. 常悅：《清代陽武縣張氏家族土地交易契約研究》，載陳煜主編：《新路集（第六集）——第六屆張晉藩法律史學基金會徵文大賽獲獎作品集》，中國政法大學出版社，2017 年版。

379. 陳藹婧：《論明代直系血親間的財產權關係》，載陳煜主編：《新路集（第六集）——第六屆張晉藩法律史學基金會徵文大賽獲獎作品集》，中國政法大學出版社，2017 年版。

380. 陳晨：《巡察御史與雍正朝政治》，《清史研究》2017 年第 3 期。

381. 陳國威：《清代雷州的水權問題探析——源於雷州一塊清代水利碑刻》，《農業考古》2017 年第 4 期。

382. 陳海斌：《利益與秩序：清代贛南的健訟民風》，《歷史教學問題》2017 年第 1 期。

383. 陳華、李榮：《明清晉東南鄉村規約與社會治理：以碑刻為中心的考察》，《社會科學論壇》2017 年第 4 期。

384. 陳靈海：《〈大清會典〉與清代「典例」法律體系》，《中外法學》2017 年第 2 期。

385. 陳銳：《清代的法律歌訣探究》，《現代法學》2017 年第 1 期。

386. 陳時龍：《論六諭和明清族規家訓論》，《安徽史學》2017 年第 6 期。

387. 陳延濤：《冕寧檔案所見清代婦女抱告制度──兼論清代婦女的訴訟地位》，（臺）《法制史研究》第三十期。

388. 陳長寧：《清代訴訟概念框架中的「民事刑事」》，《學術交流》2017 年第 4 期。

389. 程彩萍、李建武：《明代京軍之法律約束與司法實踐》，《廊坊師範學院學報》2017 年第 1 期。

390. 程彩萍、時培磊、李建武：《明代滇桂邊境涉外法律規定與司法實踐》，《廣西社會科學》2017 年第 7 期。

391. 程彩萍：《明代雲南土司境內犯罪處罰規定與司法實踐》，《昆明學院學報》2017 年第 5 期。

392. 鄧洪波、蘭軍：《社會文化史視野下的書院與寺廟之爭──以嘉靖五峰書院訴訟案為例》，《湖北大學學報》2017 年第 3 期。

393. 丁天立：《「非正印者，不得受民詞乎？」──清代州縣佐雜官「濫受民詞」現象芻議》，載陳景良、鄭祝君主編：《中西法律傳統（第 13 卷）》，中國政法大學出版社，2017 年版。

394. 丁天立：《清代州縣佐雜官「濫受民詞」現象芻議》，載饒傳平主編：《近代法律史研究（第 2 輯）：近代法律人的世界》，社會科學文獻出版社，2017 年版。

395. 杜正貞：《「異姓為嗣」問題中的禮、法、俗──以明清浙南族規修訂為例》，《歷史研究》2017 年第 3 期。

396. 范依疇、范忠信：《從兩姓械鬥案妙判看于成龍巧用情理法》，《法律適用》2017 年第 10 期。

397. 方強著、蔣辰王鵬飛譯、姚遠方強校：《燙手山芋──1898 年以前的中

國上訪制度》，載華東政法大學法律史研究中心編：《法律史研究》第 5 輯（歐美學者研究中國法律史論文選譯專號），法律出版社，2017 年版。

398. 馮義強、王劍：《死刑適用案例指導制度的構建：以清代秋審成案機制為鑒》，《福建農林大學學報》2017 年第 5 期。

399. 馮志偉：《明代刑法思維中的主觀主義傾向研究》，《內蒙古大學學報》2017 年第 4 期。

400. 龔汝富：《淺議明清訟學對地方司法審判的雙重影響》，載何柏生主編：《中國傳統法律文化與法律價值》，法律出版社，2017 年版。

401. 谷井陽子：《明清律學與士人社會》，（臺）《法制史研究》第三十期。

402. 關傳友：《皖西地區水利規約的探析》，《農業考古》2017 年第 4 期。

403. 關志國：《清代行政成案初探》，《蘇州大學學報（法學版）》2017 年第 2 期。

404. 桂月亮：《清代基層漕運法制探究》，《牡丹江大學學報》2017 年第 7 期。

405. 郭廣輝：《清代民國年間成都鄉村的田房產業交易——以〈成都龍泉驛百年契約文書：1754～1949〉為例》，載楊和平、吳佩林主編：《地方歷史文獻與文化：〈西華師範大學學報〉文選》，國家圖書館出版社，2017 年版。

406. 郭淑新：《清代官吏制度及其實施得失之啟示》，載中國法學會編：《中國法學會部級課題成果要報彙編（2016）》，中國法制出版社，2017 年版。

407. 韓朝建：《明中葉賦稅制度在五臺山區的推行——以寺廟碑銘為中心》，載李雪梅主編：《法律文化研究（第十輯）：古代法律碑刻專題》，社科文獻出版社，2017 年版。

408. 韓嘉興：《論清代刑法中的天理觀》，《南陽理工學院學報》2017 年第 1 期。

409. 韓嘉興：《清代刑法制度和刑法文化管窺》，《新餘學院學報》2017 年第 2 期。

410. 郝平：《從家庭糾紛之訟看清前期地方官的司法審判：以〈牧愛堂〉相關案例的考察為例》，《福建論壇》2017 年第 1 期。

411. 郝平：《從家庭糾紛之訟看清前期地方官的司法審判——以〈牧愛堂〉相關案例的考察為例》，《福建論壇》2017 年第 1 期。

412. 何平：《明清時期巡按御史監察職能的興衰》，載朱勇主編：《中華法系》第九卷，中國政法大學 2017 年版。

413. 侯鵬：《清代浙江順莊法研究》，《中國經濟史研究》2017 年第 4 期。

414. 胡瀚：《地志、碑石所見清代漢中府縣地方官的訴訟認識與實踐（上）》，《陝西理工大學學報》2017 年第 4 期。

415. 胡婧婷：《〈大明令〉經濟思想及其對供給側改革的啟示》，《廣西社會科學》2017 年第 5 期。

416. 胡祥雨：《吳達海揭帖的發現與〈順治律〉制定過程新考》，《歷史檔案》2017 年第 4 期。

417. 胡英闖：《清代贅婿法律地位研究》，載陳煜主編：《新路集（第六集）——第六屆張晉藩法律史學基金會徵文大賽獲獎作品集》，中國政法大學出版社，2017 年版。

418. 黃山杉：《從俗從宜，各安其習——〈理藩院則例〉對〈大清律例〉刑罰規定之變通》，載李曙光主編：《法大研究生》2017 年第 2 輯，中國政法大學出版社，2017 年版。

419. 黃志成：《明清典權制度的典賣人偏向——外部視角與內部視角下的新解釋》，載《中山大學青年法律評論》編輯部主編：《中山大學青年法律評論》（第 1 卷），法律出版社，2017 年版。

420. 黃忠鑫：《山林經濟變動與信貸契約書寫的演變——清代歙縣璜尖村的個案研究》，《中國農史》2017 年第 6 期。

421. 霍存福、張靖翊、馮學偉：《以〈大明令〉為樞紐看中國古代律令制體系》，載楊一凡、朱騰主編：《歷代令考》，社會科學文獻出版社，2017 年版。

422. 紀麗真：《明代王貴〈山東鹽法志〉考述》，《鹽業史研究》2017 年第 1 期。

423. 賈程秀勇：《後金天聰時期法律改造問題研究》，《齊齊哈爾大學學報》2017 年第 2 期。

424. 簡逸光：《劉逢祿之「例」學》，《孔子研究》2017 年第 1 期。

425. 焦傑：《中國古代夫妻權力關係與家庭暴力——兼論清代婦女的以暴制暴犯罪》，《陝西師範大學學報》2017 年第 5 期。

426. 解曉紅：《清代家長財產權探析》，載王繼軍主編：《三晉法學》（第十一

輯），中國法制出版社，2017 年版。

427. 景風華：《「矜弱」的邏輯：清代兒童致斃人命案的法律譜系》，《法學家》
　　　2017 年第 6 期。

428. 賴惠敏：《清代邊疆的吏治──以科布多為例》，載周東平、朱騰主編：
　　　《法律史譯評（第五卷）》，中西書局，2017 年版。

429. 李鳳鳴：《清代強姦幼女罪溯源及其成立要件研究》，《社會科學家》
　　　2017 年第 10 期。

430. 李俊豐：《明清官員司法實踐中的「變通」》，《江西科技師範大學學報》
　　　2017 年第 2 期。

431. 李明、張卓媛：《清代刑部制度考訂四題──對董康相關述論的辨正》，
　　　載饒傳平主編：《近代法律史研究（第 2 輯）：近代法律人的世界》，社會
　　　科學文獻出版社，2017 年版。

432. 李明：《清代審轉制度運行的司法困境》，載陳景良、鄭祝君主編：《中西
　　　法律傳統（第 13 卷）》，中國政法大學出版社，2017 年版。

433. 李明：《清人律學觀與清代律學地位的重估》，載陳煜主編：《新路集（第
　　　六集）──第六屆張晉藩法律史學基金會徵文大賽獲獎作品集》，中國
　　　政法大學出版社，2017 年版。

434. 李青：《明朝御史巡按制度管窺》，載朱勇主編：《中華法系》第九卷，中
　　　國政法大學 2017 年版。

435. 李青：《清代檔案中的錢債訴訟》，載朱勇主編：《中華法系》（第十卷），
　　　法律出版社，2017 年版。

436. 李相森：《試論清代地方社會治理的司法實現：以徐士林〈守皖讞詞〉為
　　　中心》，《西部法學評論》2017 年第 5 期。

437. 李小雪：《清代奉天地區旗民案件審理職權的演變》，載彭勇主編：《民族
　　　史研究》第十三輯，中央民族大學出版社，2017 年版。

438. 李曉亮：《清代青海廣惠寺地方司法制度研究》，《西部學刊》2017 年第
　　　7 期。

439. 李雪梅：《明清碑禁體系及其特徵》，載李雪梅主編：《法律文化研究（第
　　　十輯）：古代法律碑刻專題》，社科文獻出版社，2017 年版。

440. 李耀躍：《「德治」語境下傳統糾紛解決機制及其正當性──以清代司法
　　　調處為視角》，《社會科學家》2017 年第 9 期。

441. 李哲：《儒家「親親」思想與中國傳統社會家族族長研究：以清代民事習慣為視角》，《齊魯學刊》2017 年第 3 期。

442. 栗銘徽：《清代法律位階關係新論──以〈大清律例〉和〈戶部則例〉的關係為例》，《華東政法大學學報》2017 年第 3 期。

443. 梁健：《〈明會典〉的纂修及其「大經大法」地位之演變》，載王果主編：《南開法律評論》（第十一輯），南開大學出版社，2017 年版。

444. 梁健：《明清民間法律規則考析──以「書約」為例》，《現代法學》2017 年第 5 期。

445. 廖華生：《明清時期婺源的鄉約與基層組織》，《安徽史學》2017 年第 6 期。

446. 林乾：《清代吏治腐敗的法律誘因──以「完贓減等」例為中心的考察》，《國家行政學院學報》2017 年第 5 期。

447. 劉超建：《新疆婚姻糾紛與鄉村社會關係探討──以清代吐魯番地區檔案分析為中心》，《農業考古》2017 年第 4 期。

448. 劉篤才：《破解〈皇明條法事類纂〉之謎》，《北方法學》2017 年第 5 期。

449. 劉詩古：《「習慣」與「業權」：明中葉以降鄱陽湖區的圩田開發與草洲使用糾紛》，載楊和平、吳佩林主編：《地方歷史文獻與文化：〈西華師範大學學報〉文選》，國家圖書館出版社，2017 年版。

450. 劉小萌：《清代北京旗人捨地現象研究──根據碑刻進行的考察》，載李雪梅主編：《法律文化研究（第十輯）：古代法律碑刻專題》，社科文獻出版社，2017 年版。

451. 劉盈辛：《清代司法的務實態度及其當代啟示：基於婚姻糾紛解決機制的分析》，《中共山西省委黨校學報》2017 年第 3 期。

452. 劉之楊：《傳統城市中的貨運業：清代重慶腳夫的類型與權責分擔──以巴縣檔案為考察中心》，載李曙光主編：《法大研究生》2017 年第 2 輯，中國政法大學出版社，2017 年版。

453. 劉志松：《清代河工貪冒考論》，《社會科學輯刊》2017 年第 3 期。

454. 龍登高、林晨、彭波：《典與清代地權交易體系》，載清華大學中國經濟史研究中心編：《清華社會經濟史文集》，清華大學出版社，2017 年版。

455. 龍偉：《清代醫療糾紛的調解、審理及其特徵》，載楊和平、吳佩林主編：《地方歷史文獻與文化：〈西華師範大學學報〉文選》，國家圖書館出版

社，2017 年版。

456. 羅洪啟：《清代嗣子與義子的刑事法律地位》，《福建江夏學院學報》2017 年第 2 期。

457. 呂麗、孫祺祺：《清代集體貪腐第一大案「捐監冒賑案」檢視》，《法律適用》2017 年第 14 期。

458. 呂鐵貞：《明清時期對外貿易法制的傳承與變革》，載中國法學會編：《中國法學會部級課題成果要報彙編（2016）》，中國法制出版社，2017 年版。

459. 馬洪偉：《存留養親：傳統司法的情理表達及其當代價值——從〈刑案匯覽〉一則案例說起》，載陳煜主編：《新路集（第六集）——第六屆張晉藩法律史學基金會徵文大賽獲獎作品集》，中國政法大學出版社，2017 年版。

460. 馬偉華：《一場政治鬥爭——康熙歷獄的審判過程再辨析》，《自然辯證法通訊》2017 年第 5 期。

461. 茆巍：《明季西學與清代洗冤檢驗知識的交匯》，《社會科學研究》2017 年第 4 期。

462. 茆巍：《清代洗冤用書及技術發展研究之補》，《證據科學》2017 年第 1 期。

463. 米建平：《試論清朝前期海關法制之法律淵源、時代特點和歷史影響》，《海關與經貿研究》2017 年第 1 期。

464. 戚學民、溫馨：《論清史館〈食貨志·茶法〉對清代「茶法」的重新定位》，《社會科學研究》2017 年第 4 期。

465. 邱澎生：《〈大清律例〉如何影響商業習慣——試析十八、十九世紀蘇州的度量衡訴訟》，載周東平、朱騰主編：《法律史譯評（第四卷）》，中西書局，2017 年版。

466. 施新州：《「以審判為中心」訴訟制度改革的價值分析：從清明司法改革說起》，《中共青島市委黨校·青島行政學院學報》2017 年第 5 期。

467. 石小川：《清代湘西土司轄區的法律移植：兼論湘西土司的平民化進程》，《懷化學院學報》2017 年第 6 期。

468. 蘇亦工：《康熙朝〈刑部現行則例〉的修頒時間、傳本及特色》，《社會科學輯刊》2017 年第 3 期。

469. 孫斌：《因案生例：從〈駁案彙編〉看清代條例的生成》，《蘇州大學學報》2017 年第 2 期。

470. 譚悅：《民間畏懼與官方諱飾：清代逆倫案件的奏報和影響》，載里贊主編：《法律史評論》（第 9 卷），法律出版社，2017 年版。

471. 湯傳剛：《唐豫在廣州推行鄉約時間的推測》，《農業考古》2017 年第 1 期。

472. 湯開建、晏雪蓮：《明清時期澳門葡萄牙人的婚姻》，《民族研究》2017 年第 3 期。

473. 湯開建：《明清時期澳門葡萄牙軍事及警察制度考述》，《暨南學報》2017 年第 2 期。

474. 陶雲飛：《淺議明清三法司演變》，《牡丹江大學學報》2017 年第 6 期。

475. 田慶鋒：《清代中國藏傳佛教事務立法進程論析》，載吳玉章主編：《中國法律史研究》（2017 年卷），社會科學文獻出版社，2017 年版。

476. 萬明：《明令新探》，載楊一凡、朱騰主編：《歷代令考》，社會科學文獻出版社，2017 年版。

477. 汪洋：《明清時期地權秩序的構造及其啟示》，《法學研究》2017 年第 5 期。

478. 汪洋：《明清時期地權秩序的構造及其啟示》，載龍衛球、王文傑主編：《兩岸民商法前沿》第 6 輯，中國法制出版社，2017 年版。

479. 王斌通：《陝派律學家的司法技藝管窺——以晚清「故殺胞弟案」為視角》，載李曙光主編：《法大研究生》2017 年第 2 輯，中國政法大學出版社，2017 年版。

480. 王桂東：《清代審理鄂爾多斯蒙古人命案的一份滿文題本譯釋》，載彭勇主編：《民族史研究》第十三輯，中央民族大學出版社，2017 年版。

481. 王華鋒：《「南洋禁航令」出臺原委論析》，《西南大學學報》2017 年第 6 期。

482. 王偉、張琦：《明代雲南的衛所與水利糾紛》，《雲南民族大學學報》2017 年第 6 期。

483. 王偉、趙健杉：《明代趙州東晉湖水利糾紛與法律介入——基於〈趙州東晉湖志〉的考察》，《雲南民族大學學報》2017 年第 5 期。

484. 王小康：《黃宗羲式法政秩序原論——基於〈明夷待訪錄〉文本的分析》，

載陳煜主編：《新路集（第六集）——第六屆張晉藩法律史學基金會徵文大賽獲獎作品集》，中國政法大學出版社，2017年版。

485. 魏曉鍇、王建雲：《清代禁約與地方社會——以山西高平禁約碑為中心》，《福建論壇》2017年第12期。

486. 文新宇、楊友森：《黔中地區鄉規民約碑刻調查及其歷史文化內涵》，載吳大華主編：《法律人類學論叢》（第5輯），社會科學文獻出版社，2017年版。

487. 吳才茂：《清代中期貴州鄉村社會蠡測——以嘉慶朝刑科題本為例》，載楊和平、吳佩林主編：《地方歷史文獻與文化：〈西華師範大學學報〉文選》，國家圖書館出版社，2017年版。

488. 吳大昕：《明代雜職官員出身考論》，《社會科學輯刊》2017年第2期。

489. 吳歡：《明清律典「例分八字」源流述略——兼及傳統律學的知識化轉型》，《法律科學》2017年第3期。

490. 吳佩林、吳冬：《清代州縣司法中的「遵用狀式」研究》，《蘇州大學學報（法學版）》2017年第3期。

491. 吳佩林：《清代中後期州縣衙門「敘供」的文書製作——以〈南部檔案〉為中心》，《歷史研究》2017年第5期。

492. 吳雪梅：《適應性選擇：明清兩湖鄉村社會秩序的形成機制——鄉村社會秩序建構的另外一種解釋》，《華中師範大學學報》2017年第6期。

493. 謝晶：《〈大清律例〉對監守自盜的懲處》，《中國社會科學報》2017年7月19日。

494. 謝晶：《財產何必「神聖」——清代「盜官物」律例研究》，載陳煜主編：《新路集（第六集）——第六屆張晉藩法律史學基金會徵文大賽獲獎作品集》，中國政法大學出版社，2017年版。

495. 謝志龍、李明：《清代官代書的吏役化與制度困境》，載霍存福主編：《法律文化論叢》（第7輯），知識產權出版社，2017年版。

496. 徐立星：《「上申國法，下順夷情」——乾隆時期澳門命案研究》，載朱勇主編：《中華法系》（第十卷），法律出版社，2017年版。

497. 徐望：《明中期武職犯罪的審理程序——以〈皇明條法事類纂〉為中心》，《上海大學學報》2017年第6期。

498. 徐忠明：《建築與儀式：明清司法理念的另一種表達》，載中國政法大學

法律古籍整理研究所編：《中國古代法律文獻研究》第十一輯，社會科學文獻出版社，2017 年版。

499. 徐忠明：《明清時期的「依法裁判」：一個偽問題？》，載何柏生主編：《中國傳統法律文化與法律價值》，法律出版社，2017 年版。

500. 徐忠明：《雅俗之間：清代竹枝詞的法律文化解讀》，載何柏生主編：《中國傳統法律文化與法律價值》，法律出版社，2017 年版。

501. 楊軍：《清代國家對貴州民族地區的法律治理》，《學術論壇》2017 年第 5 期。

502. 楊向豔：《續妖書案之達觀獄與萬曆政局》，《西南大學學報》2017 年第 1 期。

503. 楊向豔：《續妖書案之胡化獄與萬曆黨爭》，《江漢論壇》2017 年第 8 期。

504. 楊向豔：《續妖書案之沈令譽、毛尚文獄與萬曆黨爭》，《學術研究》2017 年第 5 期。

505. 楊揚：《「歇家」在明清訟事中的地位考析》，載陳煜主編：《新路集（第六集）——第六屆張晉藩法律史學基金會徵文大賽獲獎作品集》，中國政法大學出版社，2017 年版。

506. 楊揚：《衝突與利用：清代歇家與地方官民關係研究》，載陳景良、鄭祝君主編：《中西法律傳統（第 13 卷）》，中國政法大學出版社，2017 年版。

507. 楊揚：《規則與秩序：清代「不應為」律司法運作實態研究》，《青海社會科學》2017 年第 1 期。

508. 楊揚：《良姦異罰：古代法的估價機制：以清代「威逼人致死」條為例》，《西部法學評》2017 年第 3 期。

509. 楊一凡：《明代典例法律體系的確立與令的變遷——「律例法律體系」說、「無令」說修正》，《華東政法大學學報》2017 年第 1 期。

510. 楊一凡：《明代典例法律體系的確立與令的變遷》，載楊一凡、朱騰主編：《歷代令考》，社會科學文獻出版社，2017 年版。

511. 姚秀蘭、党麗敏：《清代官員開復的適用條件與程序》，載馬聰、王濤、曹旅寧主編：《出土文獻與法律史研究現狀學術研討會論文集》，暨南大學出版社，2017 年版。

512. 雲妍：《從數據統計再論清代的抄家》，《清史研究》2017 年第 3 期。

513. 翟家駿：《「心甘情願」與「強制調處」之間──清代民事案件中的「甘結」文書研究》，載陳煜主編：《新路集（第六集）──第六屆張晉藩法律史學基金會徵文大賽獲獎作品集》，中國政法大學出版社，2017 年版。

514. 張朝陽、曹樹基：《法律與市場：乾嘉時期鄱陽湖區「曹楊訟案」研究》，《清史研究》2017 年第 1 期。

515. 張光紅：《鳴神與鳴官：清代清水江流域民間糾紛多元解決機制試探》，《貴州大學學報》2017 年第 2 期。

516. 張紀偉：《明代京外罪囚五年審錄制度》，《歷史檔案》2017 年第 4 期。

517. 張劍虹：《1908 年前後清代內務府審判權限比較研究》，載張生主編：《中國法律近代化論集》（第 4 卷），中國政法大學出版社，2017 年版。

518. 張劍虹：《清代內務府案件管轄權初探──以慎刑司奏案為例》，《故宮博物院院刊》2017 年第 4 期。

519. 張麗霞：《明代息訟制度探究──以判牘為中心的考察》，《鄭州大學學報》2017 年第 4 期。

520. 張世慧：《走出「細故」：清代商業活動中的錢債案與法律調整》，《近代史研究》2017 年第 2 期。

521. 張田田：《試論〈大清律例〉律目的侷限》，《探索與爭鳴》2017 年第 12 期。

522. 張玉娟：《論清代河南省級官員的司法作為》，《鄭州大學學報》2017 年第 4 期。

523. 鄭小悠：《清代刑部之堂司關係》，《史學月刊》2017 年第 1 期。

524. 鄭智：《巫術何以致罪？──試論清代巫術犯罪中的因果關係及其法律適用》，（臺）《法制史研究》第三十期。

525. 周東平、李勤通：《〈大明律〉採六部體系編纂模式原因考辨》，《法律科學》2017 年第 1 期。

526. 周雪梅：《從〈明大誥〉看朱元璋的「重典治吏」》，《阜陽師範學院學報》2017 年第 2 期。

527. （法）梅凌寒著，尹子玉譯：《控告與社會等級：〈中國律學〉內法律連貫性及法律類別的確立》，載周東平、朱騰主編：《法律史譯評》（第六卷），中西書局，2018 年版。

528. 常建華：《清朝刑科題本與新史學》，《清華大學學報》2018 年第 5 期。

529. 陳光中、楊芹：《中國古代監察法律的歷史演變——以清代「臺規」為重點的考察》，《甘肅社會科學》2018 年第 5 期。

530. 陳靈海：《〈抱沖齋詩集〉所見清代刑官生涯志業》，《學術月刊》2018 年第 11 期。

531. 陳煜：《明清律例在日本明治維新前後的遭際及其啟示》，《華東政法大學學報》2018 年第 2 期。

532. 陳煜：《明清司法的新趨勢》，《江蘇社會科學》2018 年第 4 期。

533. 陳雲朝：《論清代徽州官府對「一田兩主」習慣的禁革——以官府「告示」為中心》，《安徽大學學報》2018 年第 1 期。

534. 陳兆肆：《明清「充警跡」制度考論》，《中國高校社會科學》2018 年第 6 期。

535. 陳重方：《清代檢驗知識的常規與實踐》，《清史研究》2018 年第 3 期。

536. 杜正貞：《習慣（俗）的確認與生成：從訴訟檔案到歷史人類學》，《北京大學學報》2018 年第 5 期。

537. 高學強：《傳宗接代：清代宗祧繼承考論》，《西南民族大學學報》2018 年第 5 期。

538. 胡鐵球、于帥：《地保、原差與清代地方民事訴訟——以青田縣陳氏、金氏等互控山林爭產案為例》，《社會科學》2018 年第 3 期。

539. 黃丹：《1840 年以前清代製作、私販、買食鴉片罪的法制研究》，《西南民族大學學報》2018 年第 5 期。

540. 霍存福：《以道德語彙論說的「情法」關係——明清律學「恩義」「情義」「仁義」分析》，《吉林大學社會科學學報》2018 年第 3 期。

541. 李冰逆：《從身份法變革論明清時代法律的連續性問題——以「雇工人」律為中心》，《四川大學學報》2018 年第 4 期。

542. 李典蓉：《〈刑科楊雍建等題本檔〉之發現——兼論「啟心郎」與「給事中」清初的地位》，載周東平、朱騰主編：《法律史譯評》（第六卷），中西書局，2018 年版。

543. 李守良：《律典之失與律學吸納：明清私家律學與清代的法典編纂》，《江漢論壇》2018 年第 5 期。

544. 李義敏：《明清契約文書辨偽八法》，《文獻》2018 年第 2 期。

545. 劉鳳雲：《乾隆初政與錢糧虧空案的清理》，《求是學刊》2018 年第 4
　　　期。

546. 劉俊：《清代商事法律研究》，《中國經濟史研究》2018 年第 4 期。

547. 羅洪啟：《清代成案的功能、效力及其運用方式》，《政法論叢》2018 年
　　　第 4 期。

548. 羅亮亮：《清代前期粵海關監察制度特點簡析》，《海交史研究》2018 年
　　　第 1 期。

549. 蘇亦工：《渭南新見咸豐九年回漢息訟碑碑文釋證》，《蘇州大學學報（法
　　　學版）》2018 年第 2 期。

550. 孫驍、王丹：《廢壞與整飭：乾隆朝雲南疆臣貪腐問題研究》，《中國邊疆
　　　史地研究》2018 年第 1 期。

551. 湯開建：《明清時期澳門王室大法官制度的建立、發展及其終結》，《暨
　　　南學報》2018 年第 2 期。

552. 汪雄濤：《清代州縣訟事中的國家與個人——以巴縣檔案為中心》，《法
　　　學研究》2018 年第 5 期。

553. 王燦：《從互控文書看明清徽州健訟之風》，《安徽大學學報》2018 年第
　　　6 期。

554. 王澎：《清代中俄交涉案件的法律適用研究——以蒙古越界案件為中
　　　心》，《青海民族研究》2018 年第 3 期。

555. 王碩：《淺析〈大清律例〉中的火案律文》，《古籍整理研究學刊》2018
　　　年第 6 期。

556. 王玉坤、劉道勝：《清代民間合會糾紛及應對》，《江西社會科學》2018
　　　年第 8 期。

557. 吳佩林：《有序與無序之間：清代州縣衙門的分房與串房》，《四川大學學
　　　報》2018 年第 2 期。

558. 吳豔紅：《試論都察院與明代官方法律知識的控制》，《四川大學學報》
　　　2018 年第 2 期。

559. 謝晶：《因人因地制宜的法律傳統及其當代演變：以清代盜律為中心的
　　　考察》，《蘇州大學學報（法學版）》2018 年第 1 期。

560. 謝晶：《重實行與靖盜源——清律「盜賊窩主」立法原理及當代啟示》，
　　　《法商研究》2018 年第 1 期。

561. 修曉波：《明代巡視監察制度若干問題探討》，《歷史研究》2018 年第 4 期。

562. 徐望：《明中期武職犯罪條例研究——以〈皇明條法事類纂〉為中心》，《鄭州大學學報》2018 年第 4 期。

563. 徐忠明：《社會與政法：在語境中理解明清契約》，《吉林大學社會科學學報》2018 年第 3 期。

564. 晏愛紅：《清前中期法定刑訊與法外非刑》，《學術與探索》2018 年第 6 期。

565. 楊揚：《清代社會視野下的圖賴現象研究——以嘉道時期題本刑科檔案為例》，《雲南民族大學學報》2018 年第 3 期。

566. 趙曉耕、時晨：《平衡與牽制：明代廠衛與法司的關係》，《甘肅社會科學》2018 年第 5 期。

567. 周圍杉、柏樺：《明代職官奏請取問制度》，《西南大學學報》2018 年第 4 期。

568. （法）梅凌寒著，尹子玉譯：《明清法律中的死傷賠償》，載周東平、朱騰主編：《法律史譯評》（第七卷），中西書局，2019 年版。

569. （韓）Kim Hanbark 著，趙崧譯：《清代充軍的「流刑化」及內地軍流犯的過剩問題》，載周東平、朱騰主編：《法律史譯評》（第七卷），中西書局，2019 年版。

570. （美）克禮著，李建江譯：《大清會典的初創》，載周東平、朱騰主編：《法律史譯評》（第七卷），中西書局，2019 年版。

571. （日）鈴木秀光：《「請旨即行正法」考——清代乾隆、嘉慶時期死刑裁判之考察》，趙崧譯，載里贊主編：《法律史評論》（2019 年第 2 卷），社會科學文獻出版社，2019 年版。

572. （日）小野達哉：《〈巴縣檔案〉讀書會研討詞彙集》，載中國政法大學法律古籍整理研究所編：《中國古代法律文獻研究》（第十二輯），社會科學文獻出版社，2019 年版。

573. 阿風等整理：《刑臺法律‧行移體式》，載中國政法大學法律古籍整理研究所編：《中國古代法律文獻研究》（第十三輯），社會科學文獻出版社，2019 年版。

574. 白陽：《清代錯案追責制度運行中的困境及原因探析》，《浙江社會科學》2019 年第 7 期。

575. 卜利：《論明清時期的民間規約與社會秩序》，《史學集刊》2019 年第 1 期。

576. 卜令全、戴小華：《試論社會等級結構關係中的清代州縣官監督》，載朱勇主編：《中華法系》（第十二卷），法律出版社，2019 年版。

577. 蔡煜：《明代法律俗語研究》，載華東政法大學法律史研究中心編：《法律史研究》第 6 輯，法律出版社，2019 年版。

578. 常國棟：《清代文職處分則例考》，《清史研究》2019 年第 3 期。

579. 常建華：《清中葉江西的土地債務與日常生活——以乾嘉時期刑科題本為中心》，《江西社會科學》2019 年第 2 期。

580. 陳藹婧：《家事中的處斷：再探明代婦女的財產權——以契約文書和州縣判例為例》，《法律適用》2019 年第 8 期。

581. 陳兆肆：《清代「斷腳筋刑」考論——兼論清代滿漢法律「一體化」的另一途徑》，《安徽史學》2019 年第 1 期。

582. 崔學森：《中國第一歷史檔案館藏「大清帝國憲法法典」考論》，《歷史檔案》2019 年第 2 期。

583. 鄧建鵬：《「化內」與「化外」：清代習慣法律效力的空間差異》，《法商研究》2019 年第 1 期。

584. 鄧建鵬：《清代州縣詞訟積案與上級的監督》，《法學研究》2019 年第 5 期。

585. 董亭君：《〈明實錄〉所見「成案」》，載華東政法大學法律史研究中心編：《法律史研究》第 6 輯，法律出版社，2019 年版。

586. 杜金：《故事、圖像與法律宣傳——以清代〈聖諭像解〉為素材》，《學術月刊》2019 年第 3 期。

587. 傅林祥：《清代州縣佐雜官司法審理權探析》，《史學月刊》2019 年第 9 期。

588. 高璐：《明代詔獄士人所涉物事考》，《文史》2019 年第 4 期。

589. 郭威、王敬存：《明代如何構建懲貪法律體系》，《人民論壇》2019 年第 35 期。

590. 郭子初、朱正業：《清季地方議員選舉中的文法之爭與司法訴訟——以龔心銘案為中心》，《安徽史學》2019 年第 3 期。

591. 海丹：《「纏訟」與「清訟」（下）——清代後期地方官的上控審判與承審

考核》，載里贊主編：《法律史評論》（2019 年第 2 卷），社會科學文獻出版社，2019 年版。

592. 何慧：《我國死刑覆核制度之完善研究——以清朝秋審為視角》，《法學雜誌》2019 年第 9 期。

593. 何孝榮：《明代寺院經濟研究——以南京八大寺公田租稅糾紛與訴訟為中心的考察》，《暨南學報》2019 年第 9 期。

594. 黃璐：《清代娼妓之法律命運研究》，載朱勇主編：《中華法系》（第十二卷），法律出版社，2019 年版。

595. 黃學濤：《明成化禁僭奢條例變化研究》，《暨南學報》2019 年第 4 期。

596. 黃源盛：《刑法的古今絕續——〈清史稿·刑法志〉舉要與思辨》，《清華法學》2019 年第 3 期。

597. 賈建飛：《回例與乾隆時期回疆的刑案審判》，《清史研究》2019 年第 3 期。

598. 姜翰：《時間與刑罰：清代「永遠監禁」考略》，《清史研究》2019 年第 4 期。

599. 賴駿楠：《清代民間地權習慣與基層財稅困局——以閩臺地區一田多主制為例》，《法學家》2019 年第 2 期。

600. 李德新、孫國雁：《清代東北流人逃亡探析》，《歷史檔案》2019 年第 1 期。

601. 李建軍：《明清監察制度之比較》，《中州學刊》2019 年第 12 期。

602. 李明：《清代「按語」類律學文獻的出現、遞纂與版本諸問題》，載中國政法大學法律古籍整理研究所編：《中國古代法律文獻研究》（第十三輯），社會科學文獻出版社，2019 年版。

603. 李青：《從清代錢債之訴看民事訴訟的發展》，載朱勇主編：《中華法系》（第十二卷），法律出版社，2019 年版。

604. 李秋梅：《清代買賣契約地區差異性的初步研究——以清水江、徽州和浙東地區為中心的考察》，《中國經濟史研究》2019 年第 2 期。

605. 李曉方、陳濤：《明清時期蕭紹平原的水利協作與糾紛——以三江閘議修爭端為中心》，《史林》2019 年第 2 期。

606. 李欣榮：《清季京師模範監獄的構築》，《清史研究》2019 年第 3 期。

607. 李義瓊、邱永志：《明末錢法、鹽法及其財政貨幣體制問題——以董應舉

致仕事件為中心的分析》,《南京大學學報》2019 年第 6 期。

608. 李翼恒:《明代手本的性質與運作》,載中國政法大學法律古籍整理研究所編:《中國古代法律文獻研究》(第十三輯),社會科學文獻出版社,2019 年版。

609. 梁曼容:《明代宗室法律特權及其上下分野》,《古代文明》2019 年第 1 期。

610. 劉陳皓:《〈大明律〉中「不坐」條款研究——以當代刑法學為視角》,《學術前沿》2019 年第 21 期。

611. 劉懂禮:《清律「棍徒」之甄辨及立法邏輯探析》,《交大法學》2019 年第 1 期。

612. 劉小萌:《清代旗人民人法律地位的異同——以命案量刑為中心的考察》,《清史研究》2019 年第 4 期。

613. 劉正剛、張啟龍:《嘉道時期廣州高第街許氏房產契約研究》,《廣東社會科學》2019 年第 2 期。

614. 劉正剛:《明成化時期海洋走私貿易研究——基於條例考察》,《暨南學報》2019 年第 8 期。

615. 羅莉婭:《清代枷號制度研究——以枷號條例為考察中心》,載朱勇主編:《中華法系》(第十二卷),法律出版社,2019 年版。

616. 呂曉青:《雍干時期刑科題本中的造賣紙牌案初探》,《歷史檔案》2019 年第 1 期。

617. 毛亦可:《顧炎武佚文〈寄子嚴書〉考述——兼論顧炎武立嗣孫對清代嗣法的影響》,《清史研究》2019 年第 1 期。

618. 彭勇、黃謀軍:《制度內外:明代廷杖的制度屬性試析》,《中州學刊》2019 年第 2 期。

619. 沈秀榮:《試評清代「報官鎖錮例」》,載朱勇主編:《中華法系》(第十二卷),法律出版社,2019 年版。

620. 宋興家:《良姦有別——清代侵害婦女罪量刑中的「貞節」尺度》,《古代文明》2019 年第 1 期。

621. 蘇亦工:《清代「情理」聽訟的文化意蘊——兼評滋賀秀三的中西訴訟觀》,《法商研究》2019 年第 3 期。

622. 王東平:《清代天山南路地區刑案審判中的「親親相隱」》,《新疆大學學

報》2019 年第 6 期。

623. 王立民：《〈大清律例〉條標的運用與啟示》，《中國法學》2019 年第 1 期。

624. 王若時：《「慎刑」原則在清朝秋審中區分「實」、「緩」的運用》，《法律適用》2019 年第 18 期。

625. 王鐵男：《清代匠作則例與傳統產業技術標準化》，《自然辯證法通訊》2019 年第 12 期。

626. 王雲紅：《清代官員懲治體系中的「效力贖罪」問題》，《歷史檔案》2019 年第 1 期。

627. 王志強：《論清代刑案諸證一致的證據標準——以同治四年鄭慶年案為例》，《法學研究》2019 年第 6 期。

628. 吳豔紅：《陳綱案與明前期對贓官的懲治》，《四川大學學報》2019 年第 6 期。

629. 吳豔紅：《推知行取與莆陽讞牘研究》，載中國政法大學法律古籍整理研究所編：《中國古代法律文獻研究》（第十三輯），社會科學文獻出版社，2019 年版。

630. 吳錚強：《雙軌制時期（1913～1929）龍泉司法檔案民事裁斷文書的製作》，載中國政法大學法律古籍整理研究所編：《中國古代法律文獻研究》（第十三輯），社會科學文獻出版社，2019 年版。

631. 伍躍：《冒籍與行政訴訟——以咸豐元年順天府冒籍案為中心》，載周東平、朱騰主編：《法律史譯評》（第七卷），中西書局，2019 年版。

632. 項巧鋒：《清初的推官及其裁廢——兼論地方行政格局的變革》，載里贊主編：《法律史評論》（2019 年第 2 卷），社會科學文獻出版社，2019 年版。

633. 肖鵬：《從「劉麛子案」看中國傳統法律文化中「赦幼」原則的限度——基於法律文本與司法實踐的分析》，《法律適用》2019 年第 4 期。

634. 謝晶：《古今之間的清律盜毀神物——神明崇拜、倫常秩序與宗教自由》，《政法論壇》2019 年第 1 期。

635. 謝晶：《儒法之間的刑罰根據論：清律竊盜罰則的古今之維》，《學術月刊》2019 年第 8 期。

636. 熊謀林、劉任：《大清帝國的贖刑：基於〈刑案匯覽〉的實證研究》，《法

學》2019 年第 6 期。

637. 徐道鄰:《明代律典和明代司法》,載中國政法大學法律古籍整理研究所
編:《中國古代法律文獻研究》(第十二輯),社會科學文獻出版社,2019
年版。

638. 徐忠明:《清代中國司法類型的再思與重構——以韋伯「卡迪司法」為進
路》,《政法論壇》2019 年第 2 期。

639. 徐忠明:《寫詩與讀律:清代刑部官員的法律素養——與《〈抱沖齋詩集〉
所見清代刑官生涯志業》作者商榷》,《上海師範大學學報》2019 年第 3
期。

640. 楊大春:《從部門法學到領域法學——〈大明律〉轉型的歷史啟示》,《遼
寧大學學報》2019 年第 1 期。

641. 楊劍:《「輯注」在清律學中的方法論價值及意義》,《法學》2019 年第 6
期。

642. 楊立:《清代反腐機制及其當代啟示》,《學術前沿》2019 年第 6 期。

643. 楊揚:《從民習到官法——明代社會視野下的圖賴現象》,《交大法學》
2019 年第 3 期。

644. 楊一凡:《〈皇明條法事類纂〉缺文及篇名復原》,載華東政法大學法律史
研究中心編:《法律史研究》第 6 輯,法律出版社,2019 年版。

645. 楊一凡:《論事例在完善明代典例法律體系中的功能》,《暨南學報》2019
年第 4 期。

646. 姚宇:《「禁止師巫邪術」與明末清初的天主教案:以南京教案和康熙
「歷獄」為例》,《法律適用》2019 年第 8 期。

647. 尤陳俊:《明清司法經濟對民眾訴訟策略的影響——高昂訟費與健訟風
氣之悖論的一個分析》,《法學》2019 年第 3 期。

648. 尤陳俊:《中國法律社會史研究的「復興」及其反思——基於明清訴訟與
社會研究領域的分析》,《法制與社會發展》2019 年第 3 期。

649. 翟家駿:《從「情有可矜」到「實無罪責」——清代「瘋病殺人」的法律
規制及其近代轉型》,載里贊主編:《法律史評論》(2019 年第 2 卷),社
會科學文獻出版社,2019 年版。

650. 翟家駿:《清代「戊午科場案」的法律適用解讀》,《法律適用》2019 年
第 12 期。

651. 張劍虹：《清代內務府審判中的成案適用研究》，《暨南學報》2019 年第 12 期。

652. 張藝維：《道光朝陋規整頓與朝政困局探微——以道光末年晉撫王兆琛復設陋規案為中心》，《中南大學學報》2019 年第 5 期。

653. 趙瑤丹：《論明代私揭禁令與實踐的矛盾性》，《史學集刊》2019 年第 4 期。

654. 鄭成良、張傑：《困境與調和：權力結構與司法正義之關係——以〈駁案新編〉為案例依據》，《理論探索》2019 年第 3 期。

655. 鄭俊華：《「矜商」抑或「恤民」：清代關於當贓問題的地方立法》，《中國經濟史研究》2019 年第 2 期。

656. 鄭小悠：《「部駁議處」制度下的清代刑部與地方法司》，《文史》2019 年第 4 期。

657. 朱建磊：《明代如何監督「監察官」》，《人民論壇》2019 年第 11 期。

658. 朱志培：《明代刑部大理寺職能嬗變考》，載華東政法大學法律史研究中心編：《法律史研究》第 6 輯，法律出版社，2019 年版。

659. 白陽：《論訟師秘本對清代訴狀的影響》，載鄧建鵬主編：《法制的歷史維度》，法律出版社，2020 年版。

660. 白陽：《優禮與管控之間：清代錯案責任「雙軌制」之形成及其原因探析》，《交大法學》2020 年第 3 期。

661. 邊芸：《清代刑事審判中的「兩請」與「夾簽」》，《青海社會科學》2020 年第 1 期。

662. 蔡燕、方慧：《清代土司司法制度研究的重要史料——內閣刑科題本所涉土司案件述評》，《青海民族研究》2020 年第 1 期。

663. 蔡煜：《明代法律俗語研究》，載陳靈海主編：《法律史研究》（第 6 輯），法律出版社，2020 年版。

664. 常建華：《清乾嘉時期的山東地方社會職役——以刑科題本為基本資料》，虞和平、陳鋒主編：《區域社會與文化研究》第一輯，社會科學文獻出版社，2020 年版。

665. 陳功民、張軻風：《中國古代流放體系的地域圈層結構——以明清時期為中心》，載中國政法大學法律古籍整理研究所編：《中國古代法律文獻研究》第 14 輯，社科文獻出版社，2020 年版。

666. 陳國平：《張居正改革中的考成法考論》，《中國法學》2020 年第 4 期。

667. 陳靈海：《〈大清會典〉與清代「典例」法律體系——「史書」「政書」「行政法」「綜合法」諸說駁正》，載楊一凡、陳靈海主編：重述中國法律史（第一輯），中國政法大學出版社，2020 年版。

668. 陳新宇：《〈欽定大清刑律〉新研究》，載楊一凡、陳靈海主編：重述中國法律史（第一輯），中國政法大學出版社，2020 年版。

669. 陳雪明：《明清徽州地區盜葬問題研究——以歙縣程元譚墓糾紛為中心》，吳佩林主編：《地方檔案與文獻研究》第四輯，國家圖書館出版社，2020 年版。

670. 鄧慶平：《邊軍與邊鎮：從〈趙全讞牘〉看明中葉北部邊塞的社會秩序》，載鄧慶平主編：《多元視域下的近世法律與中國社會》，中國政法大學出版社，2020 年版。

671. 丁慧倩：《劄付、官府、清真寺：從劄付看明朝政府對清真寺的管理》，載鄧慶平主編：《多元視域下的近世法律與中國社會》，中國政法大學出版社，2020 年版。

672. 董亭君：《〈明實錄〉所見「成案」》，載陳靈海主編：《法律史研究》（第 6 輯），法律出版社，2020 年版。

673. 付寧馨：《清代前期稅法的觀念和實踐》，《人大法律評論》編輯委員會組編：《人大法律評論》（第 31 輯），法律出版社，2020 年版。

674. 高壽仙：《〈皇明條法事類纂〉成書問題蠡探——以〈明代檔冊〉為參照》，《北京聯合大學學報（人文社會科學版）》2020 年第 3 期。

675. 高壽仙：《政治與法律的交織糾纏：明嘉靖初李福達案探微》，《史學月刊》2020 年第 8 期。

676. 谷佳慧：《「限期斷獄」的中國命運：清代以來審限制度的變革與重述》，《河北法學》2020 年第 5 期。

677. 谷井陽子、伍躍：《大清律·刑律——傳統中國的法理思維》，《法律史評論》2020 年第 2 期。

678. 顧元：《論清代的先占制度——以「盜田野穀麥」律為中心》，《政法論壇》2020 年第 5 期。

679. 郭瑞卿：《清代民俗醫療的法律規制》，載中國政法大學法律古籍整理研究所編：《中國古代法律文獻研究》第 14 輯，社科文獻出版社，2020 年版。

680. 郭威：《清人對胥吏任用的利弊認知及應對舉措》，載朱勇主編：《中華法系》（第十三卷），法律出版社，2020 年版。

681. 郭宇昕：《「何忍構訟公庭？」——清代基層社會紳衿抱告研究》，吳佩林主編：《地方檔案與文獻研究》第四輯，國家圖書館出版社，2020 年版。

682. 海丹：《清代後期上控案件的信息傳播與輿論構建》，《人大法律評論》編輯委員會組編：《人大法律評論》（第 31 輯），法律出版社，2020 年版。

683. 黑龍：《〈欽定理藩院則例〉研究述評》，《黑龍江民族叢刊》2020 年第 1 期。

684. 華立：《清代新疆發遣制度的形成與實施》，載朱勇主編：《中華法系》（第十三卷），法律出版社，2020 年版。

685. 黃凱凱：《清代巴縣的食鹽貿易與鹽法變遷》，吳佩林主編：《地方檔案與文獻研究》第四輯，國家圖書館出版社，2020 年版。

686. 黃謀軍：《明代犯罪武職調衛考論》，《鄭州大學學報（哲學社會科學版）》2020 年第 2 期。

687. 黃心瑜：《姦情犯罪女性的形象塑造——以〈資政新書〉37 例判詞為中心》，《南京大學法律評論》，2019 年第 2 期。

688. 黃雄義：《清代因案修例的現象還原與性質界定——兼論其對完善案例指導制度的啟示》，《政治與法律》2020 年第 2 期。

689. 賈安琪：《清代「道」在地方司法中的作用——以歸綏道為中心》，載朱勇主編：《中華法系》（第十三卷），法律出版社，2020 年版。

690. 賈霄鋒、楊明東：《清代土司地區社會治理法治化路徑研究：基於民間法視野》，《青海民族研究》2020 年第 3 期。

691. 姜金順：《「海瑞定理」形成原因的再考察》，載鄧慶平主編：《多元視域下的近世法律與中國社會》，中國政法大學出版社，2020 年版。

692. 蔣鐵初：《供招已符與清代的冤獄》，載鄭顯文主編：《絲綢之路沿線新發現的漢唐時期法律文書研究》，中國法制出版社，2020 年版。

693. 康沛：《清代「重情」案件駁改緣由探析》，《人大法律評論》編輯委員會組編：《人大法律評論》（第 31 輯），法律出版社，2020 年版。

694. 雷偉紅：《明清時期畬族家法族規制度的特色與價值》，《民間法》2019 年第 1 期。

695. 李典蓉：《再論清初「光棍例」的成形》，載鄧慶平主編：《多元視域下的近世法律與中國社會》，中國政法大學出版社，2020 年版。

696. 李鳳鳴：《清代重案中的成案適用——以〈刑案匯覽〉為中心》，《北京大學學報（哲學社會科學版）》2020 年第 2 期。

697. 李貴連、程晶：《從令到例：論明代律例法律體系的生成》，《學術界》2020 年第 10 期。

698. 李明：《試論清代律學與經學的關係》，《清史研究》2020 年第 5 期。

699. 李啟成：《「常識」與清代州縣司法》，載楊一凡、陳靈海主編：重述中國法律史（第一輯），中國政法大學出版社，2020 年版。

700. 李仕楊：《清代監察法對當前國家監察立法的參考——以〈欽定臺規〉為借鑒》，載朱勇主編：《中華法系》（第十三卷），法律出版社，2020 年版。

701. 李小波：《明代刑部現審的分司原則》，《史林》2020 年第 3 期。

702. 李新宇、劉小萌：《康熙朝發遣烏拉牲丁考》，《社會科學戰線》2020 年第 1 期。

703. 里贊：《司法或政務：清代州縣訴訟中的審斷問題》，載陳景良、鄭祝君主編、李棟執行主編：《中西法律傳統》第 15 卷，中國政法大學出版社，2020 年版。

704. 里贊：《刑民之分與重情細故：清代法研究中的法及案件分類問題》，載陳景良、鄭祝君主編、李棟執行主編：《中西法律傳統》第 15 卷，中國政法大學出版社，2020 年版。

705. 栗銘徽：《乾隆四十一年〈欽定戶部則例〉的編纂》，載張生主編：《法史學刊》（第 15 卷），社科文獻出版社，2020 年版。

706. 梁瀟文：《清代歸化城土默特地區二元司法審理模式的形成與變遷》，《中國邊疆史地研究》2020 年第 3 期。

707. 梁勇：《清代移民社會商業糾紛及其調處機制》，載鄧慶平主編：《多元視域下的近世法律與中國社會》，中國政法大學出版社，2020 年版。

708. 林乾、陳麗：《法律視域下的清代疫災奏報與防治》，《西南大學學報（社會科學版）》2020 年第 3 期。

709. 林誌堅：《清代中期「邪教」案件的懲治》，載鄧建鵬主編：《法制的歷史維度》，法律出版社，2020 年版。

710. 凌鵬：《習俗、法規與社會——對清代巴縣地區「減租」習俗的法律社會史研究》，《四川大學學報（哲學社會科學版）》2020 年第 3 期。

711. 劉吉慶：《清朝「光棍例」研究——基於「流氓罪」的比較視角》，載鄧建鵬主編：《法制的歷史維度》，法律出版社，2020 年版。

712. 劉小平：《儒家為何必然需要法治？——黃宗羲的「法」理論及其內在轉向》，《法制與社會發展》2020 年第 5 期。

713. 劉正剛、高揚：《明代法律演變的動態性——以「僉妻」例為中心》，《歷史研究》2020 年第 4 期。

714. 劉正剛：《清代地方經濟立法探析——以孤本同治〈河南省例〉為例》，《安徽師範大學學報（人文社會科學版）》2020 年第 2 期。

715. 劉志松、王兆輝：《清代監察體制運行的制約與反制約關係——以「照刷文卷」律為例》，《西南大學學報（社會科學版）》2020 年第 3 期。

716. 劉志松：《清代州縣官司法對民間信仰的主導、借用與轉化——對〈鹿洲公案〉中假神斷獄現象的功能性解讀》，《宗教學研究》2020 年第 4 期。

717. 龍聖：《明清「水田彝」的國家化進程及其族群性的生成》，載鄧慶平主編：《多元視域下的近世法律與中國社會》，中國政法大學出版社，2020 年版。

718. 呂麗、孫祺祺：《議獄緩死：清代秋審中「久緩」現象解析》，《南京社會科學》2020 年第 5 期。

719. 茆巍：《論清代命案檢驗之終結及借鑒》，《交大法學》2020 年第 2 期。

720. 茆巍：《清代司法檢驗活動中的醫者》，《文史》2020 年第 1 期。

721. 孟小良：《清代青海地區「歇家」參與司法活動探析》，《青海民族研究》2020 年第 1 期。

722. 牟軍、朱慧：《刑事案卷與文字關係的歷史及啟示——基於清代案卷材料運用的考察》，《思想戰線》2020 年第 2 期。

723. 彭凱翔、林展：《從例的修訂看清代治理模式：以〈大清律例〉〈會典事例〉為主的分析》，《清史研究》2020 年第 6 期。

724. 邱澎生：《「是官當敬」？——檢視十八世紀重慶商業訴訟的政治風險問題》，《清史研究》2020 年第 6 期。

725. 邱源媛：《土地、繼承與家族：八旗制度影響下的華北地方社會》，載鄧

慶平主編：《多元視域下的近世法律與中國社會》，中國政法大學出版社，2020 年版。

726. 曲立超、范立君：《清代中後期東北地區旗民刑事案件與滿漢關係》，《青海民族研究》2020 年第 2 期。

727. 石璐潔：《〈儒林外史〉中的「江南健訟」書寫及意義》，《都市文化研究》2020 年第 1 期。

728. 宋興家：《貞節與權利——清代「強佔良家妻女」條例研究》，《法律史評論》2020 年第 1 期。

729. 蘇嘉靜：《從〈憲綱〉修訂看明代監察制度的興衰》，《西南大學學報（社會科學版）》2020 年第 1 期。

730. 孫家紅：《清代律例條文的繼承和演變——以〈讀例存疑〉為中心》，高翔主編：《中國歷史研究院集刊》2020 年第 2 輯，社科文獻出版社，2020 年版。

731. 孫明：《從「法立弊生」到「回歸法意」——制度哲學視野下的嘉道「積弊」論說再認識》，《中國哲學史》2020 年第 3 期。

732. 譚家齊：《鄰保哭啼：從〈盟水齋存牘〉看晚明社會輿論對地方司法的影響》，謝進傑主編：《中山大學法律評論》（第 17 卷第 2 輯），中國政法大學出版社，2020 年版。

733. 田宓：《「水權」的生成》，載鄧慶平主編：《多元視域下的近世法律與中國社會》，中國政法大學出版社，2020 年版。

734. 王奧運：《清代異姓不嗣案的審理及其啟示》，《法律適用》2020 年第 20 期。

735. 王靜：《從天津法律學校看明清法律與社會的關係》，《城市史研究》2019 年第 2 期。

736. 王若時：《清代成案非「司法判例」辯》，《華東政法大學學報》2020 年第 1 期。

737. 王帥一：《明清時代的「中人」與契約秩序》，載楊一凡、陳靈海主編：重述中國法律史（第一輯），中國政法大學出版社，2020 年版。

738. 王曉飛、張朝陽：《利益、治安與風水——清代巴縣檔案中的採礦糾紛》，吳佩林主編：《地方檔案與文獻研究》第四輯，國家圖書館出版社，2020 年版。

739. 魏淑民：《儒者之刑名：清代省例立法基礎的再思考——基於儒家元典對〈福建省例〉的文本解讀》，《史學月刊》2020 年第 9 期。

740. 吳冬：《從南部檔案淺析清代地方司法中的保釋》，《歷史檔案》2020 年第 1 期。

741. 吳佩林、白莎莎：《從〈南部檔案〉看清代州縣的生員訴訟》，《史學集刊》2020 年第 2 期。

742. 吳佩林：《論清代州縣衙門訴訟文書的多樣性與複雜性——以〈南部檔案〉中的「票」為中心》，《北大法律評論》2019 年第 1 期。

743. 吳饒竹：《命債償：清代謀毆與謀殺共犯歸責的機理》，載鄧建鵬主編：《法制的歷史維度》，法律出版社，2020 年版。

744. 吳聲軍：《清水江流域人工營林糾紛及其解決機制——以明清以來的契約文書為中心的考察》，《中央民族大學學報（哲學社會科學版）》2020 年第 1 期。

745. 奚海林：《清代「清官」臉譜的民間想像——基於小說〈施公案〉的個案分析》，《法律史評論》2020 年第 2 期。

746. 曉春、春花：《清廷頒發蒙古文〈時憲書〉始末》，《故宮博物院院刊》2020 年第 6 期。

747. 謝暉：《「文化中國」的規範塑造——以清代民間法中的「家法」「鄉約」和「行規」為例》，《蘇州大學學報（哲學社會科學版）》2020 年第 6 期。

748. 謝晶：《〈大清律例〉盜行為之階段論》，《現代法治研究》2020 年第 2 期。

749. 謝晶：《古今之間的清律盜毀神物》，載鄧慶平主編：《多元視域下的近世法律與中國社會》，中國政法大學出版社，2020 年版。

750. 謝曉輝：《清代湘西改土歸流州縣法律安排與司法實踐》，《廣西民族大學學報（哲學社會科學版）》2020 年第 4 期。

751. 徐嘉露：《從契約文書看明代民間分家行為的秩序及價值取向》，《中州學刊》2020 年第 2 期。

752. 徐祥民：《「海禁法令」的立法目的——兼駁清朝文化封閉觀點》，《法學》2020 年第 1 期。

753. 徐曉光、黃文：《明清時期「亭目制度」與布依族習慣法——以北盤江南部地區為例》，《西北民族大學學報（哲學社會科學版）》2020 年第 4 期。

754. 徐忠明：《探春斷事：法律決策的情境與性情》，《當代法學》2020 年第 5 期。

755. 楊一凡：《明代典例法律體系的確立與事例的功能——「律例法律體系」說修正》，載楊一凡、陳靈海主編：重述中國法律史（第一輯），中國政法大學出版社，2020 年版。

756. 楊一凡：《明代法律體系變革中「令」的變遷——「明代無令」說修正》，載楊一凡、陳靈海主編：重述中國法律史（第一輯），中國政法大學出版社，2020 年版。

757. 尹子玉：《論嘉慶朝的遣犯改發》，《清史研究》2020 年第 3 期。

758. 尹子玉：《清代煙瘴充軍的發配困境與實踐問題》，《河北法學》2020 年第 12 期。

759. 尤陳俊：《「厭訟」幻象之下的「健訟」實相——重思明清中國的訴訟與社會》，載楊一凡、陳靈海主編：重述中國法律史（第一輯），中國政法大學出版社，2020 年版。

760. 于帥：《清代訴訟文書中的稿票考釋——以浙南訴訟文書為例》，《歷史檔案》2020 年第 2 期。

761. 張翅：《清代宗族社會土地糾紛的司法運作實態——以南陵小灘頭紛爭案為依據》，《南京大學法律評論》，2019 年第 2 期。

762. 張劍虹：《清宮盜案的律例成案適用研究》，朱誠如、徐凱主編：《明清論叢》第十九輯，故宮出版社，2020 年版。

763. 張金奎：《錦衣衛司法職能略論》，朱誠如、徐凱主編：《明清論叢》第十九輯，故宮出版社，2020 年版。

764. 張晉藩：《論中國古代民法——以清代民法為視角》，《清史研究》2020 年第 5 期。

765. 張明富、張麗芬：《明代宗室攘奪財物的犯罪學研究》，《西南大學學報（社會科學版）》2020 年第 6 期。

766. 張平仁、孫旭：《〈紅樓夢〉法律描寫的特點及文體意義》，《紅樓夢學刊》2020 年第 4 期。

767. 張群：《明代士大夫的法律修養》，《法律史評論》2020 年第 1 期。

768. 張群：《分居還是共居？——顧炎武對傳統家庭居住制度的反思》，載張生主編：《法史學刊》（第 15 卷），社科文獻出版社，2020 年版。

769. 張田田：《傳統法律教育中的法官培訓舉隅——〈樊山政書〉所見布政使批閱州縣判冊研究》，吳佩林主編：《地方檔案與文獻研究》第四輯，國家圖書館出版社，2020 年版。

770. 張萬軍：《國家法、契約規則與司法裁判之道——以清代蒙漢雜居地區土地糾紛裁判為例》，《貴州社會科學》2020 年第 4 期。

771. 張小也：《時過境遷：從〈吳興金石記〉中的〈胡文昭公墓據碑〉說開去》，載鄭顯文主編：《絲綢之路沿線新發現的漢唐時期法律文書研究》，中國法制出版社，2020 年版。

772. 張曉霞：《清代巴縣檔案中的抱告探析》，吳佩林主編：《地方檔案與文獻研究》第四輯，國家圖書館出版社，2020 年版。

773. 趙殿紅：《明代「私出外境及違禁下海」律探析》，《社會科學》2020 年第 3 期。

774. 趙琪：《清代中緬劃界的法律之誤》，《西南民族大學學報（人文社科版）》2020 年第 1 期。

775. 趙士第：《新見清代灤州孟氏契約文書整理》，吳佩林主編：《地方檔案與文獻研究》第四輯，國家圖書館出版社，2020 年版。

776. 趙曉華：《清代救災制度為何效果顯著》，《人民論壇》2020 年第 1 期。

777. 趙毅：《清朝對東歸土爾扈特等部設盟前的司法管理》，《中央民族大學學報（哲學社會科學版）》2020 年第 3 期。

778. 鍾子龍：《〈大明律〉體例變化原因辯證》，《南大法學》2020 年第 3 期。

779. 朱喆琳、許可：《清代河東鹽政的官商「半公營」合作模式研究》，《山東社會科學》2020 年第 12 期。

780. 朱志培：《明代刑部大理寺職能嬗變考》，載陳靈海主編：《法律史研究》（第 6 輯），法律出版社，2020 年版。

781. 鄒亞莎、李亞：《從「因遭火災矜準存案」看明清時代土地「管業」案件中證據的效力及認定》，《法律適用》2020 年第 18 期。

782. 祖偉、邱玉強：《「案驗」與「複推」：從我國古代案例看監察官對疑難案件的司法監察——以〈疑獄集〉〈折獄高抬貴手〉（補）所載案例為例》，《法律適用》2020 年第 16 期。